大明興亡錄

雄、名將與帝王的時代

群雄割據 × 風雲疑案 × 忠義長歌

透視人物群像，關於大明王朝的奇人奇事、興衰史詩！

覃仕勇 著

樂律

鐵血與忠義；忠臣奸佞與亂世英豪
朱元璋與他的王朝，大明三百年的興衰沉浮！

梟雄崛起、忠臣凋零、末世英雄……
從朱元璋反元開始，揭開三百年王朝背後的權謀與風雲

目錄

第一章　元末各路梟雄

劉福通之死：迷霧重重的結局　　010

草包天完皇帝徐壽輝　　013

方國珍：心在江湖，無意王座　　017

陳友定：從混世惡魔到元朝忠臣　　019

郭子興的兩面人生：生前驕縱，死後封王　　024

察罕帖木兒崛起之勢：朱元璋險些臣服　　030

楊完者與察罕帖木兒的忠誠，卻換來元廷的背叛　　036

第二章　亂世群雄與命運抉擇

濠州分家：朱元璋麾下二十四人的沉浮　　042

從一頭牛到一隻鵝：世間對朱元璋的傳聞　　045

常遇春之死：真相撲朔迷離　　051

郭英：箭射陳友諒，武力無雙的功臣　　058

十六歲的領袖：鄧愈的崛起之路　　061

廖永安：從被擒到被絕殺的轉折　　064

雲南沐王府：大明永遠的藩屏　　069

目錄

第三章　明初風雲與疑案

李善長背叛朱元璋之說：真假難辨　　076

胡惟庸案：冤屈還是罪有應得？　　081

藍玉案：大將軍的骯髒祕密　　085

空印文書事件：朱元璋為何暴怒？　　090

劉伯溫辭相之謎　　095

劉伯溫被稱為「神算」，卻厭惡「神算」之名？　　102

朱元璋大封功臣，名列末位的劉伯溫感激涕零　　105

劉伯溫之死：自然死亡還是被構陷？　　111

第四章　功臣末路

朱文正之死：謀逆還是被誅？　　122

李文忠驚懼致死：陰私曝光的傳言　　129

傅友德效仿蕭何，卻逃不過朱元璋的屠刀　　134

廖氏雙雄的悲劇命運　　139

百戰百勝的王弼卻無端送命　　143

馮勝：忠臣卻被朱元璋忍耐至極　　146

周德興之禍：因子而誅的悲劇　　150

朱亮祖的敗局：罪惡終究難逃　　153

耿炳文的生死之謎：平叛功臣的隱祕結局　　155

第五章　朱元璋的治國手腕

朱元璋獎勵孝子：卻罰得一孝子淒慘　　　162

帝王與士兵：朱元璋的深厚感情　　　166

胡大海之子是否被朱元璋所殺？　　　173

朱郭子興子嗣的命運：皇帝岳父的真相　　　178

明初的活人殉葬：是朱元璋的刻意安排嗎？　　　183

第六章　靖難風雲錄

建文帝是否說過「毋使負殺叔父名」的蠢話？　　　190

建文帝之死：靖難之役的最大謎團　　　195

妖僧的功與過：撥亂天下的毀譽兩面　　　198

朱元璋留下的猛將良臣，卻被建文帝埋沒　　　202

削藩的雙星：建文帝用廢了的奇才　　　206

忠義二友：為故主殉難的不同結局　　　209

四馬爺的「意外」死亡　　　211

「奸臣」的兩面人生：一再被重用的謎團　　　213

第七章　明朝皇帝的光與影

軍事重鎮與明朝十四帝：親征與鎮守的故事　　　220

被當女孩養大的中興之主　　　227

萬貴妃的性格巨變之謎　　　232

《明實錄》是否誣陷明武宗？　　　239

目 錄

寧王之言：朱厚照非朱家血脈可信嗎？　　243

楊廷和的陰影：是否涉嫌謀殺明武宗？　　249

豹房的真相：正經還是不正經？　　258

桀紂之名與堯舜之實：百姓心中的明君　　261

為什麼說明朝是中國歷史上最剛烈的王朝　　264

第八章　忠臣與奸佞的浮沉

忠臣于謙的悲劇：冤屈之死　　272

俞大猷的少林情緣：棄文從武的選擇　　275

晚明名將陳璘：開疆拓土的千秋功業　　277

殺倭國三大悍將的英雄李如梅　　279

熊廷弼：文武雙全的解元奇才　　281

汪喬年的慘死：五牛分屍的忠義悲歌　　285

曹化淳：國運拯救者的遺憾　　288

吳三桂與清朝：「獻關功」的真相　　291

袁崇煥與皇太極：反間計的真假　　299

第九章　奇人奇事錄

滿倉兒案：兩朝皇帝親自過問的奇案　　308

山寨皇后王滿堂：一代異數　　314

高官子弟的生死決鬥　　318

徐文長：才情蓋世的瘋狂人生　　320

義僕王環：一場感天動地的忠義	325
徐霞客的足跡：窮遊半個中國的探險家	328
明軍與英艦的意外交鋒	332
與袁崇煥共死的義士：最終的結局	336

第十章　末世英雄與忠義長歌

渾河血戰：戚家軍的最後餘響	344
鄭成功：天下將亡時的孤勇之劍	353
焦璉：以三百騎破萬清兵的奇功	357
明末武進士的法場義舉：張獻忠的敗北	361
閻應元慷慨赴死：乾隆的褒揚與追諡	366
郝搖旗：從無名到驚世的崛起	370
李自成家族覆滅：明朝終局的諷刺結局	374

目錄

第一章
元末各路梟雄

第一章　元末各路梟雄

劉福通之死：迷霧重重的結局

論及元末起義軍中第一大英雄，非劉福通莫屬。

歷史上著名的起義口號，「莫道石人一隻眼，挑動黃河天下反」，就是劉福通和韓山童策劃的。

韓山童有異志，以白蓮教主的身分鼓吹「彌勒佛下生」、「明王出世」，廣收門徒，蓄積力量。

劉福通原是汝寧府潁州西劉營（今界首市區潁河南岸舊劉興鎮）鉅富，因遭元朝欽差賈魯的欺壓，家宅被毀，悲憤莫名，機緣巧合之下，成了韓山童的信徒。

元順帝至正四年（西元1344年）五月，黃河暴溢，沿河郡邑皆遭水災。

朝廷強徵民夫治水。

元順帝至正十一年（西元1351年），朝廷強徵15萬民夫修築黃河堤壩，民怨沸騰。

韓山童、劉福通先在社會上散布「莫道石人一隻眼，挑動黃河天下反」的謠諺，然後在河灘下面埋了一個獨眼石人。

而當民工挖河掘出石人之時，韓、劉兩人便站出來舉事，韓山童自稱為宋徽宗八世孫，當為中國主；劉福通自稱係南宋將領劉光世後代，當輔之，一齊鼓吹起兵乃是上應天意、下達民情，揭開了元末農民大起義的序幕。

起義之初，韓山童被捕犧牲，劉福通擁其子韓林兒為主，衝州撞府，不斷收買人心、壯大自己的勢力，一度成為北方各支紅巾軍的共主。

元順帝至正十五年（西元1355年）二月，韓林兒在亳州（安徽亳縣）

劉福通之死：迷霧重重的結局

稱帝，但因遭到元軍的猛烈圍攻，被迫遷居安豐（安徽壽縣）。

元順帝至正十八年（西元1358年）五月，劉福通下令四路大軍北伐，自己親率中路軍攻占了北宋舊都汴梁（河南開封），遂迎韓林兒居之。

可惜的是，次年八月，元軍察罕帖木兒以雷霆萬鈞之勢摧擊汴梁，劉福通難於支撐，不得不和韓林兒逃回安豐。

元順帝至正二十三年（西元1363年），盤踞吳地的張士誠趁紅巾軍窮途末路，遣大將呂珍率雄兵十萬長襲安豐。

韓林兒萬般無奈，只好向原屬紅巾軍派系的朱元璋呼救。

朱元璋認為「安豐破，士誠益強，不可不救」，毅然派兵救援安豐。這次救援的結果是，朱元璋打敗呂珍，將小明王韓林兒安置於滁州（安徽滁縣）。

將韓林兒安置於滁州，那是沒什麼問題的。

但是，起義軍中第一大英雄劉福通卻下落成謎，眾說紛紜。

按照《明太祖實錄》卷十二的記載：龍鳳九年二月，「張士誠將呂珍攻劉福通等於安豐，入其城，殺福通等。先是，福通等兵勢日蹙，以安豐來附，至是為珍所殺……三月，上（朱元璋）率右丞徐達、參政常遇春等擊安豐……珍兵大敗，俘獲士馬無算……上乃還」。

《明太祖實錄》乃是官方史料，可信度較高；此說一出，清張廷玉編纂之《明史》、清夏燮修編之《明通鑑》、清畢沅編纂之《續資治通鑑》、明高岱編輯之《鴻猷錄》、清初查繼佐私修之《罪惟錄》（原名《明書》）、明郎瑛所著之《七修類稿》、明陳邦瞻編纂之《元史紀事本末》、清谷應泰編寫之《明史紀事本末》等，均持此說，即劉福通未能等到朱元璋來救，便已死於呂珍之手。

第一章　元末各路梟雄

朱元璋的第十七子寧王朱權奉敕編撰之《通鑑博論》，稱：「廖永忠沉韓林兒於瓜步，大明惡永忠之不義，後賜死。」

這一條記載，單說韓林兒之死，不提劉福通，即是與《明太祖實錄》裡劉福通陣亡於安豐的說法一脈相承。

不過，明末錢曾卻直言：「此非寧王之書法，聖祖之書法也。」另外，時在朱元璋軍中任典簽的劉辰著《國初事蹟》又記：「張士誠圍安豐，劉福通請兵救之，太祖親援。兵初發時，大史劉基諫曰：『不宜輕出，假使救出來，當發付何處？』太祖不聽……先遣常遇春引兵至安豐，士誠遂解圍。福通奉韓林兒棄安豐，退於滁州居之。」

明末錢謙益的《國初群雄事略》卷一云：「安豐被張氏圍困，城中人相食……劉太保等飢餓無措，遣人求援。太祖（朱元璋）親率大軍援之，大敗張氏……邀請小明王及母、妹並臣劉太保，率領五奕官軍，棄城，悉詣廬州營中。太祖設鑾駕傘，迎駐滁州。」

這兩部書記載都認定劉福通並未死難，而是得朱元璋解救，與韓林兒一同被護送到滁州去了。

元末權衡所著的《庚申外史》甚至記載，韓林兒和劉福通根本等不到朱元璋前來解救，早已成功突圍到了滁州，後來被朱元璋迎歸建康，同在瓜洲渡溺水身亡：「小明王駐兵安豐，為張士誠攻圍，乘黑夜冒雨而出，居於滁州。至是（西元1366年），朱鎮撫（朱元璋）具舟楫迎歸建康。小明王與劉太保（劉福通）至瓜洲渡（江蘇六合東南），遇風浪掀舟沒，劉太保、小明王俱亡。」

權衡的說法影響力很大，明朝吳寬所著之《平吳錄》、清末柯劭忞所著之《新元史》以及學者呂振羽編寫之《簡明中國通史》便是支持該說法。

而從韓林兒和劉福通反元抗爭的過程來看，他們的確有多次放棄都城、另尋出路的經歷，即苦等朱元璋不來的情況下，他們尋隙突圍至滁州也不無可能。

當然，有人曾提出，劉福通既然有能力突圍，以他的想法來看，就不會選擇受控於人，但史書卻杳無相關之記載，說明他應該已陣亡於安豐。

可惜的是，《元史》和《新元史》的〈順帝紀〉，《新元史》和《明史》的〈張士誠傳〉均無呂珍殺劉福通的記載。《新元史・韓林兒傳》的記載其實與權衡的《庚申外史》是一樣的。

試想，《元史》是由朱元璋麾下大儒宋濂、王褘首主編的，他們肯定不敢明寫劉福通和韓林兒俱亡於瓜渡。但他們不寫呂珍殺劉福通，這不就是暗中給後人留下了線索嗎？再者說，劉福通是元末反元勢力中的重要人物，如果他真死於呂珍之手，這可是一件大事，沒有理由一字不提。

綜上所述，劉福通並非壯烈就義於張士誠的狼虎之軍，而是鬱悶就死於朱元璋的陰狠之手。

草包天完皇帝徐壽輝

提起元朝末年的反元抗爭中，有兩大勢力不可不提。

其一為劉福通、韓林兒建立的韓宋政權。

另一為徐壽輝的天完政權。

正是這兩大勢力的猛烈摧陷，最終動搖了元朝的根基，明太祖朱元璋得以乘勢而起，蕩清六合，一掃胡塵。

第一章　元末各路梟雄

　　劉福通、韓林兒的韓宋政權是由劉福通和韓林兒之父韓山童趁元廷受汛洪毀堤治理黃河之機，以「莫道石人一隻眼，挑動黃河天下反」為號，斬木為兵，揭竿為旗，在大別山北面發動幾萬黃河民工起義，後慢慢壯大自己的勢力。

　　至於徐壽輝的天完政權，許多史料皆記載，其以「摧富益貧」為口號，贏得了眾多貧苦農民的擁戴，先後攻占今湖北、江西、安徽、福建、浙江、江蘇、湖南等地區，在水陸要衝之地蘄水（今浠水）建都，國號「天完」（「大」上加「一」為「天」，「元」上加「宀」為「完」，「天完」表示壓倒「大元」），定年號為「治平」，徐壽輝本人在蘄水清泉師太殿上即位皇帝。

　　但徐壽輝是如何從一介布衣而成為百姓推舉和擁護的共主，各書記載皆不相同，牴牾之處頗多，過程相當離奇。

　　下面摘錄明錢謙益之《國初群雄事略》中收錄的幾種，簡要說一下。

　　《湖廣總志》裡面的記載是：「至正辛卯，中原盜起，壽輝行山中，獲鑒鐵十斤。麻城鐵工鄒普勝居耦壽輝，夜夢有黃龍蟠其鐵砧。明日，壽輝攜鐵過之，令制鑱鉏，蹲坐鐵砧上。普勝心異之，告之曰：『今天下尚須鑱鉏活耶？當煉一劍贈君耳。』於是兩人深相結，陰謀舉大事。會彭和尚妖黨作亂，普勝乃與眾共推壽輝為主，舉兵，以紅巾為號，借聖人堂於多雲山中。溪水日再潮，溪傍有巨石狀類艤舟，壽輝命鑿一穴，樹桅其上，祝之曰：『天助壽輝，當揚帆出溪口。』石為行十餘丈，壽輝遂決意反。」

　　這段記載說的是元至正十一年（西元1351年），天下紛亂，群雄並起。徐壽輝不知從哪弄來了十斤生鐵，讓做鐵匠的鄰居鄒普勝幫鑄造一尊大印。鄒普勝夢見黃龍蹲坐在自己打鐵的鐵砧上，看徐壽輝來要鑄農具，就以「煉劍」之語相試，深相結交。後來，在以「天降彌佛」自稱的彭瑩玉

和尚號召起義反抗之下，兩人遂藉機鼓吹民眾，舉兵造反。

在這則記載裡，徐壽輝還算有膽有識，儼然一大梟雄。

《元史》卷四十二〈順帝五〉因此記：「蘄州羅田縣人徐貞一，名壽輝，與黃州麻城人鄒普勝等，以妖術陰謀聚眾，遂舉兵為亂，以紅巾為號。」

明初俞本《紀事錄》中則記：「彭祖師惑荊、襄民，徐貞一據蘄州稱帝，徵饒郡民，率眾掠江浙。」

但明葉子奇《草木子》中的記載就比較耐人尋味了。

其文為：「初，徐貞一本湖南人，姿狀龐厚，無他長，生平以販布為業，往來蘄、黃間。是時，瀏陽有彭和尚，能為偈頌，勸人念彌勒佛，遇夜，燃火炬、名香，念偈拜禮，愚民信之，其徒遂眾。將為亂，思得其主。一日，貞一於鹽塘水中浴，眾見其身有光，皆驚異，遂立為帝，反於蘄春，東南遂大亂。湖廣、江西、浙江三省城池多陷沒，開蓮臺於蘄春。然資性寬縱，權在臣下，徒存空名爾。」

按照這段記載，徐壽輝最初只是一個忠厚老實，並無任何特長的布匹商販，只不過天熱，在池塘中洗澡，雪白的背部在陽光的映照下抓住了彭瑩玉和尚及其信徒們的眼球，「皆驚異」，把他從水裡拖上，強行給他披上黃袍，俯身磕頭，「遂立為帝」。

表面看，這段記載比《湖廣總志》更不可信——只在池塘洗了個澡，就因為背部皮膚太光滑，映耀了陽光，被推上了皇帝位，著實是形同兒戲。

但是，這段記載很可能更接近歷史真相。

要知道，起義初期的「皇帝位」，是一個大火坑，基本上坐一個死一個。

韓山童、韓林兒、張士誠、徐壽輝、陳友諒……不都是一個接一個地到陰曹地府報到了嗎？

第一章　元末各路梟雄

朱元璋能笑到最後，是他聽從了謀士朱升的勸告：「高築牆、廣積糧、緩稱王」。

天完皇帝徐壽輝的發跡史，各家記載不一，是梟雄還是草包，還是由讀者來判斷。

彭和尚彭瑩玉的見識不在朱升之下，他到處鼓吹民眾造反，卻從來只屈居一人之下，萬人之上。

至元四年（西元 1338 年），彭瑩玉在江西袁州首次起義時，就讓自己的徒弟周子旺出面擔任皇帝──「大周國皇帝」，自己退居幕後，執掌實權，操控一切。

結果，此次起義被蒙元扼殺，周子旺的下場很慘，九族被誅。

這之後，彭瑩玉又連續立了好幾個皇帝，這幾個皇帝接二連三遇難，彭瑩玉卻毫髮無損，自身保全得好好的。

至正十一年（西元 1351 年）這年，彭瑩玉原先是要推舉鄒普勝為「皇帝」的，鄒普勝跟隨了彭瑩玉多年，知道他的套路，死活不肯。於是，「幸運」才降臨在池中洗澡的徐壽輝的頭上。

我們看《太祖實錄・徐貞一本傳》裡的記載，與之是一脈相承的。

為：「壽輝即貞一，體貌魁岸，木強無他能，以燒香聚眾起。初，袁州慈化寺僧彭瑩玉以妖術惑眾，其徒周子旺因聚眾欲作亂，事覺，元江西行省發兵捕誅子旺等。瑩玉走至淮西，匿民家，捕不獲。既而麻城人鄒普勝復以其術鼓妖言，謂：『彌勒佛下生，當為世主。』遂起兵為亂。以壽輝相貌異，眾乃推以為主，舉紅巾為號。」

我們再看徐壽輝往後的遭遇：雖說彭瑩玉過早死亡，徐壽輝沒有被彭操控太久，但由於他「木強無他能」，先是被臣下太尉倪文俊戲耍，後被

漢王陳友諒欺負，最終身死於陳友諒之手，即我們可以得出這樣的結論：徐壽輝絕非時之梟雄，而是洗澡撞上狗屎運的大草包。

方國珍：心在江湖，無意王座

元末亂世，群雄並起，天下紛爭，中原逐鹿。

按照《英烈傳》上的說法，那是十八路反王、六十四路煙塵，往來馳騁、互相拚殺，好不熱鬧。其中有南漢王陳友諒、九江王陳友定、江西王趙福盛、南洋王毛貴、廬州王左金弼、馳州王倪通、潁州王劉福通、臨江王周伯燕、吳王張士誠、洪縣王傅有德、臺明王方國珍等等。

自古亂世出英雄，亂世中無論有多少人稱王、有多少人稱帝，皆不足為怪。

但演義小說中提到的「臺明王」方國珍，實未稱王。

方國珍是元末群豪中最早起事的造反元老。他的身世與唐末梟雄黃巢相類，世代以販鹽為生。在中國古代，鹽、鐵等物資都由國家掌控，嚴禁私自販售。所以，方國珍甫一出世，就是黑道上的人。

既是黑道上的人，就要有黑道上的樣。

長大成人的方國珍體力強健、臂力過人、奔若驚馬。

至正八年，方國珍與人結仇，被仇家舉報，遭到官府緝拿。

方國珍一怒之下，帶兄弟將仇家滅門滅族。然後，散盡家產，招兵買馬，徵集數千人，開始以海盜為營生。

元朝政府豈能容忍？發兵征剿。

第一章　元末各路梟雄

　　方國珍在大海風浪裡橫行多年，以大海為戰場，一一將來剿之敵將殲滅，成了獨霸一方的海盜王。

　　元朝政府無可奈何，只好認輸，給方國珍封官賜銀，招安降伏。

　　方國珍過慣了自由自在的生活，封官也要，賜銀也要，海盜也仍舊當，表面上是接受了招降，但根本不受元廷管束，坐擁廣元、溫州、臺州等地，攪亂東南沿海一帶的海波。

　　沿海百姓看方國珍逍遙自在，既威風又快活，心生羨慕，紛紛依附。有術士名叫張子善，頗具見識，勸方國珍逆長江而上，進逼江左，以成帝業。

　　方國珍嘿嘿一笑，說道：「吾始志不及此。」繼續在海上為盜為寇，大塊吃肉，大口喝酒，自在快活去也。

　　江淮大亂，元廷要從東南富庶取糧，只好和方國珍談條件，並提供大批船艙以維持海運。

　　方國珍鼠目寸光、胸無大志，高高興興地與元廷合作，甚至出兵幫助元廷進攻張士誠，打到張士誠向元廷舉手投降。

　　朱元璋收取了應天府，遣胡大海據浙東重鎮金華，與方國珍勢力接壤，雙方進行了多次政治交鋒。

　　方國珍無意爭雄天下，只願做一個快活自在的海盜，表面上對朱元璋納貢稱臣，實際上卻是不以為然。

　　朱元璋受困於陳友諒、張士誠兩路夾擊之中，也只能聽之任之。

　　至正二十二年二月，蔣英謀殺胡大海，攜胡大海首級投方國珍。

　　方國珍為維持與朱元璋的關係，毅然擊殺蔣英。

　　可是，駐守在溫州的方國珍的姪子方明善卻聽信讒言，偷襲已經歸降朱元璋的平陽城。

方國珍大驚,趕緊破財消災,以每年進獻三萬兩白銀來換取和平。

然而,至正二十七年,朱元璋徹底消滅了江浙勁敵張士誠,方國珍便成了必須剷除的一方割據勢力。

方國珍如夢初醒,趕緊向北密結擴廓帖木兒及陳友定,試圖夾擊朱元璋以自救。

但已經太遲了。

該年九月,朱元璋正式向方國珍展開軍事攻擊。

方國珍哪是對手?陸上據地盡失,只能浮舟海上,亡命於波濤之中。

旬月之後,方國珍水米難繼,走投無路,只好上表稱降。朱元璋念其並無大惡,授廣西行省左丞。入明後數年,方國珍病死於京師,是最終歸宿比較好的元末豪傑。

陳友定:從混世惡魔到元朝忠臣

關於講述大明開國的小說、評書《英烈傳》,林林總總有十幾二十種。

其中,作家兼評書家喬雲齋著述《明英烈》裡有十八路反王,分別是南漢王陳友諒、九江王陳友定、饒州王陳友福、廣信王陳友信、江西王趙福盛、南洋王毛貴、登州雙孝王薛鳳皋、青州王田豐、廬州王左金弼、馳州王倪通、潁州王劉福通、任州王劉福壽、臨江王周伯燕、吳王張士誠、洪縣王傅有德、徐州王芝麻李、臺明王方國珍、南通州大梁王馬中師。

十八反王前面的四王,陳友諒、陳友定、陳友福、陳友信,名字非常接近,他們四人似乎有某種關係。

第一章　元末各路梟雄

果然，該書在〈武科場〉一回裡是這樣說的：「南漢王陳友諒科場赴會，此人那是赤燃火龍降世臨凡。因陳友諒好殺，上天派左金童徐壽輝管他。這陳友諒有幾個兄弟：九江王陳友定、饒州王陳友福、廣信王陳友信⋯⋯」即這四人乃是同胞兄弟。

但真實的歷史是：陳友諒和陳友定非但不是同胞兄弟，還是一對死對頭。

陳友諒的名字，因他與朱元璋展開了那場舉世矚目的鄱陽湖大戰而深為後人所牢記；陳友定的名字卻不為大多數人所知。

陳友定原籍福清州，其祖父一輩遷到當時屬於汀州清流縣的明溪，安家在大焦村。

陳友定的父母死得早，生活沒有著落，吃了上頓沒了下頓，衣衫襤褸，身上的衣服從春天穿到冬天，幾乎都沒有換洗過，沒有講求乾淨和衛生的條件，致使周身患上了疥瘡、頭頂長滿了髮癬，醜態畢露，人見人嫌。

某天，陳友定在村口老王家門口睡覺。這老王老眼昏花，以為是一頭猛虎蹲坐門前，嚇了一大跳，等認出了是陳友定，竟然鬼迷心竅，認為陳友定是白虎星下凡，將來一定會出人頭地，也不管女兒同不同意，強行要她以身相許。

陳友定一覺睡醒，大喜已然從天而降，真是驚喜若狂。

老王對這個「佳婿」深感滿意，拿出自己的多年積蓄，讓他去做生意。

但陳友定根本不是做生意的料，連做四筆生意，也就連虧了四次，最後血本無歸。

不過，陳友定從老王那裡知道了「白虎星下凡」的事，心理上受到了暗示，覺得自己真的是天上將星轉世下凡，變得天不怕、地不怕起來，做事也有了一股衝勁，決定投身行伍，搞出名堂。

至正十二年（西元 1352 年），紅巾軍起義，天下大亂。

寧化縣人曹柳順也揭竿而起，起兵占據了曹坊寨，擁眾數萬，侵犯鄰縣。

某日，曹柳順派八十人到明溪索討馬匹。

「將星轉世」的陳友定挺身而出，帶領壯丁將這八十人全部收拾了。

這下捋到虎鬚了。

曹柳順怒髮衝冠，親率步騎兵幾千人，揚言要血洗明溪。

陳友定毫無懼色，率千餘壯丁迎擊，一下擊垮了曹柳順軍營，並追殺到曹坊寨，並把曹柳順給滅了。

這一仗打出了威風。

陳友定一鼓作氣，把周邊巨寇的堡寨一一掃平。

就這樣，陳友定當上了明溪寨巡檢，後又當上了清流縣尉。

至正十八年（1358）五月，天完元帥陳友諒派遣部將康泰、趙琮、鄧克明等進攻邵武。

同年十一月，鄧克明占領汀州，進而圍攻清流。

清流是陳友定的地盤，他領軍殺出，把鄧克明軍殺得潰不成軍，並一直追擊至寧化。

次年，鄧克明改為攻打延平、將樂等地。元朝福建行省授陳友定為汀州路總管，要他率兵搞定鄧克明。陳友定二話不說，在黃土寨擺開陣勢，又一次大敗鄧克明軍，俘虜了鄧克明的部將鄧益。戰後論功，陳友定升任福建行省參政。

至正二十年（西元 1360 年）夏，陳友諒在五通神廟用鐵錘擊殺了天完皇帝徐壽輝，自立稱帝，國號漢，取年號大義，遣鄧克明率軍攻打汀州等

第一章　元末各路梟雄

地。陳友諒稱帝後，其手下軍隊的士氣大振，戰力也有極大提升。鄧克明一路攻城略地，勢如破竹，相繼攻克寧昌、杉關、光澤等地，又經順昌攻建寧。但建寧形勢險要，易守難功，鄧克明屢攻不下，一怒之下，在建寧城西北設立幾十個兵寨，圍城作出長攻之勢。這場攻防戰持續了半年之久。

元朝守將、行省平章完者帖木兒也知陳友定兵微將寡，不足以解建寧重圍，但實在無將可遣，硬著頭皮命他前往救援。

陳友定眉頭不皺，率軍救援，自己一馬當先，帶領十騎闖陣，衝亂了鄧軍陣腳，然後縱火焚燒鄧軍橄欖山寨，迫使鄧軍潰敗退守江西撫州。

陳友定乘勝追擊，乘機收復了建陽、崇安、浦城等縣。

至正二十二年（西元1362年）五月，陳友定從延平出發，水陸並進，一舉攻下汀州。

陳友定據有汀州，野心勃勃，威迫福建行省平章燕赤不華，上奏朝廷，表其功第一。

不久，元廷於延平設定分省，陳友定任平章，全部占有福建八郡之地。

陳友定從此威福自己，賞罰無章。

漳州守將羅良憤憤不平，以書切責道：「郡縣者，國家之土地。官司者，人主之臣役。而廩者，朝廷之外府也。今足下視郡縣如室家，驅官僚如圉僕，擅廩如私藏，名雖報國，實有鷹揚跋扈之心。不知足下欲為郭子儀乎，抑為曹孟德乎？」陳友定雷霆震怒，發兵攻打漳州，誅殺羅良以洩憤。此外，福清宣慰使陳瑞孫、崇安令孔楷、建陽人詹翰也因不聽從其發號施令，全被陳友定誅殺。陳友定雖然在地方上專橫跋扈，侍奉朝廷卻從未踰矩。

當時，張士誠據浙西，方國珍據浙東，名義是歸附元廷，卻對元廷催

交的漕糧推三阻四。

陳友定不管，反正羊毛出在羊身上，他對福建百姓暴斂橫徵，每年都向元大都貢奉上糧食數十萬石，因此得到了元順帝的嘉許褒美。

至正二十五年（西元 1365 年），朱元璋平定婺州，與陳友定占據的領土相鄰。

陳友定發軍侵犯處州，被朱元璋部將胡深擊退。陳友定大怒，親自率精銳與胡深交戰，另派遣部將阮德柔率軍四萬繞到胡深軍後進行突擊。胡深猝不及防，失手被擒。

階下囚胡深勸陳友定歸降朱元璋，陳友定啞然失笑，說：「己既被執，又欲誘人以不忠歟？」命人將胡深放在燒紅的銅爐上，活活地烤死。

陳友定萬沒有想到，朱元璋的勢力發展飛快，至正二十七年（西元 1367 年），在平定方國珍後，朱元璋馬上發兵討伐陳友定。將軍胡美、何文輝由江西直趨杉關，湯和、廖永忠由明州海路攻取福州，李文忠由浦城攻取建寧，而另派使者前往延平，招降陳友定。

陳友定表現得極其囂張狠辣，命人捉住朱元璋派來的使者，像殺雞鴨一樣，割喉放血，血注入酒甕中，攪拌成血酒，然後宴請諸將，與眾酌飲。

酒酣耳熱之際，陳友定對天發誓，說：「吾曹並受元厚恩，有不以死拒者，身磔，妻子戮。」

決心雖足，大勢難逆。

不久，明軍圍困了延平，四面楚歌，兵眾緣南臺蟻附登城。

延平城上守將一看不好，紛紛作鳥獸散。陳友定臉色蒼白，轉頭與屬下訣別，說：「大勢已去，吾一死報國，諸君努力。」

話畢，退入省堂，衣冠北面再拜，仰藥而亡。

第一章　元末各路梟雄

明軍入城後，找到陳友定的屍體，爭先恐後抬出城請功。

沒想到的是，突然天降大雨，陳友定竟然在雨中復甦。

補充一下，陳友定幼年是個朝不保夕的小癩痢頭，目不識丁。但占據八郡之後，多招攬文學知名人士，留置幕下。其本人粗涉文史，能作一些五言小詩。

這次復活，陳友定心如死灰，在擔架上悠悠吟了一首五言詩：

失勢非人事，重圍戟似林。

乾坤今已老，不死舊臣心。

陳友定被押至應天，朱元璋親自審問，問：「元朝已亡，你為誰守？殺我胡將軍，飲我使者血，你知罪嗎？」

陳友定哂笑說：「已矣無多談，安能加死我乎？」朱元璋也笑，罵道：「村漢！村漢！天死已矣，能加乎？」命人將他

與其子陳海一起處死。陳海本在將樂駐守，延平未失前，他曾叩頭勸父親向朱元璋投降，「以存宗祧」。但陳友定不聽，罵他為逆子。陳海由是怫然道：「父為忠臣，子豈不能為義士耶？」說到做到，當父親「被執」，他就「自將樂來就死」，陪父親一起走上了黃泉路。

郭子興的兩面人生：生前驕縱，死後封王

明太祖朱元璋能蕩平群雄、驅逐蒙元，一統天下，開創大明王朝，有一個人，是無論如何也繞不過去的。這個人就是濠州起義軍首領郭子興。

郭子興出身濠州定遠（今安徽定遠）富豪之家，平時好結交豪俠之

士，喜歡接濟窮人，很有幾分《水滸傳》裡及時雨宋江的風範。

元末天下大亂，群雄並起。

不安現狀的郭子興於至正十二年（西元1352年），傾其家財，會同孫德崖及俞某、魯某、潘某等四人起兵，號稱五大元帥，攻拔濠州殺牛備酒，聚集了數千人，起兵攻占了濠州。

這次起兵，郭子興出資最巨、出力最多，卻與孫德崖四人同列，頗有些不悅。

而孫德崖四人又目光短淺，只滿足於做打打殺殺、打劫搶掠的山大王。

所以，軍中每有議事，郭子興都有意要削弱和打壓他們。

這麼一來，郭子興的處境就危險了。

本來嘛，三人同心，其利斷金，要舉大事，就不能起內訌。

郭子興鄙視孫德崖四人，孫德崖他們又不是泥塑木雕，豈會不知？

很快，孫德崖四人就抱成團，共同對付郭子興，甚至密謀要讓郭子興停止呼吸。

恰巧在這個時候，元兵、賊兵、亂兵輪番焚燒了朱元璋出家的皇覺寺，在寺僧皆逃散的情況下，朱元璋計無所出，前來濠州投軍。

郭子興看見朱元璋「狀貌奇偉異於常人」，心生喜愛，一番交談過後，留置左右，升為九夫長。

朱元璋也著實是人中龍鳳，郭子興「凡有攻討，即命以往，往輒勝」，郭子興因此對他更加激賞有加。

早在數年前，宿州閔子鄉有馬姓俠客，性情剛直，重然諾，愛打抱不平，曾到定遠躲避仇家的追殺，與郭子興結為刎頸之交。馬大俠後來病死，其膝下一女尚未成年，被郭子興收為義女撫養。

025

第一章　元末各路梟雄

郭子興對朱元璋激賞之餘，將義女許配給朱元璋為妻。

由此一來，乞丐出身的朱元璋在軍中地位陡增，被人稱為「朱公子」；而郭子興也得到了朱元璋的鼎力相助。

朱元璋看到郭子興與孫德崖四人不和，多次提醒郭子興，說：「彼日益合，我益離，久之必為所制。」

可惜，郭子興並未放在心上。

彭大、趙均用是江北一帶非常有名的強盜首領，曾一度占據徐州自稱元帥，他們被元軍打敗，丟了城池，率餘部投靠到濠州。

孫德崖等人認為他倆的名頭比自己五個人都響，不但接納了他倆，還把他倆的地位尊於五人之上。

彭大比趙均用有智謀，郭子興傾心相待。

趙均用因此受到了冷落。

孫德崖等人趁機挑撥趙均用說：「子興知有彭將軍耳，不知有將軍也。」

趙均用大怒，趁郭子興不備，將之捆綁起來，幽禁在孫德崖家中。

朱元璋從其他部隊回來，大吃一驚，急忙帶領郭子興的兩個兒子郭天敘、郭天爵去找彭大商議。

彭大已和郭子興有了感情，勃然大怒，說：「吾在，孰敢魚肉而翁者！」全副武裝，與朱元璋一起前往孫德崖家興師問罪。

彭大命人把孫德崖家層層包圍，朱元璋親自爬上屋頂，揭瓦掀椽下到屋裡，把郭子興解救出來。

趙均用、孫德崖等人本來要發兵報復的，但元軍前來攻打濠州，不得不暫時拋開嫌怨，共同抵抗元軍的圍攻。

至正十三年五月，元軍解圍他去，濠州轉危為安。

彭大、趙均用皆自稱為王，一個叫魯淮王，另一個叫永義王。郭子興與孫德崖等仍然是並列五元帥。

朱元璋奉郭子興之命還鄉招兵，以補充兵源。

彭大、趙均用帶領五元帥往攻盱眙、泗州。

不久，彭大戰死，趙均用失去了掣肘，一家獨大，越加狂妄，好幾次想殺了郭子興。

不過，朱元璋返鄉招兵，得到了徐達等人擁護，南略定遠，並北上攻占滁州，有數萬之眾。

趙均用投鼠忌器，不敢輕舉妄動。

朱元璋攻取滁州後，知道了郭子興的處境，派人向趙均用告知，說：「大王窮迫時，郭公開門延納，德至厚也。大王不能報，反聽細人言圖之，自剪羽翼，失豪傑心，竊為大王不取。且其部曲猶眾，殺之得無悔乎？」

警告過後，朱元璋再派人奉上金銀珠寶若干。

於是，至正十四年七月，趙均用放了郭子興一馬，讓他帶領本部人馬前去投奔朱元璋。

郭子興歷經數番危險，開始變得疑神疑鬼起來了，連朱元璋也不信任了。

朱元璋為了取得他的信任，將自己新招建的三萬人馬交給他，以表忠心。

但這並沒有什麼用處。

郭子興的兒子郭天敘、郭天爵妒忌朱元璋的才幹，在他的面前講朱元璋的壞話，他馬上關了朱元璋的禁閉，斷絕他的飲食。

朱元璋百戰沙場沒有戰死，這一次差點被岳父給活活餓死。

第一章　元末各路梟雄

幸好妻子馬氏暗中傳遞食物，這才保住了一條小命。

朱元璋出來後，又有個任姓將士誣告朱元璋「每戰不力」。

郭子興大怒，在元兵攻來時，命朱元璋和這個任姓將士一起出戰。

任姓將士出工不出力，匆匆走過場就收兵回營了。

朱元璋卻奮勇直前，殺退敵兵，繳獲了許多戰利品才回。

郭子興無話可說，暫時消除了對朱元璋的猜疑——但這僅僅是暫時的。

為此，馬氏不得不拿出自己的私房錢，上下打點，送給郭子興，還送給郭子興身邊的人。

至正十五年，郭子興的四萬多軍隊全駐紮於滁州，坐吃山空，糧食緊張。

為解決糧食問題，他派妻弟張天佑帶兵襲取和州（今安徽和縣）。張天佑並不是帶兵打仗的料，把一場好端端的襲擊戰搞成了曠日持久的攻城戰，將士打得很苦，又食不果腹，難以為繼。

郭子興自己不願輕出，於是交了部分兵權給朱元璋，讓他領兵馳援。

朱元璋一到，大功告成，和州城輕鬆落入囊中，糧食問題順利解決。

郭子興高興之餘，升朱元璋為總兵官，負責鎮守和州。

郭子興缺糧之時，孫德崖也缺糧。

慣於打劫搶掠的孫德崖從濠州來到了和州，聽說鎮守和州城的是朱元璋，就把隊伍分駐在和州城外的民家，自己帶著親兵請求入城居住，說是借住一段時間就走。

朱元璋擔心他另有企圖，想拒絕，又怕因此翻臉打起來，演變成不必要的耗損，猶豫了片刻，勉為其難地答應了。

偏安在滁州的郭子興聽說了此事，怒不可遏，急如風火一樣從滁州趕

到和州。

朱元璋看他臉色不善，趕緊跪在地上，動也不敢動。

郭子興大發雷霆，怒喝道：「你罪責何逃？」

朱元璋低聲低氣地回答說：「誠有罪，然家事緩急皆可理，外事當速謀。」

郭子興猶如火上澆油，吼叫道：「何謂外事？」

朱元璋壓低聲音說：「孫德崖在此，昔公困辱濠梁，某實破其家以出公，今相見寧無宿憾？此為可憂。」

郭子興聽了朱元璋的話，也意識到自己太衝動了，一屁股坐在太師椅上，等自己肚子裡的氣一點點地消去。

這時候的郭子興與孫德崖之間皆有所顧忌，不敢輕舉妄動。

孫德崖得知郭子興到來，馬上打點行裝離開。

朱元璋預料他是去「落人」了，保不齊是要跟郭子興過不去，趕緊過去相勸。

但已經遲了。

孫德崖的隊伍已經在城外與郭子興的軍隊開戰，孫德崖本人被郭子興擒獲；但朱元璋這一出城，也剛好被孫德崖的弟弟捉了個正著。

郭子興本想殺掉孫德崖以報上次濠州被囚之仇，聽說朱元璋被捕，只好將之釋放，以換回朱元璋。看著孫德崖施施然離去，郭子興鬱結於心，從此悶悶不樂。

回到滁州，郭子興想到像趙均用這樣的垃圾都可以自稱永義王，也想稱王，叫滁陽王。

朱元璋勸阻說：「滁四面皆山，舟楫商旅不通，非可旦夕安者也。」

第一章　元末各路梟雄

郭子興接受了朱元璋的建議，放棄了稱王的舉動，但卻越加悒悒不樂，不久，就生病去世了，歸葬回滁陽。

郭子興後期得了疑心病，對朱元璋呼來喝去，但誰也不能否認，朱元璋的反抗大業能夠成事，全是仗賴郭子興的軍事資本。

《明史》稱：「元之末季，群雄蜂起。子興據有濠州，地偏勢弱。然有明基業，實肇於滁陽一旅。」

朱元璋自己稱帝後也願承此恩，追封郭子興為滁陽王，在滁州立廟祭祀，說：「自古豪傑之士，有大功於天地人神者，生雖不獲其福，死必血食廟祀焉，所謂死而不亡，名傳永世者也！唯滁陽王，定遠之民，當元運將終，群雄並起，王亦乘時倡義旅，克濠城，拒守二載。時朕從事，恩禮甚厚。歲癸巳，王行兵盱眙。甲午，移駐環滁。乙未，南巡和陽，嬰疾而斃。先是，命朕率兵鎮御和陽，及王斃，王子不能馭諸豪英兵，且乏食，朕率眾渡江，十有三年，帝業乃成。」

察罕帖木兒崛起之勢：朱元璋險些臣服

朱元璋的童年是非常不幸的。但是，風水輪流轉，三十年河東，三十年河西。到了起兵之後，命運之神似乎一直站在他這邊。

尤其是至正十六年（西元1356年）到至正二十一年（西元1361年）這段時間裡，可謂要風得風，要雨得雨，發展順利，勢頭迅速。

究其原因，主要是韓林兒、徐壽輝、張士誠的隊伍，一支在北，一支在西，一支在東，恰好為之構成三面屏障，把元軍的主力擋在外面，從而獲得了一個自由發展的時間和空間。

察罕帖木兒崛起之勢：朱元璋險些臣服

朱元璋反元大業發展的高峰期是至正二十年（西元 1360 年）五月到至正二十一年（西元 1361 年）底，好運接踵而至：應天大捷、安慶爭奪、江州大捷，龍興府主動歸降，等等。

朱元璋心花怒放，喜不自勝。

然而，從至正二十二年二月到二十三年四月這一年多的時間裡，情況突然變得不妙起來——叛亂接二連三地發生，這其中有：

一、至正二十二年（西元 1362 年）二月，苗軍元帥蔣英、劉震發動了金華苗軍之亂；

二、至正二十二年（西元 1362 年）二月至七月，衢州和處州苗軍將領李佑之、賀仁德發動了處州苗軍之亂；

三、至正二十二年（西元 1362 年）夏，江西行省樞密同僉康泰和平章祝宗發動叛亂；

四、至正二十二年（西元 1362 年）七月，平章政事邵榮暗中策劃了政變；

五、至正二十二年（西元 1362 年）七月，謝再興叛投張士誠。

……

這樣看來，是不是運氣要開始轉向，注定了朱元璋要走霉運呢？

不是的，發生這一切，歸根結柢，還是朱元璋的自身問題。

話說，至正十五年（西元 1355 年），劉福通於安徽亳州擁立韓林兒，建國號宋，雲集中原抗元勢力，分四路大軍北伐。至正十七年（西元 1357 年），中路大軍攻破汴梁，龍鳳政權遷都至此，一時間，紅巾軍號稱百萬，氣焰沖天，大有即時就可掀翻元朝之勢。

但是，元朝的一位悍將卻在此時橫空出世。

第一章　元末各路梟雄

此人的先祖是成吉思汗帳下四傑之一的木華黎，其人名察罕帖木兒，漢名李察罕。

早在元至正十一年（西元 1351 年），紅巾軍攻克汝、潁，進而占領江淮各路。元廷屢次派兵討伐，都無功而返。察罕帖木兒為了挽救時局，挺身而出，招募鄉兵，訓練私人武裝，一舉擊敗紅巾軍，順利收復羅山。元廷因此授其為汝寧府達魯花赤。

察罕帖木兒四下討伐，屢戰屢捷，他的隊伍也越來越壯大。

至正十五年（西元 1355 年），察罕帖木兒在中牟大敗三十萬淮西紅巾軍，接著取靈寶，入潼關，定關中，援大都，平河東。

龍鳳政權遷都汴梁時，察罕帖木兒已進陝西行省右丞，其於至正十九年（西元 1359 年）水陸並進，大舉進攻汴梁。

劉福通力不能支，護韓林兒倉皇遁走。

劉福通既敗，汴梁丟失，戰事急轉直下，原先占據山東的紅巾軍內各部大亂。

先是毛貴被趙均用殺害，隨後毛貴部下續繼祖自遼陽返益都，殺了趙均用。

另外，田豐與王士誠兩部又互相攻殺。

紅巾軍的內鬥導致戰鬥力銳減。

察罕帖木兒大軍的兵鋒掠至山東，山東眾郡縣逐一被攻陷。

田豐、俞寶、王士誠等見勢不好，紛紛叛降。

如此一來，河南、山東大部都在察罕帖木兒的控制之下，只有陳揉頭堅守益都（今山東省淄博市），「與福通遙為聲援」。

前面提到，這些年來，朱元璋在江南地區從容坐大，主要得益於「元

之不能以匹馬、隻輪臨江左者，以有宋為捍蔽也」。

汴梁被攻破，朱元璋擔心大宋紅巾軍扛不下去，北方失去屏障，東西兩面又受到張士誠和陳友諒的擠壓，自己三面受敵，難於支撐。

經過一番思前想後，朱元璋決定派使臣前往汴梁與察罕帖木兒「通好」。

在朱元璋連派兩次使者前來叩拜之後，察罕帖木兒接受了朱元璋的「通好」，將朱元璋的情況奏報朝廷，並於至正二十一年（西元1361年）六月，派人到應天會見朱元璋，稱「已奏朝廷，授（汝）以行省平章事」。

察罕帖木兒這話說得十分漂亮。

不久，元順帝就派戶部尚書張昶、郎中馬合謀與奏差張璉帶著御酒、八寶頂帽和宣命詔書，航海到方國珍處，準備由方國珍護送到應天，封朱元璋為榮祿大夫、江西等處行中書省平章政事。

但「好事」多磨，也怪察罕帖木兒忙於攻打益都，一時疏忽，沒有及時放還朱元璋派出的使者。

生性多疑的朱元璋對左右臣僚說：「予觀察罕書，辭婉而媚，是欲啖我，我豈可以甘言誘哉？況徒以書來，而不要返我使者，其情偽可見。」

是以方國珍兩次派人勸朱元璋「奉詔」降元，朱元璋心存疑懼，患得患失，遲遲沒有明確答覆。

說回察罕帖木兒這邊。

察罕帖木兒克復河南，得朝廷進封為河南行省平章政事、陝西行臺御史中丞兼理河南行樞密院事，此後揮師東進，在一年之內，就收復了除了益都一座孤城外的山東全境，幾乎全殲百萬紅巾軍，「獻捷京師，歡聲動中外」。

但是，能幹的不如會幹的。

第一章　元末各路梟雄

察罕帖木兒功高如此,地位卻低於河南行省左丞相答失八都魯的兒子孛羅帖木兒。

孛羅帖木兒於至正二十年(西元1360年)升為中書平章政事,到了至正二十一年(西元1361年),在興和一帶擊敗中路紅巾軍,得朝廷授命總領蒙、漢諸軍,便宜行事。

察罕帖木兒為此大感不平,對孛羅帖木兒語出不遜,不以其為然。

為避免兩人發生摩擦,元廷命孛羅帖木兒守石嶺關以北,察罕帖木兒守石嶺關以南。

孛羅帖木兒知道察罕帖木兒不服自己,便派兵圍攻察罕帖木兒軍所守之冀寧,致使兩人矛盾公開化。

至正二十二年(西元1362年)六月,死守益都的陳揉頭祕密策動紅巾軍降元的叛將田豐、王士誠刺殺察罕帖木兒。

田、王兩人熱情邀請察罕帖木兒行觀營壘,順利將之刺殺。

察罕帖木兒遇刺,元廷為之震動,「朝廷公卿及京師四方之人,不問男女老幼,無不慟哭者」。

朱元璋心中的鬱結頓時解開,高聲歡呼道:「元無人矣。」但是,元廷隆重地追贈、追封、追諡了察罕帖木兒後,命其養子擴廓帖木兒(察罕帖木兒的外甥,原名王保保)全部承接其父的兵馬,拜銀青榮祿大夫、太尉、中書平章政事、知樞密院事、皇太子詹事。

這擴廓帖木兒也不是吃素的主,於該年十一月攻陷益都,斬殺了陳揉頭、田豐、王士誠等人,拔下了大宋紅巾軍在山東的最後一枚釘子。

朱元璋的心又懸了起來,於十二月迎接元順帝派來給自己宣讀任命詔書的戶部尚書張昶、郎中馬合謀與奏差張璉到應天。

幾乎也在同時，擴廓帖木兒派尹煥章由海路乘船，將察罕帖木兒扣留的朱元璋使臣送回應天，並贈送馬匹。

朱元璋差點就答應了元廷的詔封。

幸虧，原先和察罕帖木兒結下了梁子的的孛羅帖木兒趁察罕帖木兒剛死，「數以兵爭晉、冀」。

擴廓帖木兒忍無可忍，發兵對孛羅帖木兒大打出手。

面對這個現象，朱元璋又猶豫了。

恰好，浙江寧海儒生中兌上書朱元璋，勸朱元璋斷絕元廷的招誘，向南吞併張士誠，逼迫方國珍歸順，全據閩越之地，定都建康，拓江、廣以自資，進則越兩淮窺中原而取天下，退則保全方面而自守。

朱元璋「奇其言」，謀慮再三，決定依其言而行，鼎足江東，自謀發展。

於是，他召見張昶、馬合謀和張璉，斥責他們說：「元朝不達世變，尚敢遣人煽惑我民！」

張昶心中精明，看勢態便知朱元璋要殺人，默然不語。

馬合謀和張璉不知大禍臨頭，「口出不遜之言」。

朱元璋於是讓人將馬合謀和張璉押至聚寶門外斬首，並梟首示眾。

朱元璋將張昶收為己用，任行中書省都事。

回頭，朱元璋沾沾自喜地對劉基、宋濂說：「元朝發一大賢人與我，爾等可與之議論。」

在大是大非的緊要關口，朱元璋最終雖然守住了底線，拒絕了元朝的招降，但他這樣模稜兩可的行徑，卻嚴重動搖軍心。

次年二月，就發生了苗軍降將蔣英、劉震的叛亂，大將胡大海及其子

第一章　元末各路梟雄

關住,以及郎中王愷等人慘遭殺害。

隨後,駐屯於處州的苗軍降將李祐之、賀仁德聞風而動,據城反叛,殺害了朱元璋得力大將耿再成,以及重要謀士孫炎、王道同、朱文剛等。

一個月之後,陳友諒的降將祝宗、康泰又在江西發動叛亂,攻陷洪都,殺萬思誠、葉琛。到了七月,又發生邵榮、趙繼祖企圖謀害朱元璋的事件。

……

這些反叛事件的出現,讓朱元璋目瞪口呆,懊悔莫及。

對於自己曾經打算降元之舉,朱元璋晚年絕口不提,視之為不堪往事。

楊完者與察罕帖木兒的忠誠,卻換來元廷的背叛

元末亂世,四海鼎沸,八方動盪,天下英雄,應時而起,大澤龍蛇,聞風而動。

現在,我們讀到的講述大明開國的小說、評書,大大小小有幾十種,且多冠以《明英烈》之名。其中,喬雲齋版《明英烈》講述得煞是熱鬧。

該書模仿了《說唐演義全傳》的敘事手法,用十八路反王來描述元末各方勢力,更有三俠、八猛、六勇、陸莊七兄弟、南漢七元帥、北番八大將等各路英豪乘勢崛起,真個是龍爭虎鬥,紛紛擾擾,好一齣龐大的群雄爭霸大戲。

後來的評書家單田芳尚嫌不夠熱鬧,又在十八路反王的基礎上,加一個亂世山興隆會十王、戰太平九國,各地方的豪傑則有江南四大俠、黑風

山三傑、五傑嶺五傑、亂石山七雄、南京七太保；元朝方面，則有紅黃藍面三金剛、金銀銅鐵四大王、三十六路御總兵……

事實上，元末明初這段時間裡，天下的動亂真不亞於喬、單兩位的評書。

不過，不管怎麼亂，其亂中還是有脈絡可循的。

比如說，從大方向分，各路英雄不外乎三種類型。

第一種類型，即為察罕帖木兒、楊完者、李思齊、陳友定等為首的保元派。

第二種類型，即是劉福通、徐壽輝、陳友諒、明玉珍、朱元璋等為首的反元派。

第三種類型，即是張士誠、方國珍等為首的兩面派。

第一種類型中，影響力最著的是察罕帖木兒、楊完者二人。

察罕帖木兒漢姓為李，和楊完者的姓氏楊同帶有木偏旁，故此二人被稱為「元朝擎天二木」。

作家金庸在《倚天屠龍記》裡，把察罕帖木兒寫成女主角趙敏的父親汝陽王，所以，現在很多人都熟知察罕帖木兒其人。

但無論是喬、單兩位的評書《明英烈》，還是金庸的《倚天屠龍記》，都沒有隻言片語提及楊完者，所以許多人不知元末有楊完者這號人物。

楊完者原名為楊通貫，武岡路赤水（今湖南城步蔣坊鄉）人，乃殘唐五代時期十峒飛山（今日邵陽、懷化一帶）蠻首領楊再思的後裔。

「完者」之名為元順帝為嘉獎其「克全忠義」而賜。

楊完者「善騎射，能文章，有出將入相之鴻才」，很早就組織家鄉苗家少年操兵練武，擁有苗兵數萬人。

第一章　元末各路梟雄

　　至正十二年（西元 1352 年），徐壽輝攻陷武昌，勢頭極盛，再陷岳州（今岳陽），氣焰沖天，元廷震響。

　　元順帝諭令各地起兵鎮亂。

　　元廷陶夢禎知楊完者大名，特邀其出兵。

　　楊完者認為自己世代受元廷「國恩」，二話不說，「自備糧餉、衣裝，星夜派子姪往謁」。

　　陶夢禎看見苗軍軍容雄壯、兵威赫赫，不由得拍掌叫好：「鄉道此來，吾軍勝矣！」

　　果不其然，楊完者出手不凡，一戰武昌，便旗開得勝，勝利收復武昌，還救下了大元威順王寬徹普化的兒子別帖木兒。

　　楊完者的名頭一下就打響了。

　　元廷隨即授楊完者為湖廣副都元帥，其父兄叔姪，也一併加封。

　　是年秋，楊完者率苗軍隨湖廣平章阿思蘭順長江而下，準備進攻廬州（今合肥）。

　　楊完者的勢力膨脹飛快，淮東都元帥余闕明顯感受到了來自其的威脅，力勸元順帝，說：「苗蠻不當使。」

　　於是，元順帝阻止住了楊完者攻擊廬州的行動，並命余闕暗中監視，若「苗軍有暴於境者，即收殺之，凜凜莫敢犯」。

　　因為元廷自縛其手，張士誠、朱元璋等人才得以迅速崛起。

　　等張士誠、朱元璋羽翼漸豐，元順帝才省悟過來，忙不迭重新啟用楊完者。

　　至正十五年九月，與朱元璋同屬紅巾軍濠州派系的都元帥郭天敘、右元帥張天佑等悍然渡江，集慶（今南京）岌岌可危。元廷忙派楊完者隨江

浙行省右丞阿魯恢率苗軍趕去救援。

楊完者的苗軍一出，郭、張的紅巾軍抵擋不住，全面潰敗。

與此同時，張士誠攻占揚州，楊完者又充當四處救火的消防隊員，往攻揚州，大敗張士誠。

至正十六年正月，張士誠攻占平江，進脅嘉興。

駐守杭州的江浙行省丞相塔失帖木兒連連向楊完者呼救，並許以升任參知政事。

楊完者引軍入援，「生擒其首，其徒溺死者無數」。

張士誠弟張士德又驚又怒，率數萬人轉攻杭州。

塔失帖木兒驚慌失措，棄城而走，疾呼楊完者回奪杭州城。

楊完者馬到成功，「士德大潰，收拾殘兵，十喪八九」。

張士誠另一弟張士信不服，率水兵數萬，沿運河北上，兵襲嘉興。

楊完者在峽谷兩岸射火箭入船，恰逢南風大起，「大火焚燒至四十里不止，淮軍死者甚眾」。

等風息火滅，楊完者揮軍出擊，「斬首七千，俘虜數千」，一時間，浮屍千里，水流盡赤，「張士信以伏水遁還」。

苗軍威震東南，壯大成二十萬貔貅之師。至正十七年，元廷升楊完者為江浙行省右丞、驃騎將軍，「完者」之名，就是在這個時候賞賜的，其兄一同被賜名，為「伯顏」。也就在這一年，張士誠與朱元璋爭奪婺州失利，最得力的助手張士德被擒，勢力日蹙，經過一番艱難的考量，向楊完者和塔失帖木兒求降，願自降王號，臣服元朝。

塔失帖木兒和原先的余闕是同一路貨色，擔心楊完者坐大，答應了張士誠的請降，目的是想利用其來牽制楊完者。

第一章　元末各路梟雄

　　至正十七年七月，朱元璋連克徽州（今歙縣）、建德（今東至），漸露王者之相。

　　元廷派出了屢戰屢勝的楊完者，企圖收復失地。

　　一向無往而不利的楊完者終於遇上了對手，接連敗於李文忠、鄧愈、胡大海之手，喪兵數萬，損失慘重。

　　戰無不勝的楊完者連續被朱元璋部打敗，這原本是一個非常危險的訊號，元廷卻不憂反喜，為楊完者不能一枝獨大歡欣高興。

　　其中又以塔失帖木兒尤為高興，覺得削弱楊完者的時候到了。

　　至正十八年，塔失帖木兒命楊完者出兵浙東，張士誠出兵淮南。

　　塔失帖木兒高興，張士誠就更加高興了，因為楊完者曾是他的冤家死對頭嘛。

　　楊完者聽從塔失帖木兒的安排，命部將楊通泰、楊通知、李才富、肖玉率主力分四路開赴浙東，自己留鎮杭州。

　　張士誠佯裝與朱元璋作戰，暗中卻屯重兵於杭州城附近，等苗軍主力盡出，便與塔失帖木兒裡應外合，猛攻杭州城。

　　一生效忠於元廷的楊完者為元廷所賣，戰敗後與其兄伯顏自縊身亡，嘆哉，惜哉！

第二章
亂世群雄與命運抉擇

第二章　亂世群雄與命運抉擇

濠州分家：朱元璋麾下二十四人的沉浮

話說，元朝末年，明太祖朱元璋在亂世之中無處安身，不得不加入了農民起義軍的洪流，投到濠州起義軍首領郭子興麾下。

郭子興出身濠州定遠（今安徽定遠）富豪之家，平時好結交豪俠之士，喜歡接濟窮人，很有大俠風範。

郭子興非常賞識朱元璋，初次見面，就覺得其「狀貌奇偉異於常人」，心生喜愛，留置左右，升為九夫長。

朱元璋也不負重望，「凡有攻討，即命以往，往輒勝」。

郭子興高興之餘，將義女馬氏許配給朱元璋為妻。

由此一來，乞丐出身的朱元璋在軍中地位陡增，被人稱為「朱公子」，從而也招致了一些人的忌恨。

這些人中，主要以郭子興的兒子郭天敘、郭天爵以及郭子興的妻弟張天佑為主。

鄭曉《吾學編》中繪聲繪色地講述了一段郭天敘、郭天爵暗中加害朱元璋的故事，說：「郭天敘、郭天爵妒忌朱元璋英武得眾心，兵勢日盛，就視之為眼中釘、肉中刺，曾暗備毒酒，設下酒宴，邀請朱元璋赴宴。不料走漏了風聲。朱元璋接到郭氏兄弟的邀請，佯裝大喜，與二郭並馬行去，至半途，忽躍起，跪在馬背上，仰首望天，似在聆聽什麼，突然又頓首伏馬上，滿臉怒容，勒馬斥罵二郭：『豎奴，乃欲毒我耶？！』二郭大驚，辯白說：『安有是？』朱元璋一本正經地說：『適天神云云。』二郭一聽，駭汗洽背，下馬伏地，連連謝罪說：『安敢有是？』朱元璋撥轉馬頭，飛馳而歸，自是不復至郭子興所，遂積嫌隙。」

這則故事有很大的虛構成分,但朱元璋和郭氏兄弟存在嫌隙乃是不爭之事實。

至正十二年(西元1352年),元軍圍攻濠州,歷時六個多月。

至正十三年(西元1353年)春,元軍主帥病亡;五月,自動解圍而去。

鑒於濠州軍隊減員嚴重,且城中儲存的糧食也瀕臨用盡,郭子興派朱元璋回鍾離招募士兵和籌措糧食。

朱元璋回鄉招募到了七百多人,交給了郭子興。

郭子興當即升朱元璋為鎮撫,並讓他帶領這七百人。

朱元璋帶領這七百人去攻打定遠,升任為總管。

這年冬天,朱元璋認為濠州城內的郭子興、孫德崖、彭大、趙均用等人不斷在內部傾軋,而自己又要時時提防來自郭天敘兄弟的謀害,難成大事,深思熟慮後,決定另尋出路。

朱元璋也清楚郭子興不可能同意自己將隊伍帶走,於是只在自己帶領的七百多人中精心挑選了徐達、湯和、吳良、吳禎、花雲、陳德、顧時、費聚、耿再成、耿炳文、唐勝宗、陸仲亨、華雲龍、鄭遇春、郭興、郭英、胡海、張龍、陳桓、謝成、李新、張赫、張銓、周德興等二十四人,「淨身出戶」,離開濠州,到定遠一帶發展勢力。

郭子興等人並未將這微不足道的二十四個人放在心上。

但是,後來發生的事讓人出乎意料。

次年;即至正十四年,五月,在南略定遠的路上,朱元璋身患重病,放棄了攻打定遠,而折往定遠張家堡的驢牌寨,一舉降伏了地主武裝三千人。七天後,朱元璋率領新得的三千人奇襲橫澗山的繆大亨駐軍,降男女七萬餘口,得精兵兩萬人。招牌一下打響,聲威大振。隨後,馮國用、馮

第二章　亂世群雄與命運抉擇

國勝兄弟和李善長等人相繼來投。

朱元璋攻取定遠、滁州兩城後，馮國用獻上了建立金陵根據地的策略方針，李善長勸朱元璋取法漢高祖劉邦。

朱元璋全部採納，大明王朝的發軔，初現端倪。而跟隨朱元璋離開濠州奔赴定遠的二十四個人，被史冊稱為「淮西二十四將」，或稱「明初淮西二十四將」。這二十四將，在大明開國後，其中兩人封王、一人封公、二十一人封侯。乃是中國古代歷史上最為特殊、也是最為罕見的功臣群。其中，徐達封魏國公，洪武十八年（西元1385年）病死，被追封中山王，諡號武寧。湯和先封中山侯，後改封信國公，洪武二十八年（西元1395年）病死，被追封為東甌王，諡襄武。

耿再成，至正二十二年（西元1362年）死於處州苗人降將李佑之之手，被追封為高陽郡公，後加贈泗國公，諡武壯。

花雲於至正二十年（西元1360年）被陳友諒亂箭射死，被追封為東丘郡侯。

費聚封平涼侯、唐勝宗封延安侯、陸仲亨封吉安侯、鄭遇春封滎陽侯，此四人均於洪武二十三年（西元1390年）受胡惟庸案連坐被殺。

陳桓封普定侯，洪武二十六年（西元1393年）受藍玉案連坐被殺。

周德興封江夏侯，洪武二十五年（西元1392年）因其子周驥被揭發與宮女淫亂受株連被殺。

李新曾封崇山侯。洪武二十八年（西元1395年）受藍玉案連坐被誅。

吳良封江陰侯，洪武十四年（西元1381年）病死；吳禎封靖海侯，洪武十二年（西元1379年）病死；陳德封臨江侯，洪武十一年（西元1378年）病死；顧時封濟寧侯，洪武十二年（西元1379年）病死；華雲龍封淮安侯，

洪武七年（西元1374年）病死；張赫封航海侯，洪武二十三年（西元1390年）病死；胡海封東川侯，洪武二十四年（西元1391年）病死；張龍封鳳翔侯，洪武三十年（西元1397年）逝世；郭興封鞏昌侯，洪武十七年（西元1384年）病死；郭英封武定侯，永樂元年（西元1403年）病死；張銓封永定侯，洪武二十六年（西元1393年）病死；耿炳文封長興侯，死於建文元年／洪武三十二年（西元1399）年。

從一頭牛到一隻鵝：世間對朱元璋的傳聞

提起明初開國功臣，最受後世仰慕的就是中山王徐達。明末薊遼督師袁崇煥在前往雙島擒殺毛文龍途中，和隨行幕僚將佐聊天，就曾侃侃而談，說：「想我大明開國，中山王徐達、開平王常遇春等名將初戰於鄱陽湖採石磯，再戰於沙漠北平；水戰勝，馬步戰亦勝，這才驅逐走蒙元，得以一統天下。現在水師僅能據船自守，本部院要收復遼東，不能讓水師僅限於水戰，必須還能參與陸地，希望諸君努力，兵額不得虛冒。」

現在，很多人都知道徐達是一時名將，卻對徐達的戰功不甚明瞭，而僅僅記得徐達小時候是朱元璋放牛的同伴，曾一起偷牛、吃牛；還有大明開國後，徐達被朱元璋送的一隻「蒸公鵝」毒死。

畢竟，這兩個情節太富於戲劇性，太讓人過耳不忘了。但是，這兩個情節都是假的。把這兩個情節當成史實寫，並對現代人產生深遠影響力的，應該是史學家吳晗之作——《朱元璋傳》。

《朱元璋傳》開篇第一章第一節寫朱元璋、徐達偷牛情節來源於明朝人王文祿的《龍興慈記》。

第二章　亂世群雄與命運抉擇

《龍興慈記》是一部史料筆記，裡面的內容除了朱元璋小時候偷牛故事，還有朱元璋的爺爺葬中了風水寶地，所以朱元璋後來做了天子；朱元璋出生時的種種祥瑞；朱元璋做沙彌的時候發配廟中伽藍神；劉伯溫被高人魂魄附體；朱元璋殺常遇春老婆……等等。

這些故事原本就作不得真，而且，在偷牛事件中，《龍興慈記》也沒有提到合謀者都有誰，但吳晗卻煞有介事地當成真實歷史來書寫，並且穿鑿附會，說參與者有徐達、湯和與周德興。

但是，徐達死後，朱元璋曾親自撰寫了一篇長達兩千餘字的〈御製神道碑文〉，上面將其與徐達的初次相見交代得清清楚楚：「歲癸巳，朕集義旅，王來麾下」，則他們相識時，徐達已經二十二歲了。

說到徐達吃朱元璋送來的「蒸公鵝」被毒死，源頭始於明代中葉徐禎卿所著之《翦勝野聞》，裡面談到朱元璋在徐達患病期間曾有「賜食」行為，不過沒交代所賜的食物是蒸鵝。蒸鵝是清代趙翼在《廿二史劄記》中加進去的。趙翼原意是想講一個「傳聞無稽之談」，說到了朱元璋「賜以蒸鵝，疽最忌鵝」。

這個故事更是子虛烏有。

一來，明朝官修之《明實錄》和清代張廷玉主撰之《明史》都沒有「賜蒸鵝毒死徐達」的紀錄，二來，徐達患病時在北京，而朱元璋在南京，一隻蒸熟的公鵝，真要千里迢迢送到徐達的口中，就當時的科技也不太可能做得到。

下面，來說說徐達真正的歷史、真正的經歷。

徐達的確和朱元璋是同鄉，都是濠州（今安徽鳳陽）鍾離太平鄉人，出身貧農家庭，小時候也許放過牛。但同鄉、貧農、放牛，並不意味著他

們一定相識。

至正十三年（西元 1353 年）六月，在濠州郭子興起義軍中當小頭目的朱元璋回鄉招兵，徐達「仗劍往從」，從此開始了他波瀾壯闊的征戰生涯。

入伍沒幾天，徐達就表現出了與普通小兵所不同的東西，「時時以王霸之略進」(明李贄《續藏書》卷三,《開國功臣徐公傳》)，協助朱元璋收編定遠的幾支地方武裝，並在攻占滁州、和州的戰鬥中勇敢凶猛，異常搶眼。

朱元璋讚賞之餘，授為鎮撫，「位諸宿將上」。

實際上，當時的朱元璋還在岳父郭子興手下打工，「諸將多太祖等夷，莫肯為下」，徐達卻「奉約束其謹」(清馮煦《鳳陽府志》卷十八,《人物誌》)，忠心耿耿、畢恭畢敬。

最讓朱元璋刮目相看的是，某次，朱元璋的頂頭上司郭子興與另外一名首領孫德崖發生衝突，郭子興是個粗人，做事不計後果，一怒之下，也不向朱元璋打招呼，拘捕了孫德崖，準備請孫德崖吃「板刀麵」。

但孫德崖的部眾也不是吃素的，一下子就捉到了朱元璋。

朱元璋知道是岳父捅下了婁子，被孫德崖的部眾捉了個正著，真是有苦說不出。

關鍵時刻，還是徐達夠義氣，挺身而出，到孫德崖軍中去做人質，換朱元璋回來說服郭子興。也幸虧郭子興聽勸，釋放了孫德崖，徐達才得以恢復自由。經過這場共患難，朱元璋對徐達除了感激之外，更多的是信任。而徐達也堪稱天生名將，一旦有了用武之地，就所向披靡，無以爭鋒。

郭子興病逝後，朱元璋執掌全軍大權，揮師南渡長江，攻占採石、太平，謀攻集慶（今江蘇南京），徐達「與常遇春皆冠軍，而達獨參與進止」

第二章　亂世群雄與命運抉擇

（明末查繼佐《罪惟錄》列傳卷八十，《徐達》），成為朱元璋最倚重的大將，授淮興翼統軍元帥。

在統兵「廓江漢，清淮楚」，擊滅陳友諒勢力後，徐達升任同知樞密院事、左相國（後改官制，任右相國）大將軍。

在「風驅電掃」西浙，攻占平江（今江蘇蘇州），消滅張士誠勢力後，徐達又受命為征虜大將軍，率師北伐，「席捲中原」，克復大都（今北京）。

一時間，徐達「聲威所震，直達塞外」（《明太祖實錄》卷一七一）。

在推翻元朝、統一全國的大大小小數百次戰鬥中，徐達用兵，全都戰無不勝，攻無不克。

但徐達也是人，並不是神。

洪武五年（西元1373年），早退往漠北草原的元順帝之子必里克圖汗，以擴廓帖木兒為中書右丞相，不時出兵南下，企圖恢復大元帝國的統治。

徐達犯了輕敵冒進的兵家大忌，自認為有十萬兵力便足以肅清沙漠，與李文忠、馮勝分頭統軍北征。其本人率中路軍挺進到杭愛嶺北，遭到擴廓帖木兒的迎頭痛擊，「死者萬餘人」（王世貞《彝州史料》前集卷十九，《徐中山世家》）。李文忠所率的東路軍也損失慘重，只有馮勝所率的西路軍攻至蘭州，全師而還。

徐達記取了這次血的教訓，以後帶兵出擊，再也不犯此類錯誤，嚴謹地保障了北部邊境的安全。

徐達「以智勇之資，負柱石之任」，朱元璋因此對他賞賜最厚，授他為太傅、中書右丞相，後封魏國公。

徐達三個女兒，長女為朱棣的皇后，次為代王妃，又次為安王妃。

徐達長子輝祖封魏國公、襲爵；幼子增壽後來也被追封定國公。一門二公，徐家榮盛一時。洪武十八年二月，徐達病逝，朱元璋停止上朝，備極哀榮，追封徐達為中山王，諡武寧，賜葬鐘山之陰，配享太廟、功臣廟，位皆第一，親撰「御製神道碑文」。

現在，徐達的神道碑不僅是明朝功臣墓碑中最大的一塊（通高 8.95 公尺），而且比位於鐘山南麓、明孝陵重要組成部分的「大明孝陵神功聖德碑」還要高出 17 公分（「大明孝陵神功聖德碑」高 8.78 公尺，碑為朱棣所立，碑文為朱棣親自撰寫）。

本來，按明朝制度，功臣歿後封王者，陵前神道碑身高九尺（3 公尺），廣三尺六寸。徐達神道碑的規格，不僅遠遠超過了這一標準，而且比朱元璋的還高，這足以證明徐達在朱元璋以至朱元璋兒子朱棣心目中地位的重要。

朱元璋賜「蒸公鵝」毒害徐達之說，實難成立。話說回來，朱元璋對徐達的忠誠真沒起過疑心嗎？並非如此。

禮科給事中（古官職名）陳汶輝曾在一個奏疏中有提到「劉基、徐達之見猜」，說：「視蕭何、韓信，其危疑相去幾何哉？」（《明史》卷三九，《李任魯傳》）而朱元璋在為徐達撰寫的「御製神道碑文」中，也坦承自己曾因術士「太陰數犯上將」的蠱惑之詞而「惡之」，說：「（洪武）十七年甲子，太陰數犯上將，朕惡之，召罷北鎮，勞於家。」

但是，徐達經受住了考驗，政治上從不拉幫結派，對朱元璋忠誠不二，經濟上從不伸手，生活上嚴於律己，堪稱完人。

曾經，淮西黨派的黨魁胡惟庸見徐達既是淮西人，又功高權重，再三拉攏。徐達斷然拒絕，當覺察到胡惟庸準備加害於己時，毅然上報朱元璋，並一再提醒，胡惟庸不適合當丞相。胡惟庸謀反被殺後，朱元璋想起

第二章　亂世群雄與命運抉擇

徐達的話，「益重達」(《明史》卷一二五，《徐達傳》)。

徐達統大軍擒殺張士誠，攻占平江後，「封姑蘇之府庫，置胡官之美人財貨無所取，婦女無所愛」(明焦竑《獻徵錄》卷五，黃金之《魏國公徐公達》)。

徐達在南京家裡的房子低矮狹小，毫無大將軍宅應有的氣勢。朱元璋多次想給他換豪華的房子，他援引西漢名將霍去病「匈奴未滅，何以家為」之辭，說：「天下未定，上方宵衣旰食，臣敢以家為計？」(《明太祖實錄》卷一七一)

而等天下已定，徐達仍居舊室，朱元璋實在過意不去，舊話重提，說：「徐兄功大，未有寧居，可賜以舊邸。」(《明史》卷一二五，《徐達傳》)準備把自己過去當吳王時住的府邸相贈。

徐達固辭不受。

一個執意要贈，一個堅決不受，怎麼辦？

朱元璋想了個主意，請徐達到吳王舊邸喝酒，將之灌醉後，命人抬到床上去睡。

朱元璋以為，徐達一覺睡醒，就會接受這所府邸了。

哪知徐達酒醒之後，立刻滾到床下，俯伏在地，連呼：「死罪！死罪！」

朱元璋只好拉倒，命人在這所府邸之前另建一座規制宏偉的宅邸，賜給徐達，並在宅第前豎起一塊大牌坊，上刻「大功坊」三個字，以表彰徐達的功勳。

徐達死後，朱元璋在神道碑上對他的讚語是：「忠志無疵，昭明乎日月」。

常遇春之死：真相撲朔迷離

很多地方流傳有「男怕三六九，女怕一四七」的俗語。這俗語的前半句，是指男人活到逢三、逢六、逢九這樣的年齡，尤其是三、六、九組合型的年齡，往往會遇到人生的一道檻，這道檻，甚至可能是生命中的一次劫難。

仔細查一下，古代很多名將都倒在三十九歲的這道檻上。

比如三國第一虎將呂布，其於建安三年十二月敗於下邳，被曹操處死，死時三十九歲。又比如深得諸葛亮器重的馬謖，其於建興六年失街亭，按軍法論處，時年三十九歲。還有滅蜀統帥鍾會、北魏建立者拓跋綽、五代英豪柴榮、宋代抗金英雄岳飛、元朝蒙古名將拖雷、明初名將常遇春、明末名將盧象昇、明末民族英雄鄭成功、明末起義領袖李自成、清初名將豪格和多爾袞等，全是死於三十九歲的年紀。以上諸名將之死，多數是橫死於刀劍之下，僅有少數如拓跋綽、柴榮、多爾袞等是死於疾病，但這些人的疾病徵兆明顯，都曾在臥病榻上綿延多日，實在熬不過，才撒手西歸。

唯獨常遇春之死最為蹊蹺。

常遇春，字伯仁，號燕衡，安徽懷遠縣常家墳永平崗人，生於元朝至順元年（西元1330年），卒於明朝洪武二年（西元1369年）。

常遇春祖上三代貧困，曾祖名常四三，祖父名常重五，父名常六六，這些名字的來由，都是沒有學識隨意以族中輩分和家中弟兄排行而來。

常遇春本人沒有以數字為名，是因為他出生於正月初十，該日正逢立春，故名「遇春」。

第二章　亂世群雄與命運抉擇

常遇春長大成人，相貌奇偉，勇力超群，猿臂善射。

元帝昏聵，荒淫無度，民眾處在水深火熱之中，天下大亂，梟雄並起。

常遇春也召集鄰里豪傑，揭竿而起，加入當地劉聚的起義隊伍中。

劉聚胸無大志，目光短淺，只是一個占山為王的平庸土匪。常遇春大失所望，決定跳槽，另擇明主。

至正十五年（西元 1355 年）初，朱元璋欲渡江南下，掃除南方後患，以圖北進中原。

常遇春聞朱元璋大名，率領數十位親信部屬，投奔麾下。

常遇春在朱元璋軍中的第一戰，乃是奪取採石磯之戰。

當時，採石磯上守兵萬箭齊發，朱元璋軍輕易不得靠前。

在眾將束手無策之際，常遇春駕一葉輕舟，手持長戈，站在舟首，如箭一樣馳向採石磯岸邊，棄舟登岸，奮戈直前，大呼跳蕩，迅速開闢出灘頭陣地。

朱元璋麾軍挺進，勝利渡江。

可以說，常遇春的孤身闖陣為勝利渡江有關鍵影響。

戰後論功，授總管府先鋒，進總管都督。

至正十六年（西元 1356 年），在集慶路與元軍對峙了四個月之久的朱元璋突然發起猛攻，而擔任先鋒的，正是常遇春。

常遇春操輕舸逆流而上，左右縱擊，以石炮猛烈轟擊敵陣，俘獲敵兵數以萬計。

元軍首領蠻子海牙被迫收縮兵力，全部退入集慶，龜守以待援軍。

朱元璋因此從容攻占集慶周邊要地，將集慶圍困成了一座孤城，最終輕鬆收入囊中。

此役，常遇春勇冠三軍，功蓋諸將。

不久，朱元璋命常遇春從徐達攻取鎮江（今江蘇鎮江市）、奪取常州（今江蘇常州市）。

常遇春英勇善戰，獨當一面，不但順利奪取了鎮江和常州，還在徐達被吳地元兵圍困在牛塘一帶時，從外圍破潰圍而入，生擒敵軍主將。

朱元璋聞訊大喜，拜其為統軍大元帥，並於常州大捷後，再升為中翼大元帥。

常遇春往攻寧國（今安徽寧國市），激戰中，被流矢射中，他不但不退，反而更加凶悍，帶傷力戰，率軍橫行敵陣中，無人能擋，敵軍遠遠看見，望風而逃，潰散如洪水決堤。

常遇春水戰能勝，陸戰也能勝，其在用陸軍攻長江下游要塞馬駝沙後，又以水軍攻克池州。

朱元璋因此任命其為行省都督、馬步水軍大元帥。

其後，常遇春取婺州、克衢州，欲再攻杭州，朱元璋召還應天，與徐達共擊趙普勝。

常、徐兩人合力，大獲全勝。

常遇春還在池州九華山下伏擊陳友諒，殺敵萬餘。

該年，陳友諒親統大軍入太平進犯龍灣（今屬浙江溫州）。常遇春以五路兵馬設伏，第二次大破陳友諒，平定了太平地區。隨後，常遇春跟隨朱元璋進取安慶、破江州，每戰，必身先士卒，所向無敵。

攻取江州後，朱元璋進駐九江，常遇春還守龍灣。

第二章　亂世群雄與命運抉擇

　　適逢張士誠突襲長興（今浙江省長興縣），朱元璋急忙還軍應天，同時急令常遇春速赴長興接戰。

　　常遇春星夜趕至，大戰張士誠，俘殺吳兵五千餘人。

　　張士誠一計不成，又生一計，出兵圍困安豐。

　　安豐守將劉福通頻頻向朱元璋告急。

　　朱元璋於是攜常遇春出援。

　　但還是遲了一步，呂珍已經殺了劉福通，驅全城將士堅守城池。

　　常遇春到後，橫擊其陣，三戰三破，俘獲士馬無算。

　　拿下了安豐，常遇春跟隨徐達圍攻重鎮廬州。

　　廬州將克，陳友諒發大軍圍困洪都（今南昌）。

　　兩人又充當救火隊員，星夜趕回洪都，與朱元璋會師，共擊陳友諒。

　　朱、陳兩軍決戰於彭蠡湖之康浪山。

　　陳友諒兵眾勢大，有鉅艦，又地處上游，士氣如日中天。

　　常遇春毫不畏懼，率諸將出戰，呼聲驚天動地，人人以一當百，浴血奮戰。

　　陳友諒手下驍將張定邊駕輕舟直犯朱元璋戰船，朱元璋座艦體大分量重，陷在淺水淤泥中，動彈不得。

　　常遇春在戰陣中覷見，張弓搭箭，一箭把張定邊放倒。

　　朱元璋因此得以脫險。

　　兩軍鏖戰了三日三夜，情形慘烈。

　　第四日，常遇春採取火攻，備火油，命兵士焚燒敵軍舟船，一時間，湖水皆赤，紅如晚霞。

常遇春之死：真相撲朔迷離

陳友諒不敢戀戰，倉皇撤出戰陣。

諸將都認為陳友諒雖然戰敗，但兵馬尚強，主力仍在，不可阻擋，不若先由他逃去，來日從長計議。獨常遇春不發一言。陳友諒整頓旗鼓，三軍齊動，鼓譟著要衝出湖口。朱元璋急命諸將扼守上游要塞。處於下游的常遇春溯江而上，親率諸將迎戰陳軍。

陳友諒軍心大散，陳友諒本人窮蹙無計，於亂軍中戰死。陳友諒一死，十數萬殘兵俱降。朱元璋論功行賞，常遇春功勳第一，得賞金帛田土最多。次年，朱元璋即吳王位，常遇春授平章政事。在清掃陳友諒殘餘勢力的作戰中，常遇春猶如摧枯拉朽，下武昌、奪廬州，與徐達分兵攻戰沿江各城寨，連取沙坑、麻嶺、牛坡等地，拿下重鎮吉安、贛州。

常遇春又乘軍勢奪取南雄（今廣東南雄市）、韶州（今廣東韶關市）、安陸（今湖北安陸市）、襄陽（今湖北省襄樊市襄陽區）。

各路賊兵，聽說是常遇春來攻，無不望風披靡，逃跑的逃跑、歸降的歸降。

朱元璋接下來開始全力對付張士誠。

常遇春跟隨徐達往攻泰州，大敗張士誠軍，然後沿海築壩造牆以遏止敵軍。

該年秋，討伐張士誠的大戰正式打響。

常遇春拜副將軍，於太湖，於毗山，於三里橋，於湖州，於平江，勢如破竹，連戰連捷。

張士誠被擒殺後，常遇春進中書平章軍國重事，封鄂國公。

南方悉已蕩平，常遇春拜為副將軍，與大將軍徐達率兵北伐。

大軍既行，朱元璋又以常遇春兼太子少保。

第二章　亂世群雄與命運抉擇

　　常遇春每戰必親為先鋒，山東諸郡，盡數攻克，輕取汴梁，進取洛陽。

　　五萬元軍陳兵洛水北岸，嚴陣以待。常遇春單騎突入敵陣，敵軍二十餘騎舞動鐵槊，一齊向常遇春殺來。常遇春射落敵軍前鋒，大呼馳入，麾下壯士從之。元軍被殺得丟盔棄甲，四散奔逃。梁王阿魯溫舉械投降，河南郡邑依次而下。

　　大軍進至河北，先驅取德州，然後水陸沿河並進，破元兵於河西務，攻克通州，入元都，分兵攻下保定、河間、真定。

　　元軍主力退入太原。

　　常遇春與徐達商議：「我騎兵雖集，步卒未至，驟與戰必多殺傷，夜劫之可得志。」親選精騎夜銜枚往襲。元軍統帥擴廓帖木兒意所未料，在混亂中傷一足，乘駑馬，在十八騎死護下走大同。

　　此次夜襲，常遇春迫降元兵四萬，克太原。

　　朱元璋詔改常遇春為左副將軍，要其北取大同，轉戰河東，下奉元路（元代西安），與右副將軍馮勝會師，西拔鳳翔。

　　常遇春依詔而行，莫不如志。

　　朱元璋又以平章李文忠為常遇春副將，命其兩人率領步騎九萬，向北驅逐胡元。

　　兩人率兵一路轉戰，戰會州（今甘肅會寧東部），戰錦州（今遼寧錦州市），戰全寧（今屬北京），戰大興州（今隆化），盡取燕都鄰近各地重鎮。

　　元帝抱頭鼠竄，向北逃去。

　　常遇春率軍晝夜追擊數百里，抓獲元帝宗王慶生和平章鼎住等，另得投降將士萬餘人，戰車萬餘輛，馬三千匹，牛五萬頭。

　　至此，中原大定，元朝統治宣告結束。

常遇春之死：真相撲朔迷離

常遇春率隊班師，行軍至柳河川，突發惡疾，暴病身逝，虛歲四十，實享年三十九歲。

朱元璋聞聽如此噩耗，大為震悼。追其為開平王，諡忠武。配享太廟，肖像忠誠廟，位皆第二。

《明史・常遇春傳》記：「常遇春，字伯仁，懷遠人。貌奇偉，勇力絕人，猿臂善射。」「遇春沉鷙果敢，善撫士卒，摧鋒陷陣，未嘗敗北。」常遇春可謂身強體健，但他竟一夜暴疾卒於戰鬥後的班師途中，讓人驚詫，也因此有人懷疑是朱元璋暗中做了手腳，卸磨殺驢。

其實，當時的元軍統帥擴廓帖木兒尚擁兵塞外，雲南、四川等邊疆地區均未平定，遠未到卸磨之時，朱元璋豈會提前殺驢？！

關於常遇春的暴死，武俠小說作家金庸用遊戲筆墨給出了一個荒誕的解釋——常遇春早年在蝴蝶谷被張無忌用猛藥醫壞了，壽數定格在四十歲之前。

金庸的說法屬於調侃搞笑，人們一般認為，常遇春是患上了「卸甲風」暴死的。

所謂「卸甲風」，就是指人在白天冒著酷暑身披重甲，而到了夜晚，在氣溫驟降時卸甲，從而引發了「中風」之疾。

這很可能就是常遇春的真正死因。

想想看，柳河川地區七月夏秋之交的氣候就是晝熱夜涼，常遇春重甲在身，白天一身汗水，到了夜晚，軍隊安營紮寨，就卸去盔甲，而大軍遠征，軍中沒有良醫，引發了「中風」，結果不治身亡。

第二章　亂世群雄與命運抉擇

郭英：箭射陳友諒，武力無雙的功臣

朱元璋麾下戰功最高的人當數徐達、常遇春。

這兩人都是帥才，排兵布陣、運籌帷幄，乃至衝鋒陷陣，都是世間一流。

但單以個人武力論，可能都比不上郭英。

明施顯卿的《古典舊文・奇聞類記》中有一條關於郭英的記載：「武定侯郭公興，臨淮人，沉毅多智，身長七尺，膂力過人。國初從徵，渡江取金陵，以謹重見信任。常從徵偽漢陳友諒，其將有陳同僉者，驍捷善槊，馳入中軍帳下。上遽呼曰：『郭四為我殺賊。』公持槍躍馬奮臂一呼，賊應手隕墜。上解所御赤戰袍衣之曰：『唐之尉遲敬德不汝過也。』」

郭英排行第四，軍中咸以「郭四」呼之。

漢軍陳同僉單槊踹營，直闖朱元璋的中軍帳。

危難之際，朱元璋的第一反應就是急呼「郭四」之名索救，情形仿如唐太宗李世民攻洛陽遇上了單槊踹營的單雄信。郭英持槍躍馬，應聲而至，一槍將陳同僉刺落馬下，威風凜凜，即如當年救主的尉遲敬德。

朱元璋脫險後，驚魂未定，解下自己的戰袍相賜，口中連說：「唐之尉遲敬德不汝過也。」

郭英躍馬挺槍刺陳同僉之事，也被錄入了《明史》、《明史紀事本末》等書。

郭英是濠州（今安徽鳳陽東北）人，與兄長郭興於至正十三年（西元1353年）從朱元璋起兵。因武藝高強，朱元璋將其選為宿衛親將，不離左右。

也正是如此，每當朱元璋遭遇險情，第一時間就會想到郭英。

郭英跟隨朱元璋攻滁州、和州、採石、太平等地，只充當一個保鏢的角色，並沒有太多表現機會。真正揚名軍中、大放異彩，是從鄱陽湖大戰開始。

　　鄱陽湖大戰，是朱元璋事業的最大轉捩點。

　　朱元璋爭霸天下中所遇到的最大的敵人就是陳友諒。

　　當時，他的兵力遠小於陳友諒。

　　為了打贏這一仗，他動用了所有可以動用的力量，包括他自己，也親臨前線參與指揮作戰。

　　在這種背景下，郭英投入了對敵的搏殺中。

　　明郭勛《三世家典》載：「上親征偽漢陳友諒，大戰鄱陽湖，相持連晝夜。英時瘡未瘳，力疾乘海船鏖戰，敗賊於涇江口。」即郭英身負重傷，但並不退卻，支撐著，乘海船鏖戰，終於在涇江口與諸將一起大敗陳友諒。

　　郭英是怎麼大敗陳友諒的呢？

　　《明史・陳友諒傳》載：「久之乏食，突圍出湖口。諸將自上流邀擊之，大戰涇江口。漢軍且鬥且走，日暮猶不解。友諒從舟中引首出，有所指，驟中流矢，貫睛及顱死。」

　　《明史》為清張廷玉主撰，只說陳友諒在涇江口中流矢而死，鄱陽湖大戰由此降下帷幕。

　　但明朝人郎瑛在其《七修類稿》中寫得非常具體：「元末僭竊雖多，獨陳友諒兵力強大，與我師鄱陽湖之戰，相持晝夜，勢不兩存矣。時，郭英、子興兄弟侍上側，進火攻之策。友諒勢迫，啟窗視師。英望見異常，開弓射之，箭貫其睛及顱而死。至今人知友諒死於流矢，不知郭所發

第二章　亂世群雄與命運抉擇

也。」即所謂「流矢」，其實是郭英發矢中的而為。

郭英箭射陳友諒事，《功臣錄》也有記載，但只是含糊其詞地說是「有言英之箭者」。而《傳信錄》卻誤記為郭英之兄郭興所射，說當時朱元璋大讚：「郭二兄弟一箭，勝十萬師，功何可當是矣！」

鄱陽湖大戰之後，朱元璋不再留郭英在身邊，而讓他與徐達、常遇春等人一起征戰四方。

《明史・郭英傳》記載，郭英此後單獨帶兵攻岳州、廬州、襄陽、淮安、濠州、安豐。從徐達定中原；又從常遇春攻太原，下興州、大同。於沙淨州渡河，取西安、鳳翔、鞏昌、慶陽，進克定西。洪武十四年，從傅友德征雲南，攻克曲靖、陸涼、越州、關索嶺、椅子寨，降大理、金齒、廣南，平諸山寨。洪武十六年平蒙化、鄧川，濟金沙，取北勝、麗江。洪武十八年，鎮守遼東。

《三世家典》記載，自初起兵至是，（郭英）總計擒斬獲俘人馬一十七萬餘，大小五百戰，身被七十餘傷。

郭英功高，洪武三年，朱元璋論功行賞時，被封為武定侯。

郭英福厚，有子十二人：郭鎮、郭銘、郭鏞、郭鑑、郭鑰、郭銓、郭錡、郭鈺、郭鈁、郭鐼、郭鋼、郭錀。

長子郭鎮與永嘉公主成婚，次子郭銘為遼府典寶，三子郭鏞是中軍右都督，四子郭鑑是中都副留守，五子郭鑰是散騎舍人，八子郭鈺贈尚寶司丞，九子郭鈁是旗守衛指揮使，其他諸子均有官職。

另外，曾孫郭登是英宗朝名將，土木堡之變後，成功鎮守大同，為明王朝穩住了戰局。其所訓練出來的宣大精騎是明王朝三百年內公認的虎狼之師。

郭英是明朝開國功臣中罕有的得善終者，其病歿於永樂元年（西元1403年），年六十七歲，獲贈營國公，諡威襄，葬於鉅野城北郭家塋地。

《三世家典》贊曰：「郭英開國重臣，其功業之隆、子孫之盛、富貴壽考、始終令節世為罕儷，人以比之郭汾陽云。」

《明史》則贊曰：「或威著邊疆，或功存海運，搴旗陷陣，所向皆摧，揆之前代功臣，何多讓焉。而又皆能保守祿位，以恩禮令終，斯其尤足嘉美者歟！」

十六歲的領袖：鄧愈的崛起之路

熟悉明朝歷史的人都知道，洪武三年，大將軍徐達、左副將軍李文忠等從塞外班師回朝，奉上平沙漠表，朱元璋欣喜之餘，大封功臣勳爵。

這次，一共封公六人，封侯二十八人，後來又補封了兩個伯，共封功臣勳爵三十六人。

不用說，最為尊榮的是封公六人，他們分別是：李善長、徐達、常茂、李文忠、馮勝、鄧愈。

這六個人中，李善長不必多說了，乃是朱元璋座下第一文臣。

徐達呢，則是朱元璋座下第一大將。

常茂名氣不高，但他有一個戰功顯赫的老爸，即堪與徐達比肩的開平忠武王常遇春。

李文忠不但能打，屢建戰功，最主要的是，他是朱元璋的親外甥。

馮勝在常遇春死後，與徐達、藍玉並列明初三大將，能力和功勳也是

第二章　亂世群雄與命運抉擇

極其卓越。

說起鄧愈，大家都知道他是早年跟隨朱元璋的一批人，也立過很多戰功，但若果要單獨說他的戰功和光輝事蹟，卻又不知從何說起。

一句話，六大功臣中，除去靠父親功勳封公的常茂，名氣最低的其實就是鄧愈。

但是，細考一下鄧愈的經歷，你會發現，朱元璋對他的好是無以復加的。

比如說，鄧愈原本的名字並不叫鄧愈，而叫鄧友德，鄧愈這個名字，是朱元璋替他起的。還有，朱元璋治軍是非常嚴厲的，手下將領稍微有違紀，定斬不饒。至正二十一年七月，陳友諒悍將張定邊發動了對安慶的猛烈攻擊，守將趙仲中抵擋不住，敗逃回到應天，立即被朱元璋斬殺。斬殺的理由很充足，軍法有規定，凡責令守城者，必須與城池共存亡，否則格殺勿論。然而，半年之後，即至正二十二年三月，江西洪都發生了祝宗和康泰之亂，鄧愈身為守將，戰敗逃亡，依例當斬。但朱元璋實在是太愛鄧愈了，網開一面，沒有加以處罰。

當然，最能說明問題的是，洪武十年，吐蕃殘部搶劫烏斯藏貢使輜重，鄧愈領軍征討。凱旋時，不幸染上重疾，部隊行至壽春，溘然長世，享年四十一歲。聽聞噩耗的朱元璋失聲痛哭，輟朝三日，親迎靈柩祭奠，同時追封其為寧河王，賜予謚號武順，肖像掛在太廟中享祭。還親自選擇墓地，安葬在南京雨花臺西安德門裡的西山，墓前置六對石翁仲石馬，山上遍植松柏，禁止樵獵。並命人將鄧愈的功績寫入《洪武功臣錄》。

朱元璋對禮部尚書朱夢炎歷數鄧愈的戰功，說：「友德隨我二十二年，東征西討，嘗盡辛苦，鎮守八州，有功無過。你當撰文刻諸石上，以昭不朽。」

朱元璋還為鄧愈像題詞:「天生元輔兮輔我定乎九州,溯其功勳德業兮實無人以可侔,垂凜凜於尺幅兮直與河岳而長流。」

那麼,鄧愈何以得朱元璋如此恩寵呢?

主要是鄧愈率軍來投時給朱元璋留下的第一印象太好了。

鄧愈的父親鄧順興,重氣節、講信義,被鄉人推為團練,不久,順應天下大勢,聚集兵馬反元。可惜的是,至正十三年,鄧順興在和元軍作戰的過程中,中箭身亡。接掌兵權的是鄧愈之兄鄧友隆。但鄧友隆是短命之人,沒多久就患病故去。這樣,重擔就落到了十六歲鄧愈的稚嫩的肩上。

至正十五年春,朱元璋攻克滁州,小鄧愈慧眼識真主,率領自己的部眾近萬人前來投奔。

朱元璋這時剛剛開始發跡,王相未顯,得鄧愈來投,大喜過望,封其為管軍總管,鄧愈之名,也是這個時候賞賜的。

這之後,鄧愈在朱元璋手下為將的二十多年時間裡,征戰蘇皖、馳騁中原、進軍西南。

朱元璋也在不停地獎賞、提拔,不斷地委以其新的重任。

元至正二十二年(西元1362年),初得重鎮南昌,朱元璋便任命其為江西行省參知政事。因為降將祝宗、康泰的叛變,洪都失守,朱元璋也沒有怪罪。徐達還師收復洪都後,朱元璋仍命鄧愈輔佐大都督朱文正鎮守洪都,賞賜金千兩,緞百匹。

鄧愈二十八歲時,被提升為江西行省右丞、湖廣行省平章,鎮守襄陽等處。三十歲任御史大夫。

洪武元年正月初四,朱元璋登基,加封鄧愈為太子諭德。

洪武三年封賞功爵時,鄧愈的官職授為開國輔運推誠宣力武臣、特進

第二章　亂世群雄與命運抉擇

榮祿大夫、右柱國；爵位封為衛國公，參與軍國大事。每年的俸祿三千石，並授予子孫世襲的憑證。

朱元璋還將距其皇宮僅五里多的洪武正街的一處宅第，賜予鄧愈作為府邸。又在鄧愈的老家泗縣，賜城南良田五百頃，佃戶七十三家，守墳戶一百五十戶，儀仗戶十九家。

如此大的功勳，威名不揚，原因大概就是鄧愈和胡大海、朱文正、徐達、常遇春等人搭檔時，常常作為副將；而他身為主將時，卻又常常留鎮後方安撫士眾的原因吧。

廖永安：從被擒到被絕殺的轉折

讀《明史・廖永安傳》，會有一個疑問，讓人揮之不去。

什麼疑問呢？

先看該傳所寫：

明太祖崛起之初，巢湖人廖永安、廖永忠兄弟偕同俞通海等率舟師前來歸附。

明太祖親往收其軍，以其舟師攻打駐守於馬場河的元中丞蠻子海牙軍。

元軍駕駛樓船，不利進退。

廖永安等人操舟若飛，屢戰屢勝。

由此，明太祖始定渡江之策。渡江之日，萬帆發於江口。

廖永安舉帆，嚮明太祖請示進攻方向。太祖遙指牛渚。時西北風方驟，舟師鼓帆而行，頃刻達岸。

太祖揮甲士奮勇以登，採石鎮兵皆潰，遂乘勝取太平。戰後論功，授廖永安管軍總管。

　　不日，廖永安率舟師攻破海牙水寨子，生擒元民兵元帥陳兆先，進入南京。

　　明太祖因此擢廖永安為建康翼統軍元帥。

　　隨後，廖永安先以舟師從取鎮江，克常州；又以舟師同常遇春攻克池州，擒徐壽輝守將；又偕俞通海拔江陰之石牌戍，迫降張士誠守將欒瑞；再以舟師於常熟之福山港破張士誠兵，繳獲戰艦無數以歸。

　　可惜的是，廖永安跟從徐達收復宜興，貪功深入太湖，與張士誠大將呂珍惡戰，後軍不繼，戰船擱淺，不幸被俘。

　　廖永安長於水戰，所至皆建奇功。張士誠愛其才勇，多番招降，遭拒後，將之投入囚牢。

　　明太祖激賞廖永安之忠勇不屈，遙授行省平章政事，封楚國公。

　　永安被囚凡八年，竟死於吳。

　　吳平，喪還，太祖迎祭於郊。

　　洪武六年，明太祖定廖永安諡號為「武閔」。

　　洪武九年加贈開國輔運推誠宣力武臣、光祿大夫、柱國。

　　不久，又改封為鄖國公。

　　通篇字數並不多，但傳遞出的訊息很多：

　　一、巢湖人廖永安、廖永忠兄弟，以及俞通海等人是帶有大批水軍投奔朱元璋的；

　　二、朱元璋得廖氏兄弟的水軍後，水戰所向皆捷，因此有了渡江攻取南京的想法。這也透露出朱元璋之前是沒有水軍的，即沒有渡江攻取南京

第二章　亂世群雄與命運抉擇

的打算（至少初期沒有）；

三、廖永安的水軍的確屬害，攻採石、克太平，順利幫助朱元璋拿下了南京。朱元璋也因此拔擢廖永安為建康翼統軍元帥，器重有加；

四、廖永安帶領水軍四下攻城略地，連取鎮江、常州、池州、石牌戍等地，無不得志；

五、因為廖永安太能打，被俘後，得到了張士誠的敬重，多次招降；

六、朱元璋對廖永安被擒非常惋惜，遙授其為行省平章政事，封楚國公；

七、廖永安對朱元璋非常忠心，被俘八年，堅貞不屈，最終死於獄中；

八、朱元璋對廖永安的死非常傷心，平滅了張士誠後，迎祭於郊；

洪武六年上諡號為「武閔」，洪武九年改楚國公為鄖國公。

以上資訊粗粗一看沒問題，但仔細一看會覺得不對勁。

哪裡不對勁呢？

第七、第八點不對勁。

按照以上第七點，朱元璋對廖永安被擒是如此的痛心和惋惜；但根據第八點，廖永安被俘八年，最終死於獄中──難道，這漫長的八年中朱元璋都沒有半點辦法進行拯救？軍事手段不行，政治外交手段，抑或經濟手段也行啊。

查明焦竑《國朝獻徵錄》，裡面有一段話，可以看作是對《明史・廖永安傳》記載的補充：「士誠欲降之，永安不屈，遂拘囚。之後徐達援常州，士誠弟來戰。達遣王玉擊敗，擒士德。上喜曰：『士德，士誠謀主，其人智勇。今擒之，張氏之成敗可知矣。』遣人往求和好，士德母痛之，議歸永安以易。上不從，士德死，（永安）竟不獲歸。」

原來，朱元璋並不是沒有辦法拯救廖永安，而是不願。

廖永安：從被擒到被絕殺的轉折

因為，《國朝獻徵錄》上交代得清清楚楚：廖永安被擒後不久，徐達在常州抓到了張士誠的弟弟張士德。張士誠一看弟弟被抓了，趕緊派人向朱元璋求和。張士誠的母親心疼兒子，提出用廖永安換回兒子。朱元璋拒絕，殺了張士德。廖永安因此沒能獲得釋放。

由此，問題來了：朱元璋果真愛惜廖永安，為什麼不肯達成交換戰俘協議？不肯就算了，還要殺掉掌握在手的籌碼張士德，豈不是要把廖永安向死路上推？

以往史家分析，主要著重於《國朝獻徵錄》文字中朱元璋說的這一句——「士德，士誠謀主，其人智勇。今擒之，張氏之成敗可知矣。」

即朱元璋不肯釋放張士德，是張士德對整個戰局影響太大了：張士德是張士誠的主心骨，只要殺了張士德，張士誠就潰不成軍了。

大家都稱讚，朱元璋不用張士德換回廖永安，是捨一人而全大局，是壯士斷腕，悲壯而明智。

但這種說法根本經不起推敲。

細查史書，並沒發現張士德是什麼了不起的人，而他被朱元璋擒殺後，張士誠一方並沒什麼太大的變化，且後仍與朱元璋相抗衡了八九年之久（張士誠亡於至正二十七年）。

而退一萬步說，就算張士德真的是張士誠軍隊裡舉足輕重的樞紐人物，朱元璋關押住他就行，實在沒有必要將之殺死，以此來激怒張士誠。

因此，問題的關鍵來了——朱元璋透過殺張士德來激怒張士誠，意欲何為？

難道，不是想激怒張士誠使對方殺死廖永安嗎？

這就讓人更加奇怪了，《明史・廖永安傳》記載，朱元璋明明是如此愛

第二章　亂世群雄與命運抉擇

惜廖永安，為什麼想要張士誠殺死廖永安呢？

莫不成，《明史・廖永安傳》記載了一段假歷史？

事實上，《明史・廖永安傳》還真是記載了一段假歷史，準確點說，也許不算是記載了一段假歷史，而是隱瞞了一段歷史真相。

查《明實錄》，廖永安、廖永忠兄弟偕同俞通海等率舟師前來歸附的時間，是元至正十五年（西元 1355 年）五月。

這個時候，朱元璋並非濠州紅巾軍的老大。當時的首領是郭子興長子郭天敘，稱濠州都元帥。郭子興的妻弟張天佑稱左副元帥，朱元璋稱右副元帥。即朱元璋只是軍隊裡的老三。

軍隊裡職位最高的將領也不是徐達、常遇春、馮國用這些人——這些人，只是在朱元璋手下打工。

當時職位最高的將領是邵肆、邵榮等。由於廖永安是帶著軍隊來投的，並在加入之後迅速建功，職位被安排在了邵肆、邵榮之後，徐達、常遇春、馮國用等人之前。

了解這個情況，再看看郭天敘、張天佑、邵肆、邵榮等人的下場，就明白朱元璋為什麼要廖永安死了。

至正十五年（西元 1355 年）秋，朱元璋在明知元民兵元帥陳兆先是詐降的情況下，對之予以接納。

至正十六年（西元 1356 年）初，陳兆先謀殺了郭天敘和張天佑。朱元璋迅速出手，除掉了陳兆先，自己成為了老大。

明俞本《紀事錄》中，在攻克集慶路前的至正十五年八月，有「從邵四元帥克溧陽」之語，「四」應該是「肆」之誤寫，即邵肆在至正十五年八月已擁元帥之號，地位是很高的，但卻在一次小型的作戰中莫名其妙地陣亡了。

邵榮是廖永安被擒後職位僅次於朱元璋之人，為中書省平章政事，於至正二十二年（西元 1362 年）被朱元璋以「謀反罪」論處。

在朱元璋的眼裡，廖永安和郭天敘、張天佑、邵肆、邵榮等其實是同一類人，能利用時就利用，不能利用時，就果斷剷除。

所以，《明史・廖永安傳》裡，朱元璋對廖永安又是遙授職位，又是迎祭於郊，又是上諡號，全都是做給世人看的。

難為廖永安對朱元璋如此忠心耿耿。

但回過頭來想想，廖永安的弟弟廖永忠以及家人都在朱元璋手裡，他不這樣做，又豈能保全家族上下性命？

雲南沐王府：大明永遠的藩屏

明初名將中，西平侯沐英有一個特殊的身分——他是明太祖朱元璋的養子。

元至正十二年（西元 1352 年），朱元璋投奔濠州帥郭子興帳下，得郭子興賞識，許配以義女馬氏。

朱元璋新婚燕爾，尚未有生育，卻在戰亂中收養了多名義子。這些義子，都是失去了雙親的孤兒、乞丐，生活無依，孤苦可憐。看著他們，朱元璋聯想到自己幼年的流浪生活，心生憐憫，收養了下來，交由妻子馬氏撫養。小乞丐沐英是這些義子中的一個，當時才八歲。

自至正十六年（西元 1356 年）起，十二歲的沐英就走上了戰場，從小兵做起，開始了戎馬生涯。到了十八歲，已被授帳前都尉，駐守鎮江，擔起了軍事要任。後提拔為指揮使，守江西重鎮廣信（今江西上饒）。

第二章　亂世群雄與命運抉擇

　　至正二十七年（西元1367年），朱元璋分水、陸兩路攻取福建。沐英領兵自西進攻，破分水關，克崇安（屬今福建省武夷山市），連摧閔溪十八寨，俘虜陳友定部將馮谷保。

　　洪武九年（西元1376年），沐英以副帥之職隨衛國公鄧愈征討吐蕃，大捷而還。因軍功獲封開國輔運推誠宣力武臣、榮祿大夫、柱國、西平侯，年祿二千五百石，並被授世襲鐵券。

　　洪武十四年（西元1381年），沐英與傅友德、藍玉率兵三十萬征雲南。雲南平定後，沐英留滇鎮守。

　　沐英鎮滇期間，大興屯田，勸課農桑，禮賢興學，傳播中原文化，並於洪武十七年（西元1384年）一舉平定興風作浪的曲靖酋長，平定普定、廣南諸蠻，打通田州糧道；洪武二十年（西元1387年），又出兵平定浪穹蠻族，在永寧至大理間，每六十里設一堡壘，留軍隊屯田；洪武二十一年（西元1388年），出兵降服麓川國主思倫發；不久，會合傅友德討平東川蠻，既而平息越州酋長阿資及廣西阿赤部。

　　沐英軍事生涯中，最令人稱道的是其在迎擊麓川國主思倫發時發明的「三段擊」。

　　思倫發軍隊中有「象陣」——以數百頭大象結成戰陣進行攻擊。

　　沐英將火槍手和弓箭手進行混編，擺出前中後三隊，輪番迭射，成功地擊潰了龐大的象陣。

　　沐英猶如南天一柱，不但有效地平定雲南各地的叛亂，還迅速地恢復和振興雲南的社會經濟、文教事業。

　　朱元璋因此眉飛色舞地對沐英說：「自汝在鎮，吾無西南之憂！」

　　不用多說，沐英還真是對朱元璋相當的死忠。

明人李紹文《皇明世說新語》中記載，有一次朱元璋問沐英：「朱英呀朱英（當時沐英跟朱元璋姓），你到底是誰的孩子呢？」沐英只是一味地回答：「我就是陛下的孩子，深沐陛下和皇后的養育之恩。」朱元璋不肯罷休，有心打破砂鍋問到底，一再追問。沐英卻始終磕著頭重複剛才說過的話。朱元璋被感動了，說：「你是朕的養子，但你現在功成名就，應該恢複本來的姓氏了，你既然不知道，那就姓『沐』吧。」

由此可見，朱元璋和沐英父子感情是非常深厚的。

洪武十五年（西元1382年），沐英因義母馬皇后病逝，悲傷過度而咳血。

洪武二十五年（西元1392年），太子朱標病逝的消息傳到雲南，沐英再次病倒，兩個月後病逝於雲南任所，年僅四十八歲。

朱元璋倍感痛惜，命歸葬京師，追封黔寧王，賜諡「昭靖」，侑享太廟。

沐英去世之後，長子沐春襲爵西平侯，代父鎮守大明的西南邊疆。

沐春病歿於洪武三十一年九月（西元1398年），此時建文帝已繼位，沐春無子，弟沐晟襲爵。

沐春是沐英的第一任夫人馮氏所生，馮氏死後，沐英的續配夫人耿氏乃是大明開國功臣長興侯耿炳文的妹妹。

耿炳文是朱元璋晚年內定的保嫡大將，為了能讓耿炳文在自己身後忠心不貳地保扶年幼的皇太孫朱允炆，朱元璋於洪武二十七年親自把懿文太子朱標的長女江都郡公主下嫁給耿炳文的兒子耿璿，朱、耿結成了兒女親家。

可惜，耿炳文辜負了朱元璋的重託，沒能平定朱棣發起的「靖難之役」。

朱棣篡位後，耿炳文的兒子耿琦為了免遭迫害，攜母投往雲南。

對沐晟而言，他的父親是朱元璋的死忠，他的母親是耿炳文的妹妹，

第二章　亂世群雄與命運抉擇

他的政治立場明顯是站在建文帝一邊。

可惜的是，雲南地處偏遠之區，他雖手握重兵卻未能參加保衛建文朝廷之役。

朱棣成功登上大寶後，也隱隱感到了來自西南方面的威脅。為此，一面命岷王朱楩返雲南就藩，另一面命右軍都督僉事鄭祥充統兵鎮守雲南。

不久，又命左都督袁宇往四川、雲南整肅兵備，撫安軍民，俟邊境寧靜，就鎮守雲南。

一個月之後，又任命曹隆為雲南都指揮使，再任王練、方敬、王正、劉鑑為雲南都指揮同知；還派順昌伯王佐往雲南「副西平侯沐晟鎮守」。

朱棣在短短兩三個月裡如此頻繁地調兵遣將，明眼人一看，就知道是要嚴密防範沐晟。

朱棣自己也知道，沐氏世鎮雲南已歷父子、兄弟三人，無論在當地軍衛、有司中，還是在眾多的土司中都享有頗高的威望。萬一用兵不利，曠日持久，各地迫於形勢歸順於自己的諸王、將領、官員很可能乘釁而起。

前思後想，朱棣決定親自給沐晟寫一封信，曉之以理、動之以情，讓其放棄對自己的成見。

在這年八月，他揮毫寫下了一封洋洋灑灑的長信，命西平侯沐晟鎮守雲南，雲南都司屬衛聽其節制。

信中說：「昔我皇考太祖高皇帝當擾攘之時，年二十餘，尚未有子。爾父英才八歲，父母俱歿於兵，煢煢來依。皇考、皇妣憐之，撫育為子。既有朕兄弟，皇考以沐氏不可無後，命複本姓，承其宗祀、屢從征伐，積有功勞，封西平侯。雲南既定，出鎮十有餘年，朝廷無西南之憂，所以累增產業，冀延子孫，永保富貴。爾父卒，追封黔寧王，以爾兄春嗣侯爵；

春卒無子,命爾嗣之。歷觀群臣受恩深厚未有過爾父子者也。間者爾為小人所惑,干犯岷王,朕念皇考、皇妣教育爾父之恩,及爾父佐命開疆之功,不忍置爾於法,姑宥不問,仍令鎮守雲南。爾當深思皇考、皇妣再造之大德,迪爾父之行,以圖厥終,爾其念哉!」

信中將沐晟反擊岷王朱楩、都督袁宇等人的挾制行為僅以「干犯岷王」一語帶過,大打親情牌。

此外,他還效法父親朱元璋將懿文太子長女嫁給耿璿的策略,於永樂元年六月將自己的第五個女兒常寧公主嫁給沐晟的幼弟沐昕。

這樣,沐氏家族終於轉向朱棣,一場暗流湧動的西南動亂被消弭於無形。

有趣的是,永樂四年四月,刑部右侍郎金純曾上本彈劾說:「西平侯沐晟不察命於朝,擅以籍沒罪人婦女給配軍士男子,安置廣西馬牛給軍屯操。大臣專擅如此,漸不可長,宜正國典。」

朱棣漫不經心地答:「爾言故是,然邊遠之事,朕嘗一以付晟,可勿問。」

也就在這個月裡,朱棣授予了沐晟統率雲南、貴州、四川三省七萬五千名大軍的重任。

此後,沐氏子孫世代鎮守雲南,直至明末。

第二章　亂世群雄與命運抉擇

第三章
明初風雲與疑案

第三章　明初風雲與疑案

李善長背叛朱元璋之說：真假難辨

明太祖朱元璋驅逐蒙元，且開創出洪武盛世，可謂文治武功，稱雄一時。

清聖祖康熙帝遊明孝陵，不由得心悅誠服，稱讚說：「洪武大帝乃英武偉烈之主，非尋常帝王可比。」

甚至，還親筆寫下「治隆唐宋」四個大字，命人立碑於陵墓的享殿正中，以昭後世。

朱元璋雖然功業如此顯赫，但其殺戮功臣之舉，卻深為世人所詬病。

清代史學家趙翼於《二十二史劄記》中就憤然痛罵說：「獨至明祖，藉諸功臣以取天下，及天下既定，即盡取天下之人而殺之，其殘忍實千古所未有。蓋雄猜好殺，本其天性。」

的確，大明開國三十四個功高爵顯的元勳宿將中，除了徐達、常遇春、李文忠、鄧愈等人因病亡故外，其餘絕大部分慘遭朱元璋毒手。這些不幸慘死的功臣中，最讓人悵然嗟嘆的是有著「明朝蕭何」、「開國第一文臣」之稱的李善長。

洪武三年（西元1370年）大封功臣之際，朱元璋授其中書左丞相，封韓國公，歲祿四千石，子孫世襲。予鐵券，免二死，子免一死。時封公者，徐達、常遇春子茂、李文忠、馮勝、鄧愈及善長六人。而善長位第一，制詞比之蕭何，褒稱甚至。

但是，誰能想到？就是這樣一個曾經的百官之首，竟然於洪武二十三年（西元1390年）以胡惟庸黨追問，一門七十餘人被殺。

特別要說明的是，該年李善長已經七十七歲了。

李善長背叛朱元璋之說：真假難辨

七十七歲的老人，一隻腳都快要踏入棺材了，還造哪門子反？！誣陷，百分百的誣陷！

必須指出的是，這裡提出的質疑並不新奇，解縉代郎中王國用起草的《虞部郎中王國用論韓國公冤事狀》還有提到：「李善長人臣之分已到頂點，天下之富貴無以復加，要說他謀反還有可能，協助胡惟庸謀反於情於理都說不過去。」

事實真是這樣的嗎？

讓我們來看看李善長其人其事。

先把目光投回到洪武三年（西元1370年）朱元璋大封功臣時，當時，朱元璋是這樣評價李善長的：「善長雖無汗馬勞，然事朕久，給軍食，功甚大，宜進封大國。」

應該說，朱元璋這一評價是非常客觀的。

李善長雖然「少讀書」，但不過是個鄉野間的小知識分子，跟劉伯溫、宋濂這些參加元朝科考早早就獲得功名的人根本沒法比。而且，投奔朱元璋後，在攻取謀略之上一無所長，甚至還在龍鳳六年（西元1360年）劉伯溫向朱元璋進獻康茂才詐降誘敵之計時鬧過笑話。他所依仗的，是從龍時間早，對朱元璋「從一而終」，在朱元璋外出攻略時，在後方兢兢業業地打理後勤事務。

所以，朱元璋才會有「無汗馬勞」、「事朕久」、「給軍食」、「功甚大」的說法。

朱元璋也因此把李善長列為文臣第一。

李善長外表寬厚溫和，內心卻極其狹隘、苛刻，其大權獨攬後，便以鄉土、宗族關係拉幫結派，形成以自己為核心的淮西集團，並將淮西集團

第三章　明初風雲與疑案

的利益凌駕於王朝利益之上。

參議李飲冰、楊希聖因為分了李善長的一些權柄，李善長二話不說，立刻將之論罪奏黜。

同是安徽定遠人的胡惟庸起初只是一個寧國知具，賄賂了李善長三百兩黃金，立刻飛黃騰達，升太常少卿，成為了淮西集團的重要人物。

胡惟庸也是非常有手腕的權奸人物，與李善長沆瀣一氣，大力排擠、打擊非淮西籍大臣。

山西陽曲人楊憲有相才，胡、李兩人認為：「楊憲為相，我等淮人不得為大官矣。」兩人合謀，竟將楊憲傾陷致死。

其餘劉伯溫等非淮西籍大臣也紛紛被逐出了朝廷。

洪武四年（西元1371年）正月，李善長生了一場大病，辭官歸居。朱元璋賜給他臨濠地若干頃，置守塚戶一百五十戶，給佃戶一千五百家，儀仗士二百家。

次年，李善長病癒，有濃重鄉土觀念的朱元璋命其督建中都宮殿。洪武七年（西元1374年），朱元璋又命李善長督遷江南民十四萬人至鳳陽屯田，並拔擢其弟李存義為太僕寺丞，李存義子李伸、李佑為群牧所官。在中都營建期間，淮西集團氣焰囂張，有人私自役使營建中都的將士為自己營建私宅，甚至營建第宅逾制。還發生了胡惟庸疑似毒死劉伯溫之舉。

洪武八年（西元1375年）四月，由於有營建工匠用「厭鎮法」反對工役繁重，朱元璋詔罷中都役作。但為了答謝李善長鳳陽屯田和營建中都的功勞，於洪武九年（西元1376年）將臨安公主嫁給李善長之子李祺，拜其為駙馬都尉，兩家成了親戚。

不過，李善長卻在兒子新婚過後做了一件很不厚道的事——臨安公

主嫁後一個月，朱元璋生病有十幾天沒法視朝，李善長自己沒有前往問候，他的兒子李祺也沒有。

這就很不給面子了。

朱元璋事後只削減李善長歲祿一千八百石，點到為止。

打了一棒，隨後又給一顆糖，命李善長與李文忠總中書省、大都督府、御史臺，同議軍國大事，督建圜丘。

洪武十三年（西元1380年），震驚天下的「胡惟庸案」發生，與李善長過從甚密的胡惟庸被誅殺，受牽連而處死者甚多，朱元璋念及李善長年歲已暮（六十五歲），不相信他會牽涉其中，沒有追究，反而在該年御史臺缺中丞時，讓他理臺事。

洪武十八年（西元1385年），隨著「胡惟庸案」打擊面的擴大，胡黨名單上出現了李存義及李伸、李佑父子的名單，因為李善長的原因，朱元璋從輕發落，詔免其死罪，安置崇明。

朱元璋以為自己這麼做，對李善長那是仁至義盡了。

哪料李善長卻認為朱元璋「打狗不看主人面」，非常不滿，不肯向朱元璋致謝。

很可能從這開始，朱元璋對李善長有了看法。

洪武二十三年（西元1390年），已經七十七歲的李善長想建造一座更加威武雄壯、豪華奢麗的府宅，向信國公湯和借了衛士三百人。私自調動國家軍隊，說得嚴重一點，那是誅九族的大罪。一生小心謹慎的湯和不敢隱瞞，將此事呈報了朱元璋。朱元璋聽後，隱忍不發。

該年四月，京城有百姓因「胡惟庸案」受株連而被發配到邊疆，其中有一個名叫丁斌的，是李善長的遠房親戚。

第三章　明初風雲與疑案

　　李善長不知好歹，多次向朱元璋請求赦免其親戚丁斌等數十人。

　　朱元璋認為其中必有不可告人之隱情，親自審問丁斌。

　　這一審問，果然大有收穫。

　　原來，丁斌曾經在胡惟庸家當過差，一來二去，供出了李存義等人往時交結胡惟庸之事。

　　朱元璋下令逮捕李存義父子，嚴加審訊，供詞又牽連到李善長，說胡惟庸幾次派人或親自勸說李善長助其謀反，李善長雖「驚不許，然頗動」，最後表示了「吾老矣。吾死，汝等自為之」。

　　至此，朱元璋忍無可忍，給李善長加上「知謀逆不舉發，狐疑觀望懷兩端，大逆不道」的罪名，將其妻女弟姪七十餘口全部殺掉，其子李祺徙置江南。李善長家產悉數抄設。

　　綜上所述，說李善長年紀太老，或者說李善長地位太高，所以不會背叛朱元璋，那是不對的。

　　原因明擺著，李善長年紀太老、地位太高，那只能代表他自己，而他一開始就與胡惟庸走得太近，建立起一個淮西勳貴黨團，一度壯大到能左右時局的發展，而且，他的李家子弟和胡惟庸攪和在一起，都快到了「你中有我、我中有你」，一榮俱榮、一損俱損的份兒上，所以，李善長有「吾老矣。吾死，汝等自為之」的表現並不奇怪。

　　綜上所述，李善長舉薦逆臣胡惟庸、李家子弟和胡惟庸抱團，是罪一；為老而私自調動軍隊營豪宅，為罪二；為坐罪流邊者求情於帝，為罪三。當然，最讓朱元璋不能容忍的，還是知胡惟庸謀反而不報，此為罪四。

　　這種情形下，朱元璋當然是查辦你沒得商量了。

胡惟庸案：冤屈還是罪有應得？

「胡惟庸黨案」，是明初四大案之一。前後株連達十餘年之久，誅殺了三萬餘人。

被殺的三萬人中，肯定含有被冤殺的。畢竟，對統治者來說，在對待謀反大案上，大多會抱著「寧可錯殺一千，不可放過一個」的濫殺思想。但是，案中首要人物胡惟庸到底冤不冤呢？我們可以透過史實來作出判斷。

胡惟庸是濠州定遠（今屬安徽）人，早年曾在元朝政府做過小官，於龍鳳元年（西元 1355 年）到和州投奔朱元璋，成了大明王朝的開國功臣。

注意，胡惟庸的籍貫──濠州定遠（今屬安徽），朱元璋打天下時賴以依靠的淮西勛貴集團的首腦人物李善長，也是濠州定遠（今屬安徽）人。

胡惟庸本人是很有才幹的，這一點，不用懷疑。

但胡惟庸的官場作風不是很好，比如說，投機、鑽營、結黨謀私。

胡惟庸投奔朱元璋之初，只是擔任帥府奏差、寧國主簿、知縣、吉安通判之類小官職，也沒多少機會接觸朱元璋。

所以，當他知道朱元璋座前紅人李善長是自己的同鄉後，立刻把李善長當成了自己在官場升遷的起跳板。

他於吳元年（西元 1367 年）給時為左相國的李善長孝敬了三百兩黃金，順利攀附上了李善長，並結下了「深厚」交情。

胡惟庸作為一個地方官員，薪水有限，這三百兩黃金肯定是刮取自民脂民膏，裡面不知飽含了多少民間苦難的淚水和無言的控訴。

胡惟庸不管，憑這三百兩黃金，他在這一年得到了李善長的薦舉，被召為太常少卿，進本寺卿，華麗轉身，成了一名中央機構的官員。

第三章　明初風雲與疑案

　　來到朱元璋身邊，胡惟庸自覺奮進，處處小心謹慎，步步博取朱元璋的歡心，大獲朱元璋好感，於洪武三年（西元1370年），拜中書省參知政事。

　　當然，胡惟庸也沒有放棄李善長這棵大樹，他設法將自己的姪女嫁給李善長的姪子李佑，和李善長結成了親戚。

　　洪武四年（西元1371年）正月，李善長因病退休，朱元璋準備以山西陽曲人、御史中丞楊憲為相。

　　胡惟庸心急火燎地對李善長說：「楊憲為相，我等淮人不得為大官矣。」

　　於是，在李善長的斡旋下，出任右丞相的是汪廣洋，而胡惟庸為右丞。

　　洪武六年（西元1373年）七月，李善長從中操作，汪廣洋被貶為廣東行省參政，胡惟庸先以右丞身分獨專中書省事，於當年七月正式升任右丞相，洪武十年（西元1377年）九月進左丞相，位居百官之首。

　　為了鞏固自己的權勢，胡惟庸開始拉幫結派、打擊異己了。

　　胡惟庸除了擁有李善長這個大同鄉外，還有另一個名氣同樣大的大同鄉──徐達。

　　他多次試圖結好徐達。

　　但徐達鄙薄他的為人，未予理睬。

　　俗話說，君子可以結怨，小人不可開罪。

　　胡惟庸因此恨上了徐達，派人賄賂徐達的守門人福壽，想設計陷害徐達。

　　哪料，福壽是個正直的人，不但不接受賄賂，反而向徐達揭發了此事。

　　徐達因此提醒和告誡朱元璋，說胡惟庸此人不可以託以重任，託重任必定會壞事。

胡惟庸案：冤屈還是罪有應得？

胡惟庸雖然拉攏不到徐達，但並不妨礙他拉攏其他淮西官員。

在他的「拉起一片，打倒一片」的操作下，淮西勳貴黨團良莠不齊，但比李善長時代更加壯大。

說起來，胡惟庸在很多次拉鄉黨過程中，直接就是在和朱元璋作對。

比如，有些淮西武將違法亂紀，受到朱元璋的懲處，胡惟庸卻走曲線路線，將他們升遷，結為死黨。

其中的濠州人、吉安侯陸仲亨自陝西返回京城，擅用驛馬。朱元璋責罵他說：「中原在戰亂之後，百姓剛剛復業，驛站戶買馬非常艱難。如果大家都像你這樣，百姓就是將子女全部賣掉，也不能供給。」責令他到代縣捕盜賊。

五河人、平涼侯費聚奉命撫治蘇州軍民，沉溺酒色，朱元璋大怒，責令他往西北去招降蒙古部落。

這樣的兩個不法之徒，胡惟庸卻主動向他們示好，將他們招致麾下。

即使是非淮西籍的臣僚，只要有利於己，胡惟庸也設法把他們拉入自己的陣營。

高郵人汪廣洋在胡惟庸升為左丞相的同時，也恢復了右丞相的官職，位居胡惟庸之下。胡惟庸對他非常重視，極力拉攏，最終結為同黨。

湖廣茶陵人陳寧，主動依附胡惟庸，得升御史中丞，後升任右御史大夫、左御史大夫，成為胡黨核心人物。

同在御史臺共事的中丞塗節，就是被陳寧拉入夥的。

對於不肯附己的非淮西人，胡惟庸則極力加以排擠和打壓。

江西金溪人吳伯宗洪武四年廷試第一，中進士，朱元璋特賜袍笏，授禮部員外郎。胡惟庸對他拉攏不得，便找藉口將之謫居鳳陽。

第三章　明初風雲與疑案

胡惟庸的政治黨派日益壯大，就越加驕橫跋扈了。

他擅自決定官員人等的生殺升降，先於朱元璋閱內外諸司奏章，凡對己不利者，輒匿不上報。各地喜好鑽營、熱衷仕進之徒與功臣武夫失職者，爭走其門，饋送金帛、名馬、玩物不可勝數。

不用說，胡惟庸的行為已經突破了當時禮法制度的底線。

本來，朱元璋也有著濃厚的鄉土意識，他主要依靠淮西將臣打下了江山，還想依靠淮西將臣治天下。

但是，理政日久，他的觀念發生了轉變，覺得治天下還須用天下人，開始從倚重淮西鄉黨逐步轉向任用五湖四海之能士。

另外，朱元璋從元亡的教訓中，深感臣下權力太大，會導致元末「宰相專權」、「臣操威福」的局面重演，於是思謀改革國家機構，以便擴張皇權，強化專制集權。

洪武九年六月開始，朱元璋就採取了一系列措施來限制和削弱中書省的權力。當年閏九月，令取消中書省的平章政事和參知政事。洪武十一年三月，又下令地方奏事不用經過中書省，徹底切斷中書省與中央六部和地方諸司的聯繫，使中書省變成一個空架子。

不難看出，下一步便是撤銷中書省了。

按理說，在「家天下」時代，整個大明王朝都是屬於朱元璋的，朱元璋想要這麼決定那也無可厚非。

但胡惟庸接受不了。

胡惟庸認為，一旦中書省被撤銷，丞相的官職也將被廢除，則自己苦心經營的一切也就都將盡付東流。

這種情況下，他開始與御史大夫陳寧、中丞塗節等人密謀造反。他除了

讓陸仲亨、費聚在外地召集軍馬等候命令,還讓都督毛驤密結亡命之徒。問題最嚴重的是,他還和陳寧一起將大都督府掌管的軍隊冊籍弄到中書省查閱,為調動軍隊做準備。

但是,胡惟庸的陰謀在緊鑼密鼓的過程中出了岔子;洪武十二年九月,占城使臣陽須文旦入明朝貢,中書省未及時引見,被值門內使告發。

朱元璋透過查處此事,發現了胡惟庸謀反陰謀,於是大興黨獄,將之一網打盡,加強了君主專制的中央集權。

可以說,胡惟庸黨案是明初皇權與相權矛盾衝突的產物,在這種情況下,不論皇帝是誰,對於胡惟庸黨夥,都只能是殺無赦,而不可能有別的選擇。

藍玉案:大將軍的骯髒祕密

紹興人葛虛存從眾多清人筆記小說、方志、文集、書牘、奏摺、詩話中收集了近六百則清朝名人軼事,編纂成《清代名人軼事》一書。

書中有一件關於清朝大將軍年羹堯治軍嚴酷的軼事,說年羹堯治軍極嚴,往往一言既出,軍中部屬、將士必須無條件執行。某日,年羹堯乘坐轎輿出行,天降大雪,部屬按照規矩扶輿而行,雪片鋪滿手上,手指凍僵凍壞。年羹堯心生憐憫,下令道:「去手!」意思是不必扶輿了。扶輿的部屬卻會錯了意,個個抽出佩刀,斬下了扶輿的手,一時間,鮮血淋漓,染紅了雪地。年羹堯後悔莫及,卻無可補救。

軼事後面的讚語是:「其軍令之嚴峻,有如此者。」

也有人由此附會,說年羹堯得將士如此死心塌地聽命效力,引發了雍

第三章　明初風雲與疑案

正的殺心，最終年羹堯下場悽慘，全家不得好死。

其實，年羹堯這則軼事是假的，乃是「抄襲」自明朝大將軍藍玉的事蹟。

藍玉曾奉朱元璋之命前去四川建昌鎮壓月魯帖木兒的叛亂。

出征之前，朱元璋召藍玉進京面授征討方略。

事畢，朱元璋讓諸將先走一步，自己要留下藍玉單獨交代幾句。

但是，朱元璋連呼三聲，竟沒有一個將領移步。

最終，藍玉一揮衣袖，諸將馬上退得乾乾淨淨。

朱元璋看到藍玉在諸將中竟有此威勢，從此深懷疑忌。

藍玉身長面赤，是開平王常遇春的妻弟，有大將之才，和徐達、馮勝並稱洪武年間三大將。

藍玉征戰沙場，居功至偉。洪武十四年，他出征雲南，迫得元梁王把匝剌瓦爾密投滇池自盡。旋又西進，迭克大理、鶴慶、麗江、金齒、車里、平緬等地。

朱元璋龍顏大悅，下令增其歲祿五百石，並冊封其女為蜀王妃。

而藍玉最大的功績，是洪武二十一年任征虜大將軍，統率十五萬大軍北征，於捕魚兒海（今貝爾湖）東北方向八十多里處大破北元嗣君脫古思帖木兒，俘獲脫古思帖木兒次子地保奴、愛猷識里達臘妃及公主以下百餘人。又追獲吳王朵兒只、代王達里麻及平章以下官屬三千人，男女七萬七千餘人。並獲寶璽、符敕、金牌、金銀印信諸物。繳馬駝牛羊十五萬餘，焚其甲仗蓄積無數。不久，又襲破北元丞相哈剌章的營盤，獲其人畜六萬。

朱元璋賜敕褒勞，「比之衛青、李靖」，晉封為涼國公。

但是，藍玉既沒有衛青的恭謙知禮，也沒有李靖的低調遜讓，而是自

恃功勞、專恣跋扈。

北征途中，藍玉私吞了「駝馬珍寶無算」，還要強娶北元嗣君脫古思帖木兒的妃子（該妃後來不堪其辱，上吊自盡）。

藍玉南返至喜峰關，值半夜時分，守關官吏沒能及時開門接納，藍玉大發雷霆，縱兵毀關，破門而入，斬殺守關將士千百計，氣焰囂張，蠻橫無禮。

回到家裡，藍玉蓄養了數千家奴、義子，橫行霸道，魚肉百姓。

藍玉的家奴強占東昌民田，被御史查問，藍玉二話不說，將御史捆綁起來，痛打了一頓。

藍玉的家奴還依仗藍玉的權勢霸占了雲南大量官鹽。

……

相對來說，上面說的都是小事。

最觸犯封建統治者神經的，是藍玉操軍中大權於一己之手，軍中將校的升降進退全由他說了算，這還不算，還越禮犯分，「床帳、護膝皆飾金龍，又鑄金爵以為飲器」，「馬坊、廊房採用九五間數」。

一開始，朱元璋並未覺察到藍玉這些非法越禮行為。

但洪武二十五年底，發生了一件小事，讓朱元璋對藍玉產生了警覺。

該年年底，藍玉平定月魯帖木兒的叛亂，班師回朝。

在朝堂之上，朱元璋封藍玉兼太子太傅。

藍玉不以為喜，反以為恥。

原因是馮勝、傅友德兩人均兼太子太師，藍玉自覺不應該位居馮勝、傅友德之下，大發牢騷說：「我不堪太師焉！」

第三章　明初風雲與疑案

朱元璋聽到了這一牢騷，卻沒有任何表示。

藍玉因此怏怏不快，私下對家人和親信說：「上疑我矣！」藍玉的親家、靖寧侯葉升於八月間以「交通胡惟庸」的罪名被殺，藍玉前思後想，覺得有可能是葉升的口供指認他為胡黨，朱元璋已經對自己產生了猜忌，因此起了謀反之念。

他說：「我想胡黨事公侯每（們）也廢了多，前日靖寧侯為事，必是他招供內有我的名字。我這幾時見上位（朱元璋）好生疑忌，我奏幾件事都不從，只怕早晚也容我不過，不如趁早下手做一場。」實際上，早在洪武十三年胡惟庸案發時，朱元璋就已經發現了藍玉有與胡惟庸合謀的跡象，但朱元璋考慮到他是常遇春的小舅子，「以開平之功及親親之故，宥而不問」。

藍玉把「下手做一場」的時機定在洪武二十六年（西元 1393 年）二月十五日。

實際上，在上一年朱元璋因受不住皇太子病死的打擊，已萎然病倒。藍玉認為「如今上位病纏在身，殿下年紀又小，天下軍馬都是我總著」，就緊鑼密鼓，密遣親信，暗中聯繫景川侯曹震、鶴慶侯張翼、舳艫侯朱壽、東莞伯何榮、後軍都督府同知祝哲、中軍都督府同知汪信等和自己過去的老部下，蠱惑和煽動說：「我親家靖寧侯做到侯的位子，如今把他廢了。前日說教做太師，今番又著別人做了。我想上位容不得人，公侯每廢了幾個，久後都是難保全的。你眾人征南征北許多年，熬得個千百戶、總小旗做，沒一日安閒快活，你肯隨著我一心時，早晚來我跟前聽候。」

他之所以選擇在洪武二十六年（西元 1393 年）二月十五日動手，是因為這天，朱元璋會外出南郊躬耕籍田。

他讓諸將分頭蒐羅士卒和馬匹、武器，做好起事的準備。

藍玉於洪武二十六年（西元 1393 年）二月初一，對擔任謀反主力的府軍前衛步軍百戶李成下達命令：「我想二月十五日上位出正陽門外勸農時，是一個好機會。我計算你一衛裡有五千在上人馬，我和景川侯兩家收拾伴當家人，有二三百貼身好漢，早晚又有幾個頭目來，將帶些伴當，都是能廝殺的人，也有二三百都通些，這些人馬儘夠用了。你眾官人好生在意，休要走漏了消息。定在這一日下手。」

不過，藍玉的密謀，早被錦衣衛的特務察覺。

當日，錦衣衛指揮蔣瓛就向朱元璋告發了此事。朱元璋隱忍不發，於二月初二召令馮勝、傅友德、常升、王弼、孫恪等人從山西、河南趕回京師。二月初八，趁藍玉入朝之機，即下令將其逮捕。

二月初九，藍玉被投入錦衣衛大牢。二月初十，藍玉以「謀反」罪被處死，夷滅三族。

藉此機會，朱元璋株蔓牽連，趁勢打壓了一系列驕橫跋扈的功臣，「族誅者萬五千人」。

「藍玉黨案」因此成了繼「胡惟庸黨案」之後的明初大案。最後補一筆；有野史載，朱元璋弄死了藍玉後，仍不解恨，命人剝下他身上的皮，送到全國各地巡迴展覽。藍玉皮展覽的最後一站是蜀王朱椿就藩的四川成都。藍玉的女兒為蜀王朱椿的王妃，蜀王夫妻倆把藍玉皮收好，放在王府端禮門城樓上，這一放，就放了差不多三百年，後來落入了攻入四川的張獻忠的手中。

此事根本無須經過推敲，就知道這則駭人聽聞的軼事是假的。

試想，一張人皮，在風侵雨蝕、蟲噬蟲啃的漫長歲月裡，能做到如此毫髮無傷，豈非世間神蹟？！

第三章　明初風雲與疑案

空印文書事件：朱元璋為何暴怒？

　　明太祖朱元璋是一個被人嚴重醜化和抹黑的皇帝。在一些別出心裁的人的策劃下，他背上了「殘暴」、「嗜殺」、「自私」、「刻薄」、「喜怒無常」、「殺人如麻」……等標籤。

　　無知民眾對朱元璋指責最多的，就是他火燒慶功樓，把當年跟隨他打天下的兄弟一把火燒成了灰燼。

　　即便是只裝有半瓶子水的人都知道「火燒慶功樓」之事純屬子虛烏有，但卻也一口咬定朱元璋透過處理「空印案」、「胡惟庸案」、「郭桓案」和「藍玉案」這四個案件把功臣屠戮一空，甚至遭受牽連被斬殺的人達十幾二十萬人之多。

　　我見到過最恐怖的一個數字，說是有四五十萬。

　　還有一個流傳很廣的故事，說洪武朝的官員惶惶不可終日，每天上班，就耷拉著腦袋，提心吊膽；一下班就如獲大赦，回家跟家人慶祝，慶祝又多活了一天。

　　故事講得活靈活現，讓人不由得不信。今天，先來說說四大案的第一案——空印案。這個案子是怎麼回事呢？事情的原委是這樣的，朱元璋在位期間，非常痛恨官吏的貪汙腐敗行為，為了防止官吏間互相作奸貪汙，要求各地在上報帳目時，必須造冊兩份，並蓋上官印，一份移交戶部，以便戶部記錄地方財政狀況，一份作以備用。且每年都要派專人到戶部報告財政收支帳目，所有帳目數字都與戶部稽核對得上，就算通過；如果對不上，就說明這工作做不好，有蹊蹺，說不定還有貪汙腐敗之情事在裡面。

該項制度,對做帳目的官員有極高要求,必須認真、嚴謹,不能有絲毫馬虎,否則,最輕的罪行,也是怠忽職守罪。

但是,世界就是這樣奇妙,既會有宋朝海瑞式兩袖清風、出於汙泥而不染的清官;也會有清朝和珅式雁過拔毛、刮地三尺式的貪官。

官員隊伍中,總有些人浮於事,混官場、耍官腔、玩官僚的腐敗分子。

這些人,對工作責任心不強,事事都要動歪心思。他們認為,數目對不上,也不是什麼大不了的事情,對不上,我就重做,做到完全相符為止!但這裡面有一道難關,他們必須突破。什麼難關呢?

即重改後的帳冊,必須要蓋上原衙門的印章才算有效,但原衙門的印章不在身上,要在南京補蓋根本不可能!

怎麼辦?難道拿回蓋好再拿過來?

這些志在造假帳的奸滑官員才沒那麼傻,他們做假帳的手段令人髮指;帶好若干蓋好印信的空白文冊上京師,帳冊錯了就換新的,一直改,一直改,改到戶部滿意為止。

這就是所謂的「上有政策,下有對策」。

不能不感慨,這些官員著實是太聰明,而且聰明過頭了。

但是,他們這麼做,明顯是在糊弄致力於懲腐反貪、疾惡如仇的鐵腕皇帝朱元璋!

朱元璋於洪武九年發覺到有「空印舞弊」的存在,龍顏震怒,大發雷霆,拍龍案痛斥:「戶部和地方官員沆瀣一氣、合夥來弄這麼一出,有意思嗎?!戶部的統計數字和地方的統計數字根本就是共謀造假,這樣的數字,於國於民有什麼意義?!一切還不都是官員們說了算?!不行,必須從

第三章　明初風雲與疑案

速、從嚴、從重查辦！」

這一查辦的結果是，按《刑法志》中記載，說郭桓案「系死者數萬人」，裡面還提到這樣一句話，說「二獄（空印案和郭桓案）所誅殺已過當，而胡惟庸、藍玉兩獄，株連死者且四萬」。結合上下文來理解，即《刑法志》的意思是，空印案與郭桓案被誅殺的人數大體相當，應該是數萬人。

而歷史學家吳晗在《朱元璋傳》中說空印案與郭桓案一共殺了七八萬人。郭桓案大致誅殺三四萬人，即用七八萬減去三四萬，空印案被誅殺的人數也是三四萬人。

毫無疑問，這動輒上萬甚至三四萬的數字，是駭人聽聞的。

問題是，這是否有可能？

大明王朝初期在職官員總共才多少？朱元璋上下嘴皮子輕輕一碰，一下子就抹除了上萬甚至三四萬，那整個政府機構還怎麼運作？國稅系統還存不存在了？社會還能穩定嗎？

所以，我覺得，這上萬甚至三四萬的數字，是被人為誇大的，不是事實。

方孝孺寫《葉鄭傳》有提到：「凡主印吏及署字有名者皆逮繫御史獄。獄凡數百人。」

看，只是將掌管印章的官員和署字有名的人逮捕入獄（並不一定是殺），大概有幾百人。

下面特別說說方孝孺所寫《葉鄭傳》裡的鄭士利。

鄭士利的兄長鄭士原曾任河南懷慶府同知，後任湖廣按察司僉事，是在「空印案」中落網者之一。

空印文書事件：朱元璋為何暴怒？

鄭士利曾給朱元璋上書，對「空印案」提出了申辯與批評，其中提到四點：

第一，官方文書要生效，必須蓋有完整的印章，而錢糧文書蓋的是騎縫印，是不能用來為非作歹的；

第二，錢糧之數，必須縣、府、省到戶部，級級往上相合，只有最後到戶部才能知道一個確數，而如果因為一個數字不符，那麼就必須返回省府重填，勢必要耽誤時間，所以「先印而後書」是減輕工作成本的做法，不足以怪罪；

第三，朝廷此前一直沒有明確禁止空印的立法，現在殺空印者是沒有法律依據的；

第四，官吏們都是經過數十年才得以造就的人才，這麼輕易殺掉，是很可惜的。

首先，鄭士利這些見解是十足的迂腐。但讓人詫異的是，後世竟然有許多學者均予以認同。

學者們都認為，鄭士利說得非常有道理，空報表加蓋公章造不了「有價證券」，不會帶來什麼危害，您朱元璋聞過即改就是，何必小題大做、製造了莫大的冤案？！

而且，朱元璋制定的地方與京師對帳的政策太奇葩了，一個數字不符，就必須來回反覆跑，不瞎折騰嗎？一個空印文書就解決了的事，為什麼不允許做，而一定要他們回地方更改呢？

還有人拍腦袋生動地想像出了這樣一個情景：

一個廣西某地的官員，要想到京城，最快也得一兩個月。就算年初一就出發，到京城起碼也是早春三月了。滿頭大汗跑去戶部，一核對，錯了

第三章　明初風雲與疑案

一個數字。行了,什麼都不用說了,朋友你打馬回去吧,我等你。

於是又是一路狂奔,先騎馬,再坐船,回去改了帳冊,蓋了公章。

這就四個月過去了,轉眼已是夏天,趕到京城,又見面了。

朋友你終於來了,我等你好久了,接著來核對吧。

這位運氣不好,核對後發現還是有地方錯了,什麼都不用說了,還是回去改吧,下次過來記得穿多點衣服啊,這邊冬天冷!於是又趕回去,趕回來,這回核對上了,可差不多快到第二年了。你也別回去了,在這過年吧,計劃又該重新做了。根據以上設想,得出的荒謬結論竟然是,這根本是存心折騰人,換哪個人都受不了。其實,這迂腐書呆子鄭士利,包括現在的顧頂昏庸的專家、學者,他們都完全曲解了朱元璋制定這項政策的本意了!

鄭士利說「空印文書」不會另作他用,讓朱元璋放心。但朱元璋並不擔心官員拿空印文書另作他用,恰恰是憤怒官員拿這些空印文書造假帳!還有,地方和戶部對帳,目的並不是二者間出現好看的、相應的數字,而是杜絕貪腐,鄭士利卻輕描淡寫地說,數字對不上,就回省府重填——誰叫你回省府重填的?這不是更浪費納稅人錢糧的造假行為嗎?!

至於說「此前沒有明確禁止空印的立法」,但官員用空印文書的目的就是造假、做假帳,就是徇私舞弊,就是作奸犯科,還不足以治罪嗎?好比說,法律規定「殺人者償命」,不能說法律沒有標明「使用斧頭殺人者償命」,所以我用斧頭殺人就不用償命。至於說「官吏們都是人才,不應該輕殺」,就等於是明說「只要是人才就可以貪汙」了。

事實證明,經過肅辦「空印案」,國家帳務核對處處嚴謹,不再流於形式,大大地減少了官員開假票、造假帳的不法行為。

明代官員邱濬在《世史正綱》中評價朱元璋，說「不有聖君者出，乘天心之所厭，驅其類而盪滌之，中國尚得為中國乎」，僅僅把朱元璋當作驅逐蒙元的「聖君」。

另一明代官員謝肇淛在《五雜組》中的評論其實更到位，他說「我太祖皇帝之功，謂之劈開混沌，別立乾坤，當與盤古等，而不當與商、周、漢、唐並論也。二百四十年來，休息生養，民不知兵，生齒繁盛，蓋亦從古所無之事」——比驅逐蒙元難度更大、更具功績的是「休息生養，民不知兵，生齒繁盛」！真搞不懂，為什麼到了現在，還有這麼多人要抹黑朱元璋？

劉伯溫辭相之謎

《明史·劉基傳》有這樣一段記載，說：起初，明太祖因某事準備撤換丞相李善長。

劉基勸阻說：「別啊，怎麼說李善長也是功臣元老啊，而且，他人緣聲望較好，能調和各將領之間的關係。」

明太祖餘怒未息地說：「他還曾多次想害你呢，虧你還為他說好話？實話跟你說了吧，我這次想要任你為丞相呢。」

劉基趕緊撲通一聲跪下說：「國家換丞相就等於大屋換柱子，李善長是大木，我是小木，用小木去替換大木，皇上您覺得合適嗎？」

明太祖不置可否，但不久，還是撤了李善長的相位。

回頭，他問劉基：「我想起用楊憲為相，你覺得楊憲人怎麼樣？」

楊憲平時和劉基關係很好，劉基卻極力搖頭，說：「楊憲的確有宰相

第三章　明初風雲與疑案

的才能，但卻沒有宰相的度量。合格的宰相，應該是持心如水，用義理為權衡，不能摻雜半點主觀色彩的，他可不是這樣人。」

明太祖轉而徵詢汪廣洋這個人怎麼樣，劉基說：「汪廣洋？我覺得氣量還不如楊憲。」

明太祖又問胡惟庸怎樣，劉基回答說：「如果治理國事猶如車伕駕車，讓胡惟庸來做車伕，車子八成會翻。」

明太祖皺了皺眉頭，說：「我的這些宰相人選，實在沒有一個超過你的，不如還是你來做丞相吧。」

劉基連連擺手，說：「我這個人啊，過於疾惡如仇，又不耐煩繁雜事務，做了丞相會辜負聖恩的。天下怎愁沒有大才？我主英明，用心去找，一定能找到的。剛才提到的那幾個人嘛，實在不合適啊。」

後來，楊憲、汪廣洋、胡惟庸先後任相，但都真的不足以託大任。

洪武三年，劉基被授予弘文館學士。

同年十一月，朱元璋大封功臣，授劉基為開國翊運守正文臣、資善大夫、上護軍，封誠意伯，俸祿兩百四十石。

次年，詔賜劉基歸老家鄉。讀這段記載，我們感覺到，劉基真的是高風亮節，只著眼於國事、公事，不拘節於私交、私人，包括自我。

現在我們說，劉基是「渡江策士第一，開國文臣無雙」，胸有文韜武略，身負治國大才，應該是擔任丞相的最佳人選，他為什麼就把兩次擺在自己面前入相的機會輕易推辭掉了呢？

想想，真讓人遺憾。

看來，這事值得好好查查原因，分析分析。

我們知道，清朝人修撰《明史》，主要是參考《明實錄》來的。

但是，比較《明太祖實錄・劉基傳》，就知道它是參考自據說是撰寫於洪武十六年的《誠意伯劉公行狀》而來。

那麼，我們還是從源頭《誠意伯劉公行狀》分析起好了。

《誠意伯劉公行狀》裡對明太祖惱怒李善長而準備換相的原因交代得很清楚：

元朝戶部尚書張昶於吳元年（西元1367年）以奉使身分到江南朱元璋統治的吳國，朱元璋覺得他是個人才，就留歸己用，累授參知政事。

張昶外示誠懇，內懷計謀，與朱元璋的大臣楊憲、胡惟庸等過從甚密。

當時，元朝大將擴廓帖木兒兵力還很強，元大都尚未被攻破，張昶與自己的心腹竊竊私語，說：「吾若得歸元，仍不失富貴也。」

他暗中使人上書朱元璋，為朱元璋歌功頌德，力勸朱元璋應及時享樂。

朱元璋把張昶的表現跟劉基一說，劉基當即指出：「是欲為趙高也！」

朱元璋點頭贊同。

張昶惱怒劉基察自己的陰私，便指使齊翼巖等人暗中偵察劉基的私事，準備找碴構陷。

但尚未來得及構陷，元平章等人來到應天，朱元璋擬放張昶歸元朝，張昶暗託人奉表於元。

此事被楊憲知悉，奏報給了朱元璋。

朱元璋看到張昶所書「身在江南，心思塞北」之語，大怒，命人將之誅殺。

主謀張昶已死，齊翼巖等人仍按原定計畫施行陰謀，上書中傷劉基。

第三章　明初風雲與疑案

　　朱元璋洞察其奸,將這些人拿下,窮加追問,牽扯出了張昶的陰謀,而且還與李善長有些牽連。

　　朱元璋因此厭惡李善長而有換相之意。

　　楊憲趁機找碴,指使手下凌悅彈劾李善長。

　　劉基不忍,替李善長求情,說:「李公舊勳,且能輯和諸將。」

　　朱元璋非常奇怪,說:「是數欲害汝,汝乃為之地耶!汝之忠勳,足以任此。」

　　劉基叩頭說:「是如易柱,必須得大木然後可;若束小木為之,將速顛覆。以天下之廣,宜求大才勝彼者,如臣駑鈍,尤不可爾。」

　　洪武元年,朱元璋登上大寶後,準備拜楊憲為相。劉基與楊憲素來交厚,卻以為不可,他說:「憲有相才,無相器。夫宰相者,持心如水,以義理為權衡,而已無與焉者也。今憲不然,能無敗乎?」

　　朱元璋因此問:「汪廣洋何如?」

　　劉基答:「此褊淺,觀其人可知。」

　　朱元璋又問:「胡惟庸何如?」

　　劉基答:「此小犢耳,將僨轅而破犁矣。」

　　朱元璋因此說:「吾之相無逾於先生。」

　　劉基卻拒絕說:「臣非不知,但臣疾惡太深,又不耐繁劇,為之且辜大恩。天下何患無才?願明主悉心求之。如目前諸人,臣誠未見其可也。」

　　三年七月,授弘文館學士。十一月,進封誠意伯。四年正月,賜老歸鄉里。

　　《明史‧劉基傳》和《誠意伯劉公行狀》兩份材料粗粗對比,好像沒有

什麼問題。

但是，從《誠意伯劉公行狀》記載的張昶被殺事，再結合《明太祖實錄》卷二四的記載，就不難推知李善長觸怒朱元璋的時間是吳元年六月。

理由很簡單，張昶就是在這年六月被殺的。

《明太祖實錄》卷二四裡面記載有相國李善長在七月間「勸上即帝位」，朱元璋雖然答以「無庸汲汲」，但吳元年的整個下半年都在為開國登基做準備。

從朱元璋和李善長的君臣對話來看，朱元璋還是極其信任李善長的，怎麼會在這個時候找人替換他呢？

明劉辰《國初事蹟》記載有這段時間的一件事：「楊憲、凌說（悅）、高見賢、夏煜嘗言：『李善長無宰相材。』太祖曰：『善長雖無相材，與我同里，我自起兵，事我涉歷艱難，勤勞簿書，功亦多矣。我既為家主，善長當相我，蓋用勳舊也。今後弗言。』」

結合《明太祖實錄》卷二四和劉辰《國初事蹟》來看，在吳元年，朱元璋根本不可能會想到要撤換李善長，所謂以劉基為相，只能是《誠意伯劉公行狀》自說自話。

再有，《誠意伯劉公行狀》記載朱元璋向劉基徵詢楊憲、汪廣洋、胡惟庸三人才能的時間背景，似乎是說洪武二年的事。

但查《明史》卷三百八《胡惟庸傳》可知，胡惟庸洪武三年才拜中書省參知政事（從二品），此前為太常寺卿（正三品）。

朱元璋怎麼可能考慮把一個太常寺卿一下子提為中書丞相？

而《實錄》卷一二八《汪廣洋傳》又記：「（洪武）三年，丞相李善長病，上以中書無官，召廣洋為左丞，時楊憲以山西參政，先被召入為右丞。」

第三章　明初風雲與疑案

兩相對比,即朱元璋考慮在楊憲、江廣洋、胡惟庸三人中選拔中書丞相的事,應該發生在洪武三年上半年,畢竟,當時三人均在中書。

但無論是發生在洪武二年還是洪武三年,朱元璋都不可能提劉基為相而說出「吾之相無逾於先生」之類的話。

原因只要想想洪武三年劉基為什麼被免去御史中丞就知道了。

劉基為什麼會在洪武三年被免去御史中丞?

洪武三年六月十五日,朝廷收到左副將軍李文忠從應昌(今內蒙古克什克騰旗西北)發回的北征捷報,捷報中說,元順帝妥懽帖木兒已於這年四月末病死在應昌,而元嗣主愛猷識里達臘在大明王師到達前也已經倉皇出走。

《明太祖實錄》卷五十三記:「(洪武三年六月)壬申(十五日),左副將軍李文忠捷奏至。時百官奏事奉天門,聞元主殂,遂相率拜賀。」

元順帝死,大明群臣皆大歡喜。

朱元璋本人也喜形於色地說:「元主守位三十餘年,荒淫自恣,遂至於此。」

但是,就在群臣交口稱賀的過程中,朱元璋突然把目光投向治書侍御史劉炳身上,斥責說:「爾本元臣,今日之捷,爾不當賀也。」

朱元璋此話一出,朝臣不看劉炳而看劉基 —— 劉基是朝廷中任職最高的曾食元祿者!

此後,朱元璋不但命禮部榜示:凡北方捷至,嘗任元者不許稱賀。

而且在朝堂之上和朝臣大談特談起「忠君」之道起來。

朱元璋本來是反元菁英,雖然他沒有在元朝為臣,但他是元朝之民,元民反元,理不正、言不順。所以,朱元璋先是搖頭晃腦說了一通「朕本

農家，樂生於有元之世」，然後語鋒一轉，指責「盜賊蜂起，群雄角逐，竊據州郡」，聲稱自己是「不得已，起兵欲圖自全，及兵力日盛，乃東征西討，削除渠魁，開拓疆宇」，最後的結論是：「朕取天下於群雄之手，不在元氏之手。」

洗白了自己的造反「罪行」，朱元璋開始評定起曾經在元朝擔任過官職的「忠臣」與「不忠之臣」來。

在朱元璋的口中，曾經在元朝為官的元朝進士余闕，在至正十八年守安慶抵抗陳友諒時自刎身死，是大大的忠臣；另一元朝進士李黼，於至正十二年任江州總管抵抗徐壽輝的進攻時殉國，也是大大的忠臣。

朱元璋稱讚說：「自昔忠臣義士必見褒崇於後代，蓋以勵風教也，宜令有司建祠肖像，歲時祠之。」

而曾在元朝短暫出仕，入明後得授翰林侍講學士、中順大夫知制誥同修國史的危素，成了「不忠」問題人士，朱元璋以「亡國之臣，不宜用」之由，把他發往和州（今安徽和縣）守為元朝殉節的余闕之廟，以此相羞辱。

劉基所遭受的情形，《明史》、《明實錄》和《誠意伯劉公行狀》都諱莫如深，沒有詳寫，但仔細查一下朱元璋在該年七月《弘文館學士誥》還提到劉基「可御史中丞兼弘文館學士」，但八月宋濂《宋文憲公全集》卷一寫《庚戌京畿鄉闈紀序》，已稱劉基為「前御史中丞」。

可知，劉基在七八月間已被免去御史中丞之職。

還有，朱元璋是在六月掀起的「忠君」風波處理「不忠」問題人士，但他稱頌余闕、李黼的時間卻是在吳元年十月。

也就是說，「忠君」風波雖然沒有暴發，劉基卻早已是他心目中的「不忠」問題人士，怎麼可能意屬之為相？

第三章　明初風雲與疑案

所以，所謂朱元璋兩次意欲起用劉基為相，其實是有心吹捧劉基的《誠意伯劉公行狀》的鑲金粉飾之舉，不足為信。

劉伯溫被稱為「神算」，卻厭惡「神算」之名？

民間有這樣一句諺語，說：「三分天下諸葛亮，一統江山劉伯溫；前朝軍事諸葛亮，後朝軍事劉伯溫。」

按照這句諺語，劉伯溫比諸葛亮厲害得多了。

不是嗎？

諸葛亮出山，只能三分天下；而劉伯溫出山，就一統江山。

事實上，民間老百姓也只把諸葛亮看成一個足智多謀的軍師；而對劉伯溫，就膜拜成了能前知五百年、後知五百年事的神人。

為什麼會這樣呢？

始作俑者是明太祖朱元璋。

朱元璋出身於貧寒農家，他為了給自己營造出一種天命所歸的神祕色彩，一方面大力鼓吹天道，另一方面大肆網羅諸如鐵冠道人張中、周顛仙這類江湖術士充當自己的吹鼓手。

洪武末年，解縉看穿了朱元璋的把戲，上疏直言批評，說他不該「以神道設教」，「欲以愚弄天下」。

朱元璋不管，對他而言，「以神道設教」和「愚弄天下」乃是一種必要的政治手段。晚年如此，早年更是如此。

吳元年（西元1367年）十月，朱元璋改太史監為太史院，以劉伯溫為

院使,當時,他就眉飛色舞地對侍臣說:「吾自起兵以來,凡有所為,意向始萌,天必垂象示之,其兆無見。」

朱元璋得到浙東名士朱升相助,是在李善長的推薦之下,「潛往訪之」,親至石門山訪求朱升,並求得「高築牆,廣積糧,緩稱王」三策。

但是,在吳元年十一月二十日,他在賜朱升《免朝謁詔》內,卻稱:「爾察歷數,觀天文,擇主就聘,首陳三策,朕實嘉行。」張口胡說朱升是仰觀天象後,知王氣所在,主動來歸的。

對此,朱升只有苦笑。

劉伯溫是被朱元璋半請半脅迫入夥的,朱元璋後來同樣在《誠意伯誥》中說劉伯溫是預知天命,「仰觀俯察,獨漸無疑,千里之餘,兼程而至」,「能識主於未發之先,願效勞於多難之際」,「累從征伐,睹列朕垂象,每言有準,多效勞力」。

劉伯溫對此並不感冒,在答謝表中稱:自己「能識主於未發之先」,不過是「偶見於此,非臣之知有以過於人也」;而「仰觀乾象,言或有驗者」,則是「是乃天以大命授之陛下,若有鬼神陰誘臣衷,開導使言,非臣念慮所能及也」。

劉伯溫為什麼對朱元璋的表揚表現得這麼冷淡呢?

我們不妨把劉伯溫的冷淡和上面解縉的憤怒、朱升的無奈結合起來看,問題就很清楚了。

要知道,他們都有一個共同的身分:儒者。

儒者奉行孔孟之道,立志以文章濟世、以學問治天下,對星相占卜一類的技術是秉持著「子不語怪力亂神」的態度,敬而遠之。

解縉就無須多說了,他是一個純粹得不能再純粹的儒者。

第三章　明初風雲與疑案

朱升呢，是研究過《易經》、蓍卦的，他還在至正九年著作過一部《地理（理）陰陽書》，自序中卻說：「余幼而困窮，於卑猥事蓋多致力，俯察之學尤為留心。」這「俯察之學」就是陰陽八卦、地理星相一類的玄幻學術。

朱升這句話的意思是：「我幼年貧窮，為生活所迫，不得不學陰陽八卦、地理星相之類的知識替人算命、觀測風水，以餬口度日。」

這句話的背後，我們看到，朱升在成為一個儒者後，就明確與占卜劃清界限了——畢竟他稱「俯察之學」為「卑猥事」。

劉伯溫本該是「俯察之學」的門外漢，看他一生寫過的詩文，完全沒有他對「俯察之學」有所涉略的跡象。

甚至從他早年寫的《贈徐仲遠序》來看，他對這類東西也是很反感的。

該文中說：「天臺徐仲遠以七曜四餘推人生禍福無不驗，予甚異之，而贈以言。若夫吉凶利害之所趨避，則吾聞之孟子矣。」

這句話的意思是：天臺人徐仲遠可以透過七曜四餘之術進行占卜，無不應驗，我對此甚感詫異。如果要我給他贈送上一句話，我說，我只願追隨聖人孟子談仁義，不願談吉凶利害之趨避。

另外，劉伯溫在《郁離子・九難》篇中，也明確表示：自己只講求堯、禹之道；討論湯、武之事；致力於稽考先王之典；商度救時之政；至於旁門左類、裝神弄鬼之術，「皆不願也」。

劉伯溫雖然不願，但朱元璋為了神化自己，還是強行把他和朱升塑造成了觀風望氣、預測天命的角色。

對此，他們只能違心地接受。

而劉伯溫比朱升的評價還要慘。在世人的眼光中，劉伯溫的身分已經

淪落到與張中、周顛仙為伍了。

明朝人李贄在撰寫《續藏書》時，就把劉伯溫、張中、周顛仙三人合為一傳。

也不知李贄安的什麼心，居然提到劉伯溫「既精曉天文，安有不知己之死日在洪武八年，而己死之年僅六十又五也」。

劉伯溫之死，是夠悲涼的，這裡不說也罷。

朱元璋視劉伯溫為江湖術士，他的《誠意伯誥》又定下了劉伯溫「仰觀俯察，獨漸無疑，千里之餘，兼程而至」的基調，那麼，《故誠意伯劉公行狀》《明太祖實錄·劉基傳》《誠意伯劉公神道碑銘》等文就一脈相承，編造出許多諸如「西湖望雲」之類的神話出來了。而經過數百年來人們的不斷渲染附會，劉伯溫終於成為了一個前知五百年、後知五百年事的神人。

朱元璋大封功臣，名列末位的劉伯溫感激涕零

西元1368年1月23日（戊申年元月初四），朱元璋於應天即皇帝位，改元洪武，宣告大明國建立。

登基後第三日，即洪武元年元月初六，朱元璋在奉天殿大宴群臣，重新審定、任命諸官。

劉基和章溢在上一年十月九日已被任命為御史中丞，朱元璋對他們的官職並未更改，而是重申前命。

其中，朱元璋授劉基御史中丞的《御史中丞誥》中，大大地表彰了一番劉基的功勞。

第三章　明初風雲與疑案

全文如下：

奉天承運皇帝聖旨：太史令之職，天下欣聞；中執法之官，臺端清望。唯親信之既久，斯倚注之方隆。前太史令兼太子率更令劉基學貫天人，資兼文武，其氣剛正，其才宏博。議論之頃，馳騁乎千古；擾攘之際，控馭乎一方。慷慨見予，首陳遠略。經邦綱目，用兵後先，卿能言之，朕能審而用之，式克至於今日，凡所建明，悉有成效。且栝蒼為卿鄉里，地壤幽遐，山溪深僻，承平之世。民猶據險，方當兵起，乘時紛紜。原其投戈向化，帖然寧謐，使朕無南顧之憂者，乃卿之嘉謨也。若夫觀象視祲，特其餘事，天官之署，借重老成。以至讞獄審刑罰之中，議禮新國朝之制，運籌決勝，功實茂焉。乃者肇開烏府，丞輔需賢，斷自朕衷，居以崇秩，清要得人，於斯為盛。於戲！紀綱振肅，立標準於百司；耳目清明，為範模於諸道。永綏福履，光佐丕圖。可資善大夫、御史中丞、兼太子贊善大夫，宜令劉基準此。

另外，宋濂寫給章溢，收錄在《宋文憲公全集》卷四中的《御史中丞章公神道碑》裡也有記：「上愛公（章溢）甚，嘗與公及劉君（劉基）曰：『二先生年向耄，恐感霜露致疾，善自衛攝，不宜早趨朝也。』」

可見朱元璋對兩個御史中丞劉基和章溢是非常敬重的。

兩年之後，洪武三年十一月，大將軍徐達、左副將軍李文忠等從塞外班師還朝，奉上平沙漠表，朱元璋大封功臣勳爵。

這一次較之洪武元年那次，要正式得多了。

封公的有六個人，分別是韓國公李善長，食祿四千石；魏國公徐達，食祿五千石；鄭國公開平忠武王常遇春之子常茂，食祿三千石；曹國公李文忠，食祿三千石；宋國公馮勝，食祿三千石；衛國公鄧愈，食祿三千石。

六人之中，僅李善長一人為文臣。

朱元璋大封功臣，名列末位的劉伯溫感激涕零

封侯者二十八人，以湯和為首，全是武將。

公、侯都有食祿，並令子孫世襲。

封伯者二人，即汪廣洋、劉基，都是文官。但兩人的食祿多寡有別，汪廣洋食祿為三百六十石，劉基只有二百四十石，差了一百二十石。

劉基的食祿二百四十石和李善長的食祿四千石相比，差得更遠，且子孫不世襲。

而朱元璋給劉基的《誥書》與洪武元年的《御史中丞誥》比，語氣也差了許多。

原文為：

奉天承運皇帝制曰：諮爾前資善大夫、御史中丞、兼太子贊善大夫劉基。朕觀往古俊傑之士，能識主於未發之先，願效勞於多難之際，終於成功可謂賢智者也，如諸葛亮、王猛獨能當之。朕提師江左，兵至括蒼，爾基挺身來謁於金陵，歸謂人曰：「天星數驗，真可附也，恩委身事之。」於是鄉里順化。基累從征伐，睹列曜垂象，每言有準，多效勞力，人稱忠潔，朕資廣聞。今天下已定，爾應有封爵，特加爾為開國翊運守正文臣、資善大夫、護軍、誠意伯，食祿二百四十石，以給終身，子孫不世襲。於戲！爾能識朕於初年，秉心堅貞，懷才助朕，屢獻忠謀，驅馳多難，其先見之明，比之古人，不過如此。尚其敷爾勤勞忠志，訓爾子孫，以光永世。宜令劉基準此。

後世多為劉基感到不平——正德九年（西元1514年）明武宗追贈劉基為太師，誥文裡有「渡江策士無雙，開國文臣第一」之句，朱元璋怎麼在這次大封勳爵中只給劉基封了最末一等呢？這簡直是不公平，太不公平了！

大家為劉基抱不平的同時，也在同情劉基的感受——猜測劉基肯定

第三章　明初風雲與疑案

會是無比委屈、無比憤懣。

但是，大家的猜想是錯的。劉基既不委屈、也不憤懣，而是心滿意足，對朱元璋感恩戴德。其實，洪武元年，劉基拿到《御史中丞誥》任御史中丞不足半年就被朱元璋削職為民，打發還鄉了。

大致原因有幾個：

一、帝幸汴梁，基與左丞相善長居守。基謂宋、元寬縱失天下，今宜肅紀綱。令御史糾劾無所避，宿衛宦侍有過者，皆啟皇太子置之法，人憚其嚴。中書省都事李彬坐貪縱抵罪，善長素暱之，請緩其獄。基不聽，馳奏。報可。方祈雨，即斬之。由是與善長忤。

二、當時，「京城自夏至秋不雨，有司禱求不應」，劉基借祈雨的機會，向朱元璋提出了幾個問題：1.朱元璋曾經要求「出征陣亡及病故軍妻俱令於寡婦營居住，不許出營，令人巡綽及把門在外。男子無故入營問罪。」劉基卻說：「出征陣亡病故軍妻數萬，盡令寡婦營居住，陰氣鬱結。」要求「寡婦聽其嫁人，不願者送還鄉里依親。」2.朱元璋因怨恨張士誠，下令將投降過來的原張士誠部下頭目全部充軍，劉基卻提出異議，說：「張士誠投降頭目不合充軍。」3.工役人死，暴露屍體不收，要求朱元璋「工役人釋放寧家」。

朱元璋全部依從，但是「旬日仍不雨」。朱元璋一怒之下，就下令：「劉基還鄉為民，御史按察司官俱令自駕船隻發汴梁安置，被問官吏赦罪還職。」

劉基觸怒了朱元璋，無官無爵無職、失魂落魄地黯然返鄉，一路上可謂冷冷清清悽悽慘慘戚戚。

在返鄉途中，劉基百感傷悲之下，一口氣寫下了〈旅興〉五十首，自

怨自艾，傷生憂世。

回到老家，劉基愁懷難遣，又寫了一首〈老病嘆〉，嘆自己百無一用，讀之催人淚下。

幸好，該次的落魄時間並不長，僅僅兩個月之後，朱元璋就前嫌盡釋，下詔宣劉基回京，並讓他官復原職了。

官復原職之後，從洪武元年十一月末到洪武三年六月的這段時間裡，劉基過了一段相對舒心日子。

但是，從洪武三年六月十五日起，劉基又重新陷入了一個困境中，並從根本上動搖了他在朝中的地位。

原來，前往應昌（今內蒙古克什克騰旗西北）北逐蒙元的左副將軍李文忠傳回捷奏，元順帝妥懽帖木兒已病故於應昌，元嗣主愛猷識里達臘棄應昌而走。

當日，《明太祖實錄》卷五十三記：「百官奏事奉天門，聞元主殂，遂相率拜賀。」

朱元璋本人也喜氣洋洋地說：「元主守位三十餘年，荒淫自恣，遂至於此。」

但是，在朝臣加額稱慶的熱烈氛圍中，朱元璋雙眉突然一擰，怒視治書侍御史劉炳，厭惡地說：「爾本元臣，今日之捷，爾不當賀也。」

朱元璋的話雖然不是直接對著劉基說的，但大家都把目光投向劉基。因為，劉基當時是朝廷中任職最高的曾食元祿者。

朱元璋回頭命禮部榜示：凡北方捷至，嘗任元者不許稱賀。過了兩日，又召開群臣座談會，語重心長地大談「忠君」之道。言下之意，像劉基之類從元朝陣營投過來的，都是「不忠」之徒。劉基既被定性為「不忠」

109

第三章　明初風雲與疑案

之人,則御史中丞一職便不好再當了。果然,洪武三年七八月間,劉基再次被免去御史中丞。如果說,劉基對第二次免職還有什麼委屈的話,僅僅兩個月之後,他的委屈就一掃而空了。

因為,另一個情況和他差不多的「不忠」之人,遭到了嚴重的打壓。

這個人是江西臨川人危素。

危素,字太樸,治經術,有文名,曾在元朝短暫出仕,入明後曾得朱元璋厚待,授以翰林侍講學士、中順大夫知制誥同修國史。次年,兼弘文館學士。朱元璋還命他撰〈皇陵碑〉文,可說是相當器重。

但在由元順帝之死所掀起的這場「忠君」風波中,危素被列入「不忠」問題人士,遭監察御史王著等彈劾。朱元璋遂以「亡國之臣,不宜用」之由,把危素發往和州(今安徽和縣)守為元朝殉節的余闕之廟,以此來羞辱他。

危素在元末文壇被尊為領袖人物,曾參與了《宋史》的修撰,且為官有政聲,宋濂、高啟、徐一夔等大儒都對他推崇備至,沒想到竟落到了如此下場。

劉基只是僅僅被免去在朝官職,這情形可不要好得多?!

而更讓他感到意外的是,在這年冬天,他還獲賜誠意伯爵位!

所以,劉基在洪武四年初的返鄉,算得上是榮歸故里。

二月初四劉基回到青田老家,顧不上舟車勞頓,他慶幸萬分,並由衷感恩地寫了一份《謝恩表》送呈朱元璋,其中稱「伏以出草萊而遇真主,受榮寵而歸故鄉,此人人之所願欲而不可得者也。」稱讚「欽唯皇帝陛下以聖神文武之姿,提一旅之眾,龍興淮甸,掃除群雄。不數年間,遂定中原,奄有四海。神謨廟斷,悉出聖衷。舜禹以來,未之有也」、「聖德廣

大,不遺封菲。遠法唐虞功疑唯重之典,錫臣以封爵,賜臣以祿食,俾臣回還故鄉,受榮寵以終其天年」。

《謝恩表》的最末,稱「臣基無任激切屏營之至,謹奉表稱謝,以聞。」

劉伯溫之死:自然死亡還是被構陷?

大明王朝開國元勛中,最富人格魅力的人無疑是劉基,或稱劉伯溫。

經過數百年來人們的渲染和歌頌,劉基已經成了神一般的人物。

但是,我們透過史料回望劉基的一生,發現他的最後結局並不妙。

劉基從至正十九年(西元 1359 年)到應天投奔朱元璋時算起,跟隨朱元璋東征西討的時間有七年半;而從大明開國到默然辭世,時間也剛好是七年半。

兩段時間相加,共為十五年,但是,在這漫長的十五年內,劉基實際擔任官職的時間不到五年,僅為其中的三分之一。

而以大明開國以後算,在七年半時間內,劉基任職不足兩年半。這不足兩年半的時間內,劉基的職務為御史中丞。

其中,洪武元年(西元 1368 年)八月被革除過一次,不過,在該年十一月就復職了。

到了洪武三年,因為身上背負有「仕元」(在元朝做官)汙點,在朱元璋大力宣揚「忠君」思想下,被列入「不忠」的名單,官職於該年八月再次被革。

雖然在洪武三年(西元 1370 年)十一月的大封功臣元勛中,劉基得封

第三章　明初風雲與疑案

三十六個爵位中的最末一位，為誠意伯，但卻是有爵位而無官職，因此，在洪武四年（西元1371年）就被打發回鄉了。

洪武六年（西元1373年），因為「談洋王氣」事件，劉基被誣，不得不於該年秋七月入朝「引咎自責」，向朱元璋交代問題。

朱元璋雖未奪劉基誠意伯之爵，卻奪了誠意伯的祿。

並且，此後年餘，劉基被軟禁在京，有家不能回，在朝無職事，徒以誠意伯空名隨朝陪侍而已。

劉基自幼體弱多病，按照他自己的說法，四十歲已「齒脫頭童（禿）」，且患足疾。

洪武元年被革職短暫回鄉的日子裡，五十八歲的他寫了一首《老病嘆》，稱：「我身衰朽百病加，年未六十眼已花。筋牽肉顫骨髓竭，膚腠剝錯瘡與瘍……」

洪武七年（西元1374年），在孤苦憤懣之下，身體健康狀況更是每況愈下。

該年，他在送宋濂次子宋璲（字仲珩）還鄉時，作有〈送宋仲珩還金華序（並詩）〉，其中對自己的身體狀況作了這樣的描繪：「予鬚髮已白過大半，齒落什三四，左手頑不掉，耳聵，足釀踔不能趨。」可見是病痛纏身。

洪武八年（西元1375年）元旦，群臣慶賀新年，劉基隨喜寫了一首〈乙卯歲首早朝奉天殿，柬翰林大本堂諸友〉，詩云：

枝上鳴嚶報早春，御溝波澹碧龍鱗。
旗常影動千官肅，環珮聲來萬國賓。
若乳露從霄漢落，非煙雲抱翠華新。
從臣才俊俱揚馬，白首無能愧老身。

詩極力誇讚翰林院的文友風華正茂，才思敏捷有如揚雄、司馬相如，最末一句突然悲嘆起自己的「白首無能」來。

的確，政治上得不到重視，而年齡和身體狀況都擺在那裡，人生落幕，指日可待。

而在一個月之後，劉基也得到了朱元璋的批准，回鄉養老。

這可以從宋濂的《恭題御賜文集後》裡看得出。

話說，洪武八年（西元 1375 年）二月初二，朱元璋的《高皇帝御製文集》二十卷刊成，分別贈了韓國公李善長、中書右丞相胡惟庸每人一本，準備再贈一本給宋濂。

當日宋濂入宮，受書後，記下了當日觀見皇上的全過程，題為《恭題御賜文集後》。

《恭題御賜文集後》現收錄於《宋文憲公全集》卷十七。文得標明，記的是「洪武八年歲次乙卯春三月壬辰」事，而在《金華叢書》本《宋學士全集》中，文末尚有「是月三日癸巳午時具官臣宋濂盥手謹記」十七字。

但是，查洪武八年三月，並無壬辰、癸巳日。即《恭題御賜文集後》裡所記的壬辰，當為二月初二；「是月三日癸巳午時具官臣宋濂盥手謹記」的癸巳為二月初三。

我們且來看看洪武八年二月初二，朱元璋召見宋濂時都做了些什麼事、說了些什麼話。

《恭題御賜文集後》記：「洪武八年歲次乙卯春三月壬辰（應為二月壬辰，即二月初二），皇帝御乾清宮召見我，問前御史中丞劉基何日啟程返鄉，我以翌日（即二月初三）對。皇上繼而又問起劉基的病情，以及是否自己可以支撐回鄉，等等。我將我所知道的全部相告。當時劉基患有霜露

第三章　明初風雲與疑案

之疾（語出《史記・公孫弘傳》，指因風寒而引起的疾病，即感冒），皇上憐憫其為開國舊勳，特降手敕，令起居注郭傳宣示，御賜其還鄉養老，但皇上終究覺得有些地方照顧不到位，這才召我前來詳細詢問。詢問完畢，皇上步出官門，我緊從其後。至丹墀，皇上忽然對內史張淵說：『汝往取新刊文集一部，賜學士宋濂。』我趕緊謹叩頭謝。張淵把我帶到典禮紀察司，對司副李彬傳達了皇上的話，把我的名字記錄在一小冊子上，才開始頒授文集。此文集系皇上御製，凡三秩，雖然刊印完成，仍祕藏禁中。當時受賜者唯太師李韓公善長、中書右丞相胡惟庸與我共三人，所以內臣才會如此恭謹也。」

從這段記載裡，透露出許多關於劉基的訊息。

一、劉基患上了感冒，朱元璋降手敕讓他回鄉養病；

二、劉基計劃離京南歸的日子是二月初三；

三、朱元璋關心劉基的病情，特召宋濂詢問了一番；

四、朱元璋文集印成，賜給了李善長、胡惟庸、宋濂，但沒有劉基的份。

另外，宋濂《恭題御賜文集後》中提到的由起居注郭傳向劉基宣示的朱元璋手敕，現保存在《高皇帝御製文集》中，題為《御賜歸老青田詔書》。

這份詔書對劉基的功過作了全面的評定，意在說明朝廷對劉基的獎罰正確、寬嚴得當。

讓人為之動容的是最末一段，為：「卿今年邁，居京數載，近聞老病日侵，不以筋力自強，朕甚憫之。於戲！禽鳥生於叢木，翎翅幹而颺去，戀巢之情，時時而復顧。禽鳥如是，況人者乎！若商不亡於道，官終老於家，世人之萬幸也。今也老病未篤，可速往栝蒼，共語兒孫，以盡考終之

劉伯溫之死：自然死亡還是被構陷？

道，豈不君臣兩盡者歟！」

從文字上看，朱元璋還是很重感情的，叮嚀囑咐，讓劉基「速往栝蒼（指劉基老家），共語兒孫」，「以盡考終之道」「君臣兩盡」。

如果說劉基回鄉的計畫不變，那麼，他應該是在二月初三動身了。

劉基在青田老家去世的日子是四月十六日。

即從二月初三到四月十六日，中間隔了七十三天。

這七十三天中，史書沒記載有什麼關於劉基的故事。

如果不是有人從中故意弄什麼蛾子，應該說，劉基是自然死亡，屬於善終。

但是，現在我們讀所有的史書，包括《明史·劉基傳》、《明實錄·劉基傳》、黃伯生《行狀》、張時徹《神道碑銘》，都寫劉基是被胡惟庸下毒致死的。

為什麼會這樣？

一切都是朱元璋的手筆。

劉基死的時候，《明實錄》沒記載朱元璋有什麼反應，雖然《明實錄·劉基傳》提了一句「上痛悼之，賜遺甚厚」，但完全是官樣文章，虛假的，並不能作數。

相較之下，曾在洪武元年與劉基一同擔任御史中丞的章溢在洪武二年夏去世時，《明實錄》就記載有：「訃聞，上甚憫悼，乃親撰文，遣官即其家祭之。」

看下來，「親撰文」、「遣官即其家祭之」這些才是可信度高的資料。

一句話，劉基之死，當時並未引起朱元璋的過多注意，直到四年之後，即洪武十二年才被提起。

第三章　明初風雲與疑案

《實錄》卷一二八《汪廣洋傳》記：「至是（十二年十二月）御史中丞塗節言，前誠意伯劉基遇毒死，廣洋宜知狀。上問廣洋，廣洋對以無是事。上頗聞基方病時丞相胡惟庸挾醫往候，因飲以毒藥，乃責廣洋欺罔，不能效忠為國，坐視廢興，遂貶居海南。」

為什麼會在四年之後重提劉基之死呢？

原來，因為相權與君權的衝突，洪武十二年底，朱元璋準備將居相位的胡惟庸拉下臺了。

御史中丞塗節為胡惟庸的同黨，「見事不成，始上變告」，他於洪武十二年十二月狀告胡惟庸及御史大夫陳寧等謀反，並指出劉基即為胡惟庸所毒害，而汪廣洋是知情人之一。汪廣洋時與胡惟庸共事，任左御史大夫。但當朱元璋責詢此事時，汪廣洋矢口否認此事的存在。朱元璋怒甚，「責廣洋欺罔」，將其貶至海南。

《實錄》卷二九又記：「（洪武十三年正月）甲午，御史中丞塗節告左丞相胡惟庸與御史大夫陳寧等謀反及前毒殺誠意伯劉基事。命廷臣審錄，上時自臨問之。初，自楊憲誅，唯庸總中書之政，以上信任之重也，專肆威福，生殺黜陟有不奏而行……誠意伯劉基亦嘗為上言唯庸奸恣不可用，唯庸知之，由是怨恨基。及基病，詔唯庸視之，唯庸挾醫往，以毒中之，基竟死，時八年正月也。上以基病久，不疑。」

到了這裡，就完全坐實了胡惟庸毒死劉基之說了。

更有意思的是，在嘉靖本和隆慶本的《誠意伯文集》中，收錄有一篇題為〈誠意伯次子閤門使劉仲璟遇恩錄〉的文章，內容記載的是洪武二十年至二十四年朱元璋接見劉基、章溢、葉琛、胡深等人的子姪時的講話，全用口語記錄，對這些人的父親讚賞有加，勉勵這些人學父親的為人，好學向上，並對他們說：「你每父親便吃些虧呵，如今朝廷也留個好名。」

劉伯溫之死：自然死亡還是被構陷？

其中，朱元璋多次對劉基次子劉璟提到劉基。

洪武二十一年十二月二十五日，朱元璋是這樣說的：「劉伯溫他在這裡時滿朝都是黨，只是他一箇不從，他吃（被）他每（們）蠱了。他大的兒子，這小的也利害，不從他，也吃他每害了。這起反臣都吃我廢了，墳墓發掘了。」

洪武二十二年正月十八日則說：「這劉伯溫是箇好秀才，吃胡（惟庸）、陳（寧）蠱了。那胡家吃我殺得光光的了。」

洪武二十三年正月初四又說：「劉伯溫他父子兩人都吃那歹臣每害了。我只道他老病，原來吃蠱了。」

洪武二十三年六月初六日再說：「劉伯溫在這裡時胡家結黨，只是老子說不倒。你父兄做一世好人，都停停當當的了。你父親吃胡家下了蠱藥，哥也吃他害了。你老子雖然吃些苦麼，你如今恰光榮。」

洪武二十三年十二月二十二日說得最多，這一年，李善長被賜死。該日，朱元璋接見劉璟時說：「我到婺州時得了處州，他那裡東邊有方谷珍，南邊有陳友諒，西邊有張家，劉伯溫那時挺身來隨著我。他的天文別人看不著，他只把秀才的理來斷，到強如他那等，鄱陽湖裡到處廝殺，他都有功。後來胡家結黨，他吃他下了蠱。只見一日來和我說：『上位，臣如今肚內一塊硬結，怛諒著不好。』我著人送他回去家裡死了。後來宣得他兒子來問，說道肚脹起來緊緊的，後來瀉得鱉鱉的，卻死了。這正是著了蠱。他大兒子在江西，也吃他藥殺了。如今把爾襲了老子爵，與他五百石俸。」

像朱元璋這樣一而再、再而三地講，就算是謊話也講成是真話了。也無怪乎後出的史書，如徐愚谷《明名臣言行錄》、李贄《續藏書》、尹守衡《明史竊》、王鴻緒《明史稿傳》、錢謙益《列朝詩集小傳》等沿襲胡惟庸毒

第三章　明初風雲與疑案

死劉基的說法了。

但是，只要靜心想一想，胡惟庸下的到底是什麼毒，可以神奇得讓劉基肚裡長一「硬結」，卻又不立刻斃命，而要在七十三天後才毒發身亡？！

這種毒藥，世間根本就不存在。

一句話，所謂「胡惟庸毒死劉基」之說，不過是朱元璋要整倒胡惟庸的罪證之一。

朱元璋萬萬沒有想到，他把劉基的自然死亡誣陷成胡惟庸毒殺，而到了現代，人們在認定胡惟庸下毒的基礎上，進一步推理：如果沒有朱元璋在背後指使，胡惟庸斷不敢下此毒手，因而把朱元璋定為毒死劉基的幕後主使者。

由劉基二十一世孫劉德隅編輯的《明劉伯溫公生平事蹟拾遺》就一口咬定是朱元璋指使胡惟庸下的毒。

即殺害劉基的人是胡惟庸，但歸根結柢，凶手還是朱元璋。這真是害人反害己。補充一下，朱元璋在洪武二十三年十二月二十二日對劉璟說「如今把爾襲了老子爵，與他五百石俸」後，劉璟表現得非常有骨氣，他回奏說：「臣出力氣事，盡死向前，報本欲在，襲封伯爵的事，哥哥有兒子在。」

朱元璋因此高興地說：「他終是秀才人家孩子，知理熟，大功爵讓與哥的兒子，好呵！」隨後宣布劉璉長子劉廌襲爵，另拜劉璟為閣門使，實授正六品官。三日之後（二十五日），傳旨給劉璟說：「我考宋制，除爾做閣門使。夜來翰林院考了，這衙門正似如今儀禮司一般，不著你管儀禮司事，只要跟著駕，但是我在處，爾便有著傳旨意發放事呵。我如今著你叔姪兩箇都回家去走一遭，把你老子祭一祭，祖公都祭一祭，便來。」劉璟

因此與姪子劉廌於洪武二十三年十二月三十日奉旨回鄉祭祖。朱元璋讓劉廌襲爵，且倍增其祿，即意味著劉基名譽的恢復，也可以說是對劉基的正式平反。

第三章　明初風雲與疑案

第四章
功臣末路

第四章　功臣末路

朱文正之死：謀逆還是被誅？

若論中國歷朝歷代開國元勛之牛氣，比較有名的無過於西漢、東漢、大唐、大明四朝。

西漢有「漢初三傑」張良、蕭何、韓信，以及彭越、英布等人在撐著，想不昌盛都不行。

東漢和大唐的開國元勛本來就一個比一個更具將才，光武帝又欽點了一份「雲臺二十八將」的名單，唐太宗則乾脆建凌煙閣懸掛二十四功臣畫像，又豈會不轟動一時，流傳千古？

雖說清朝也東施效顰弄了一個不倫不類的「紫光閣」功臣畫像，但不知為何，名將的招牌愣是打不響。

倒是大明朝不故弄玄虛，而且明太祖屠殺功臣著實苛濫，但大明朝那班開國元勛的才能實在厲害得不行，個個獨當一面，隨便拉一個出來，似乎都可以碾壓其他朝代的名臣良將。

現在提起大明朝元勛，大家第一個想起的就是徐達。不過，認真細究起來，有一個人，如果不是死得太早，其功業和威名也許還在徐達之上。這個人，就是明太祖朱元璋的親姪兒朱文正。

以朱文正和徐達比較，很多人受《明英烈》一類演義小說的影響，多半會很不以為然。

首先給人的感覺就是年齡差別太大，不在同一個級別上。可不是嗎，演義小說裡的繡像圖裡，徐達的鬍子一大把，和朱元璋、常遇春、胡大海等並列一起；而朱文正被畫成一個奶油小生，和另一個奶油小生李文忠等小字輩站一塊。

朱文正之死：謀逆還是被誅？

這並不是事實。再說多幾句。拋開普通的演義小說不提，像歷史學家吳晗著《朱元璋傳》，其實是抱持著作正史的精神來完成這本書的，但治史的功夫還是下得不夠深刻，在開篇第一章第一節就把徐達寫成了朱元璋的兒時玩伴，一起偷牛、殺牛。

其實，檢視一下朱元璋親自給徐達撰寫的長達兩千餘字的〈御製神道碑文〉，就可以看出，徐達和朱元璋的相識時間很晚，其碑文云：「大明中山武寧王，姓徐氏，諱達。鳳陽府鳳陽縣人。家世農業。王年二十有二，值元末兵興，歲癸巳，朕集義旅。王來麾下，朕視其所以，周旋幾二年，動靜語默，悉超群英，於是命為帥首。凡有微征，以代朕行。」朱元璋已是一方統帥，徐達來投軍，兩人才相識，當時徐達已經二十二歲了。

朱元璋的出生年為西元1328年；徐達的出生年為西元1332年，比朱元璋小了四歲。

朱文正的出生年為西元1336年，又比徐達小了四歲。

另外，朱文正與徐達是連襟。

朱文正娶了謝再興的長女為妻；徐達則娶了謝再興次女為妻。即兩人年齡相仿，差別並不大。

朱文正失勢前，其軍政地位壓在徐達之上，除了能力特別突出外，其與朱元璋的血緣、親情也不能不提。

朱元璋的父親朱五四共育有四子二女，四子名為：重四、重六、重七、重八。

其中的朱重八便是朱元璋本名。

從朱五四、朱重八等名字就可以推知他這一家的教育程度之低。

另外，根據〈皇陵碑〉記載，重四、重六、重七、重八的出生之地均

第四章　功臣末路

不相同，也可以知朱家一直過著顛沛流離的流浪生活，可謂家境貧寒，身無插鍬之地矣。

朱文正的父親是朱元璋的長兄朱重四。

朱重四娶親王氏的時間是西元 1328 年七月，朱元璋出生的時間是該年九月。

則朱重四和弟弟朱元璋的年齡差距在二十歲左右。

朱重四生下兩子一女，長子早夭，次子為朱文正。

西元 1344 年，朱元璋十六歲，朱文正八歲，天下大旱，朱元璋遭遇到了空前的災難，在不到一個月的時間內，父母和長兄相繼離世。

用朱元璋自己的話來說，是：「往者吾父是月六日亡，兄以九日亡，母以二十二日亡。一月之內，三喪相繼。人生值此，其何以堪？終天之痛，念之罔極。」

朱元璋的二哥、三哥已入贅別姓，即朱家僅剩嫂嫂王氏和朱元璋、朱文正三人。

嫂嫂王氏一介弱女子，無以為生，只好帶朱文正回娘家乞命。

朱元璋走投無路，舉目無親，只好流落到皇覺寺出家謀求活路。

但是，皇覺寺也不是留人之所，朱元璋入廟不足兩月，寺中存糧用盡，僧眾各自外出乞討。

朱元璋因此過上了世間最為卑微、最為下賤的乞討生涯。

嗚呼，古往今來的帝王將相，若比出身之慘，誰能超得過朱元璋？

朱元璋風霜江湖，深味人世間至苦，也感受著窮苦百姓間的種種良善和施捨。

朱文正之死：謀逆還是被誅？

人生中這一段，應該給朱元璋烙下了極深的烙印。

這也使得他登上九五大位後，始終保持自己貧苦平民出身本色，關心百姓，為民爭利，打擊起貪官汙吏絕不手軟。

而朱文正的死，也與這方面有關。

朱元璋與朱文正的別後重逢，是在西元 1354 年。

此時的朱元璋已是紅巾軍一方面大將，於此年攻下滁陽，設榜安民，建立地方政權。

嫂嫂王氏打聽到朱元璋的消息，喜出望外，帶朱文正匆匆來投。

多年之後，朱元璋撰《御製紀非錄》記述自己兒子、姪子種種劣跡傳抄給藩王後代傳看，引以為戒，裡面提到自己與靖江王朱守謙的祖母、父親朱文正相遇這一段，無比動情地寫：「至正正甲年，朕帥師滁陽，守謙之祖母（王氏）攜守謙之父（朱文正）至。時朕隻身，舉目略無厚薄之親，雖統人眾，於暇中凡有眷屬之思，莫不唏噓而涕泣焉。俄而姪男（朱文正）至……分離數年，擾攘中一見，眷屬復完，其不勝之喜復何言哉！」

朱文正隨母來投朱元璋這年已十八歲，聰明機警，「貌類高帝」，得到了朱元璋的重用。朱文正也不負其叔父所望，跟隨叔父渡江克太平，剿滅陳兆先，占據建康，處處爭先，為叔父勢力的擴張立下了汗馬功勞。

攻克集慶路（今南京）不久，即西元 1356 年十月，朱元璋便提升朱文正為樞密院同僉，級別位同於朱元璋麾下最高級別的徐達、湯和等將領。

西元 1361 年三月，朱元璋「改樞密院為大都督府」，提拔朱文正為大都督，節制中外諸軍事。

從這時候起，朱文正成為朱元璋軍中最高軍事統帥。

朱文正的軍事代表作是西元 1362 年的洪都之戰。

第四章　功臣末路

洪都即是今天的南昌，初由陳友諒手下江西行省丞相胡廷瑞投降所獻。

一開始，洪都的情形並不穩定，胡廷瑞的手下康泰、祝宗叛亂，洪都幾乎易手。

朱元璋幾經考慮，「以洪都重鎮，屏翰西南，非骨肉重臣莫能守。乃命文正統元帥趙得勝等鎮其地，儒士郭之章、劉仲服為參謀」，讓朱文正鎮守。

朱文正極為了得，《國初事蹟》記載朱文正鎮守洪都時「招諭山寨來降，頭目盡皆歸順，好訟者誅之，號令嚴肅，遠近震懼」。

西元 1363 年四月，陳友諒以傾國六十餘萬兵力狂攻洪都，朱文正以八萬人相抗，堪堪抵住了陳友諒長達八十五天的輪番進攻，為朱元璋贏得了調整策略方案的寶貴時間。

此戰過後，朱元璋親自領軍在鄱陽湖大敗陳友諒，消滅了爭霸天下的最強對手。

奇怪的是，朱文正立此大功，朱元璋卻在幾個月之後剝奪了他的一切官職爵位，致其不明而死。

《明實錄》上的解釋是，朱文正是因為憤恨功高而未得賞，遂蓄謀私通張士誠，終於招致幽禁而死。

這個解釋其實是說不通的。

因為此時的朱元璋尚未大封功臣，至少，他還有張士誠這一對手等著去收拾，而朱文正已經是大都督，節制中外軍事，還奢望有多大提升空間呢？

而且，早在朱元璋渡江之後，朱文正也曾經謙虛地表示過「爵賞不先眾人，而急私親，無以服眾。且叔父既成大業，姪何憂不富貴」的態度。

所以，說朱文正遭罷黜是由於「怨上不封己」，並非事實的真相。

不過，《明實錄》上提到一點，即朱文正「守江西，遂驕淫暴橫，奪民婦女，所用床榻僭以龍鳳為飾」，這應該是朱元璋氣惱朱文正的一方面原因。

這些惡行，應該不是後人對朱文正的誣衊。

試想，鎮守洪都這年，朱文正才二十七歲，年紀輕輕，擔任了大都督，節制內外軍事，又取得了如此重要的勝利，未免驕奢淫逸，不可一世。

十六年後，即西元1379年，朱元璋曾專門發諭旨給靖江王朱守謙，告誡他乃父朱文正當年在江西「恣意放縱，視人如草木，作孽無休。其不仁者甚，奪人之妻，殺人之夫，滅人之子，害人之父，強取人財。事覺，教之不聽。未幾，謀奔敵國，又覺，而方囚之，然後而歿」，要他「再休與一個小人閒戲」，致重蹈乃父覆轍，並當場逮捕了朱守謙身邊一些為非作歹的人。

前文也提到過，朱元璋是從苦難中走過來的，內心深恨那些騎在百姓頭上作威作福的貪官汙吏，朱文正如此做派，其焉能不怒？！

《明實錄》接著記述，朱文正遭到朱元璋切責後，「慚懼，謀叛降張士誠」。這一記述，也不符合實情。

試想想，朱元璋爭天下的最大對手陳友諒已經被滅了，則滅張士誠也只是一個時間問題，而張士誠和朱元璋並不在同一個級別上，朱文正有什麼理由要「謀叛降張士誠」？而且，他雖遭到朱元璋切責，但仍是節制內外軍事的大都督，生命並沒什麼危險，投了張士誠又能得到什麼更大的權勢？而且，從感情上說，也不至於被叔父斥責了幾句就間親投疏。

但是，朱文正的死，終究和張士誠有一定關係。

朱元璋在朱文正死後曾寫信給外甥李文忠，信中在痛斥朱文正違法劣

第四章　功臣末路

跡時,曾提到:「我禁人休去張家(張士誠)那下買鹽,他(朱文正)從江西自立批文,直至張家鹽場買鹽,江上把截的不敢當,盡他往來。」

則當時的事實是,朱文正遭朱元璋切責後,並未當回事,該吃就吃、該睡就睡。他認為,自己是朱元璋的親姪子,朱元璋是不會對自己怎麼樣的。

甚至,朱元璋從經濟上圍困張士誠,禁止所有人等不得到張士誠管轄下的鹽場買鹽,朱文正也當作耳邊風,在江西自立批文,讓人大模大樣地進出張士誠鹽場買鹽。

既然這麼不上心,朱元璋才會慨嘆說:「此子不才如此,非吾自行無以定之。」於是親自到南昌把朱文正捉回南京。

朱元璋在《御製紀非錄》中向朱文正的兒子靖江王朱守謙追述朱文正的死因時,說:「無狀甚焉,其非奉父母之道,有不可勝言……不期望前日之艱辛,寒微之極,恣肆凶頑,無所不為,又何言哉,大逆之道既洩,朕恐為人所譖,特召而面審之,其應之辭,雖在神人亦所不容,其逆凶之謀愈推愈廣,由是鞭後而故。」

即回到南京,朱文正仍不把自己所犯的過錯當一回事,對朱元璋的問話,「其應之詞雖在神人亦所不容」,囂張跋扈,讓人忍無可忍。

也就是說,朱文正還認為憑藉蓋世功勞和血肉關係,叔父是不會對自己有所傷害的。

盛怒之下,朱元璋親自持鞭將之痛打,最終悲劇發生,「由是鞭而後故」,情緒失控的朱元璋竟失手把朱文正打死。

《明實錄》也記,失手打死了朱文正後,朱元璋讓人抱來年齡尚幼的朱守謙,懊悔萬分地說:「爾父不率教,忘昔日艱難,恣肆凶惡,以貽吾

憂。爾他日長大，吾封爾，不以爾父廢也，爾宜修德勵行，蓋前人之愆，則不負吾望矣。」

李文忠驚懼致死：陰私曝光的傳言

　　李文忠是明太祖朱元璋二姐之子，於至正十三年（西元1353年）隨父親李貞投入朱元璋軍營。

　　李文忠當時才十四歲，被朱元璋收為養子，與同時期過來尋親的朱元璋的姪子朱文正一同跟隨範祖乾、胡翰讀書識字。

　　和朱文正相比，李文忠對書本的領悟能力要好得多，能夠觸類旁通，很快通曉經義，能詩善歌，所以，也更多一股文人氣息。

　　至正十七年（西元1357年），十九歲的李文忠以舍人的身分，率領朱元璋的親軍赴援池州，初次作戰就立了戰功，擊敗在池州的趙普勝，又攻下青陽、石埭、太平、旌德四個縣。之後又會同鄧愈、胡大海由徽州進入浙江，從元朝軍隊手中奪取建德，隨之升為親軍都指揮，鎮守建德（後改名嚴州），收降苗帥楊完者的舊部三萬多人。

　　在朱元璋統一江南的過程中，李文忠主要轉戰在南線，為南線的最高軍事統帥，負責鎮守嚴州。而在後來的北伐過程中，李文忠多次領兵出塞征討元軍殘餘勢力，戰功顯赫。

　　岐陽王李文忠驚懼而死，是因為隱藏二十多年的陰私被朱元璋偵知？

　　洪武三年（西元1370年），李文忠任征虜左副將軍，與大將軍徐達分道北征，於應昌俘獲元昭宗嫡長子買的立八剌及后妃、宮女、諸王、將相官屬數百人。其後，又降伏五萬餘人。

第四章　功臣末路

該年，朱元璋大封功臣，李文忠功勞最大，被授為開國輔運推誠宣力武臣，特進榮祿大夫、右柱國、大都督府左都督，封為曹國公，參與軍國大事，每年的俸祿三千石，並被授予世襲憑證。

洪武十年（西元 1377 年），朱元璋任李文忠為總中書省、大都督府、御史臺，同議軍國事，執掌國家政、軍、紀之大權，形同宰相，位及人臣之極。

洪武十二年（西元 1379 年），又詔命李文忠主持大都督府（最高軍事機構），兼主管國子監（全國最高學府）。

洪武十六年（西元 1383 年）冬，又授開國輔運推誠宣力武臣，特進榮祿大夫、右柱國、大都督府左都督，封曹國公。

不過，自洪武十五年（西元 1382 年）到洪武十六年（西元 1383 年），李文忠一直賦閒在家，此年冬天不幸染病，臥床不起。

新年過後，李文忠病情日漸加重。

朱元璋得知後，異常關切，派太子朱標前往探視，並特遣淮安侯華雲龍之子華中，督理太醫院醫生診斷治療。

二月二十七日，朱元璋親往探望。

甥舅敘舊於床前，李文忠病情似有好轉。

哪料，三天之後，李文忠突然病逝，享年四十六歲。

消息傳出，天下震悼。

朱元璋悲痛異常，輟朝三日，親自撰文派遣大臣致祭，追封李文忠為岐陽王，諡號武靖。

其後，又將李文忠配享太廟，肖像功臣廟，位列第三，即徐達、常遇春之後。

李文忠驚懼致死：陰私曝光的傳言

李文忠為什麼會猝死呢？朱元璋給出的答案是，為李文忠治病的淮安侯華中下毒。他下令削華中爵位，將其家屬全部放逐至建昌衛（今四川西昌），斬其他太醫院醫生及妻子兒女一百多人。下毒之說，最初出處應該是俞本《紀事錄》。

該書記：「文忠病，淮安侯華中侍疾進藥。上疑其有毒致斃，貶淮安侯，放家屬於建昌衛，醫士全家被誅。」

不過，俞本也承認：華中進藥之事，與劉伯溫的死狀略同。但胡惟庸之所以毒死劉伯溫，那是奉上命挾醫而往。淮安之侍藥，難道也是奉上命而往？而且，胡惟庸與劉伯溫之間存在諸多是非恩怨，而華中與李文忠之間並無過節。如果說李文忠被毒是獲了什麼罪的話，史家闕如，無可徵考，吾不得而知之矣。嗚呼！親則甥舅，功則元勳，用得著投毒加害嗎？

劉伯溫是否胡惟庸毒死的，此事存疑，華中與李文忠的確是遠日無怨、近日無仇，應該不會輕易下毒殺人。

而且，說是朱元璋指使的也不大可能。

朱元璋對李文忠「自幼撫育，視同己子，教以文藝，習以弓馬」，他自己還這樣描述過與李文忠的親密關係：「以分則君臣也，以親則舅甥也，以恩則父子也。」

但是，王世貞《史乘考誤》透過對一些野史材料進行考證，稱：「文忠多招納士人門下，上聞而弗善也。又勸上裁省內臣。上大怒，盡殺其門客。文忠驚悸暴卒。上殺諸醫及侍者百人。」

即李文忠學孟嘗君廣招門客，卻又反過頭來勸諫朱元璋減裁宦官，引起朱元璋極大不快。

王世貞的考證結果，可能是有的，因為，洪武十九年，朱元璋賜李景

第四章　功臣末路

隆襲爵誥文中有提到:「非智非謙,幾累社稷,身不免而自終。」又云:「爾其鑑前人之失,保爾富貴。」

但僅僅以上兩點,很難說就勾動了朱元璋的殺人之心。

《明史》正文卷一百二十六列傳第十四就在以上基礎上加料,說:「(李文忠)家故多客,嘗以客言,勸帝少誅戮,又諫帝征日本,及言宦者過盛,非天子不近刑人之義。以是積忤旨,不免譴責。」即李文忠除了廣招門客,還勸朱元璋少殺人,諫朱元璋遠征日本,諫朱元璋減裁宦官,最終招致朱元璋的嚴厲譴責和不滿。

但是,李文忠勸諫朱元璋,畢竟是在洪武十四年前的事了,朱元璋聽得進就聽,聽不進拉倒,而且,已經時過境遷,李文忠一直賦閒在家,沒必要過了兩年,突然殺心大現,投毒殺人。

於是,又有人猜測,李文忠並非中毒死的,而是恐懼憂慮而病,且在朱元璋探病後,驚懼而亡。

即李文忠的驚懼而亡與朱元璋的探病有關。

朱元璋探病時,舅甥間說了什麼話,史無記載。

但在李文忠主政嚴州期間,曾被他聘為幕賓參軍事的劉辰寫有一部《國初事蹟》,書中記載有一件李文忠的陰私事。

很可能,這件陰私事被朱元璋在探病過程中掌握到了。

這件陰私事的來龍去脈是這樣:

李文忠鎮守嚴州時,迷戀上了一個姓韓的青樓女子,鬧得滿城風雨,風評很不好。

檢校楊憲出於職守,將此事報告了朱元璋。

朱元璋大怒,派人殺掉了韓氏,下令把李文忠帶到應天問罪。

李文忠驚懼致死：陰私曝光的傳言

在馬皇后的求情下，李文忠躲過一劫，得回嚴州繼續做主帥。

但李文忠也患上了嚴重的恐懼症，整天疑神疑鬼，擔心哪一天會被朱元璋秋後算帳。

手下的儒士趙伯宗、宋如章就提醒他，要他早作打算。意思即是叫他投降張士誠。

李文忠一時鬼迷心竅，聽了趙、宋二人的話，指派他們潛往杭州與張士誠聯繫。

張士誠當然同意接納。

所以，李文忠降意已決，與郎中侯原善、掾史聞遵道商議著寫降書。

恰在此時，朱元璋派特使到嚴州召李文忠回應天。

回到應天，朱元璋待李文忠親切如初，賜他名馬金銀，面授攻防機宜。

李文忠於是大為後悔，回到嚴州怒斥侯原善等人：「我幾乎讓你們給耽誤了，此事該如何處理？」

侯原善拍拍心口說：「好在書信還沒有送過去，懸崖勒馬還來得及，大都督要迅速決斷啊！」

為了保密，李文忠指派心腹將趙伯宗、宋汝章等知情人全部祕密誅殺。

就因為《國初事蹟》記載有這麼一件事，有人猜測，李文忠將這個事窩在心裡藏了二十多年，不憋出病才怪。而當朱元璋探病時突然偵知，舊事重提，於是驚懼而死。

這麼猜測似乎有理，但經不起推敲。

第一，李文忠只是睡了個青樓女子，受到了訓責，就要投敵，這個理由缺乏說服力；

第四章　功臣末路

　　第二，李文忠投降的對象居然是與自己交戰百戰百敗的張士誠，更不可信；

　　第三，好吧，就算李文忠在己方形勢大好的情況下還要背叛自己的親舅舅，投靠張士誠，並且派趙伯宗、宋汝章去見了張士誠。那張士誠後來被朱元璋生擒後，為什麼沒藉機反咬李文忠一口？

　　第四，要說李文忠為保守祕密不惜殺人滅口，為什麼不連同侯原善、劉辰這些人一併殺掉？

　　綜上所述，「李文忠曾經想投降張士誠」之說根本不能成立，即「李文忠驚懼而死」也就無從說起。

　　那麼，李文忠之死，應該屬於病變後的猝死。

傅友德效仿蕭何，卻逃不過朱元璋的屠刀

　　明代開國功臣中，傅友德的勇猛彪悍，僅次於「常十萬」常遇春。史學家焦竑稱：「大明興起，猛將雲從，數倍於漢雲臺、唐凌煙諸將，其中六王最著名，若以驍勇著稱，莫如開平王常遇春，其次則為潁國公傅友德。」

　　另一史學家尹守衡也說：「暗嗚跳盪者只有開平王常遇春，傅友德差強次之，並稱二虎將。」

　　不過，跟徐達、常遇春、李文忠、湯和等人相比，傅友德顯然算不上朱元璋的嫡系。

　　甚至，以「三國迷」看待呂布的眼光角度，傅友德算得上是「三姓家奴」，他先後為劉福通、明玉珍、陳友諒等人效力過，但得不到應有的重

視，故而鬱鬱不得志。

而自從投歸朱元璋麾下，恍若良駒歸明主、寶劍遇英雄，大發神威，光芒四射，南征北戰，攻必克、戰必勝，一躍而從偏裨升為大將。

明七子之一的王世貞稱讚說：「其（指傅友德）遇真主，虎變龍從，刃不虛下，策不虛畫。」

其西平巴蜀，領前鋒出一百八渡，一路順風順水，下綿州、拔漢州，進取成都，居功至偉。

朱元璋因此在〈平西蜀文〉中盛稱「友德功為諸將第一」。

其後，又率領左副將軍藍玉、右副將軍沐英南定雲貴，戰功赫赫，進封穎川侯，食祿一千五百石，賜免死鐵券，子孫世襲。

最令傅友德威名遠颺的，當數其七征漠北、七次告捷。

傅友德功高蓋世，也因此進穎國公並世襲，追封三代，兒子傅忠娶了壽春公主為駙馬，女兒嫁給了晉王世子朱濟熺為王妃，名尊位崇，爵高祿顯。

難能可貴的是，傅友德「自洪武元年以後，北征及平蜀平滇，功冠諸將，不聞有纖毫罪狀」。

明初功臣多有驕縱不法行為，「胡惟庸案」、「藍玉案」爆發，便是其中典型例子。

朱元璋處理罷二案，特地頒布了《昭示奸黨錄》與《逆臣錄》，將其「罪狀」公諸天下，以示懲戒。

傅友德於洪武二十三年曾被「加太子太師」，卻「尋遣還鄉」，賦閒在家。

在此二案的震怖之下，為求自保，傅友德左思右想，決定學漢初名臣

第四章　功臣末路

蕭何，買田自汙。

洪武二十五年，傅友德大著膽子向朱元璋請求撥給自己懷遠的田地千畝。

朱元璋的回覆極其嚴厲：「你的祿賜已經不薄了，為什麼還要侵占民家的利益呢？你沒聽說過春秋時候魯國有一個宰相叫公儀休的嗎？他因為享有了國家的俸祿，不願再與百姓爭利，把園子裡種的東西都拔了，把織一手好布的妻子也休了。」

顯然，傅友德弄巧成拙了。

不過朱元璋自己也覺得誅殺胡、藍二黨過當，沒怎麼著傅友德，反而派他作為宋國公馮勝的副手，分行山西，在大同、東勝一帶屯田，建設十六衛。

洪武二十六年九月，朱元璋也下詔赦免胡、藍二黨，詔稱：「今後敕其餘黨，皆勿問。」

但是，洪武二十七年，朱元璋突然召還傅友德，下令「賜死」。

不久，馮勝也和傅友德一樣，被莫名其妙賜死。

馮勝的死因，一般上認為是「失在於不本命擅歸，而多欲次之」。

但傅友德的死因，就非常蹊蹺了。

有人說，傅友德死就死在他不知好歹，敢向朱元璋「請懷遠田千畝」，貪欲太強，所以被朱元璋處死了。

這個理由很難說得通。

就算傅友德貪欲強，但他又不是透過什麼非法手段巧取豪奪，而是大大方方向朝廷申請，朝廷給，他就要；朝廷不給，他就不要，談不上犯了什麼罪。

而且，當時朱元璋也只是口頭上罵了他一頓，過後還讓傅友德外出統兵了。

可見，傅友德被殺，與「請懷遠田千畝」沒什麼關係。

那麼，朱元璋為什麼要殺害一向並無任何汙點、「不聞有纖毫罪狀」的傅友德呢？

《明史‧傅友德傳》中只是毫無來由的一句：「明年，偕召還。又明年賜死。」讓後人頗費思量，卻又束手無策。

明末張岱所著《石匱書》倒是提供了一個說法：洪武二十七年（西元1394年）十一月二十九日，朱元璋召集文武大臣參加一個大型宴會，當他走到門口的時候，看到門口的那個守衛者沒有按照規定佩帶劍囊，當時他很生氣，但是沒有發作。因為這個守衛者不是別人，正是傅友德的兒子傅讓。於是，在宴會上，朱元璋忽然提起，說自己對傅友德兒子傅讓有些不滿。傅友德起身告罪，朱元璋責備傅友德不敬，說：「召二子來！」傅友德轉身出去。衛士衝著他的背影傳達朱元璋的話：「攜其首至。」須臾，傅友德手提二子首級進來。朱元璋驚呼：「何遽爾忍人也？」傅友德拔出袖中匕首，痛呼道：「不過欲吾父子頭耳。」遂自刎。朱元璋暴怒不已，下令將傅家所有男女全部發配遼東、雲南。

這則記載假得讓人難以置信。

不說別的，單是傅友德袖中藏有匕首到皇宮赴宴這一點，就根本不可能。

再有，張岱是明末人，他寫明初事，他的資料來源於那裡，是什麼書的記載，或是出自何人何地的傳聞，都沒有交代。那麼，這則離奇、血腥的傳聞很可能就是他本人捏造的。

話說回來，傅友德的真正死因是什麼呢？

137

第四章　功臣末路

　　應該和他的一個特殊身分有關。前面有說過，傅友德的女兒嫁給了晉王世子朱濟熺為妃，即他與晉王是兒女親家。

　　晉王朱棡是朱元璋的第三子，「修目美髯，顧盼有威，多智數」。

　　這樣一個有威儀、有智謀的人，難保不會有野心。而且，他還擁有一位能征慣戰、威名遠颺的兒女親家傅友德呢。

　　事實上，晉王朱棡還真不是一個善茬。

　　早年在就藩途中，他就曾因鞭笞膳夫而受到朱元璋的嚴厲訓斥。就藩後，亦「多不法」。有人曾告發他有篡位的「異謀」，朱元璋本欲嚴加治罪，只因皇太子朱標「力救得免」。所以，洪武二十五年四月，太子朱標病逝，年幼的太孫朱允炆被立為皇儲，而朱元璋已年逾花甲，在「懿文死，孫更孱弱」的情況下，他「不得不為身後之慮」。

　　想想也容易理解，如果太子朱標不是早死，他登基後，是諸王的長兄，且經過長期治理國政訓練，帝位可能難以撼動；但太孫朱允炆是諸王的姪子晚輩，年少乏練。一旦晉王起事，其有傅友德為翼，朝廷勢不能禁。

　　所以，要清除來自晉王方面的威脅，朱元璋只能在有生之年殺掉傅友德。

　　這一點，從之後處死馮勝的過程也可以看得出。

　　洪武二十年，馮勝平定東北班師途中，有人告發他「多匿良馬」、「求大珠異寶」。朱元璋下令「收勝大將軍印，命就第鳳陽」。

　　馮勝和朱元璋是兒女親家，他的女兒嫁給了朱元璋第五子朱橚。

　　朱橚初封為吳王，後改封為周王，洪武十四年就藩開封。

　　朱橚是個貨真價實有「異謀」的王爺，史載：「建文時，（朱）橚時有異謀，長史王翰數諫不納，佯狂去。」

上面說了，馮勝於洪武二十年十月就第鳳陽。朱橚於洪武二十二年十二月擅自離開王府，潛行至中都鳳陽。朱橚到鳳陽幹嘛去了？當然是去見他那個名將岳父馮勝去了。

朱元璋由此大怒不已，擬將他徙往雲南，「尋止，使居京師」，讓朱橚的長子掌管王府事。兩年後才讓他歸藩。「亦皇太子調護力也。」

對朱元璋而言，為了消除朱橚方面的隱患，馮勝也就必死無疑了。

我們不難想像，建文初年，有「異謀」的朱橚發動軍隊爭奪皇位時，倘若馮勝未除，其必會參與其中，製造出極大麻煩。

「潁宋騈陷，鉗忌滋蔓，凡摧鋒陷堅，鞭霆扼虎之才，委命獄吏，求死無地，而帝之寢食少安矣。」可見，就是這個原因。

不過，相對馮勝來說，傅友德死得最冤。

清人王士禛感嘆說：「古來功臣之冤，未有如潁公之甚者！」

廖氏雙雄的悲劇命運

俗話說，兄弟齊心，其利斷金。

明太祖朱元璋能成就一番帝業，離不開一眾文臣武將的匡扶和輔佐。這裡面，固然有大家所熟知的徐達、常遇春、劉伯溫、李善長等人，但有兩個人，雖然受關注度沒有這麼高，卻在大明開國中也有許多關鍵性的影響。

這兩個人，就是巢湖人廖永安、廖永忠兄弟。

原先朱元璋沒有水軍，不敢有渡江之想，正是廖氏兄弟率舟師來附，並以艨艟小舟之輕便靈活，完美擊垮駐守於馬場河的元軍大樓船，讓朱元

第四章　功臣末路

璋信心大增。

渡江之戰，廖永安居功至偉，其率舟師鼓帆而行，一擊取採石，再擊下太平。

《明史》稱：「明祖之興，自決策渡江，始力爭於東南數千里之內，摧友諒，滅士誠，然後北定中原，南圖閩、粵，則廖永安胡大海以下諸人，厥功豈細哉！」

攻占下南京後，廖永安以舟師取鎮江、克常州、拔池州，莫不得志。

可惜的是，在攻略宜興過程中，廖永安與張士誠大將呂珍惡戰，戰船擱淺，不幸被俘。

張士誠愛廖永安才勇，多番招降。

廖永安卻緊拒絕從，終被張士誠囚禁八年，病死牢中。

在廖永安被囚的漫長八年時間裡，朱元璋並非沒有機會將他拯救出來，但朱元璋性格多疑，雄武盧猜，見死不救。

不信？且看《國朝獻徵錄》裡中的記載：「士誠欲降之，永安不屈，遂拘囚。之後徐達援常州，士誠弟來戰。達遣王玉擊敗，擒士德。上喜曰：『士德，士誠謀主，其人智勇。今擒之，張氏之成敗可知矣。』遣人往求和好，士德母痛之，議歸永安以易。上不從，士德死，（永安）竟不獲歸。」

即廖永安落入張士誠之手後不久，徐達也擒獲了張士誠的弟弟張士德。張士誠的母親心疼兒子，要張士誠用廖永安換回兒子。朱元璋卻斷然拒絕，殺了張士德。廖永安因此沒能獲得釋放。

看得出，朱元璋並不愛惜廖永安，甚至透過殺張士德以激怒張士誠殺廖永安，好送廖永安早點上西天。

朱元璋雖毒，張士誠卻沒這麼狠，沒有動刀子，只是繼續關押廖永安，

僅此而已。

朱元璋為什麼會希望廖永安停止呼吸呢？原來，廖永安、廖永忠兄弟率舟師來附的時間是元至正十五年（西元 1355 年）五月，當時，位居濠州紅巾軍當家老大的是郭子興長子郭天敘，其次是郭子興的妻弟張天佑，再其次才是朱元璋。

軍隊裡職位最高的將領也不是徐達、常遇春、馮國用，而是邵肆、邵榮等人。

由於廖永安是帶著軍隊來投的，並在投入之後迅速建功，職位被安排在了邵肆、邵榮之後，徐達、常遇春、馮國用等人之前。

了解過這個情況，再結合郭天敘、張天佑、邵肆、邵榮等人的下場，就明白朱元璋容不下廖永安的原因了。

不過，朱元璋的表面工作做得很好，對廖永安又是遙授職位，又是迎祭於郊，又是上諡號。

廖永安的家人，包括他的弟弟廖永忠，全都對朱元璋感恩戴德。廖永忠接替兄長的職位，任樞密僉院，總領全部水軍。陳友諒進犯龍江，廖永忠鼓勇先擊，率軍大呼突入敵陣，諸軍緊跟其後，大獲全勝。

廖永忠尚不甘罷休，一直追至安慶，再破陳友諒軍水寨，拔下安慶。

其後在攻取江州時，廖永忠出奇招、用妙計，精確計算城牆高度，造橋於船尾，名曰天橋，以船乘風倒行，橋架城牆，奇兵突襲，一錘定音，逕取江州。

在震駭史冊的鄱陽湖大戰中，廖永忠乘飛艇在第一線指揮，並親率七舟為先鋒，滿載蘆葦乘風縱火，焚敵方戰船數百艘。再以六舟為敢死隊，深入敵陣，縱橫馳騁，如神兵天降。

第四章　功臣末路

陳友諒軍心動盪，陳友諒本人中箭身死，全軍霎時土崩瓦解。

平定陳漢結束，朱元璋以漆牌親書「功超群將，智邁雄師」八字賜予廖永忠，懸於城門。

此後，取淮東，掃張士誠，討方國珍，擒海盜邵宗愚，定廣西，北征胡元，伐蜀，出海抗倭，廖永忠莫不身與其中，功高一時。

遙想蜀地初平，朱元璋作〈平蜀文〉，盛稱「傅一廖二」，將廖永忠與傅友德並稱為平蜀大功臣。

事實上，洪武年間的北伐與南征，北伐的主心骨是徐達，南征的主心骨就是廖永忠。

別看朱元璋麾下戰將如雲，但能算得上軍事家的，也就是，徐達、常遇春、李文忠、傅友德、廖永忠、馮勝這幾個。曾在朱元璋軍中任典簽的劉辰推崇廖永忠，在《國初事蹟》中寫道：「廖永忠以豪雄茂爽之才，虎視鷹揚之勇，濟之以淵深宏遠之略，而成乎光大奇偉之勳。觀其戰鄱陽而殲友諒，靖兩廣而縛明升，降王破國於指顧之間，斬將搴旗於談笑之頃，收聲定價，豈值開國之元勳？雖古之名將不是過也。」

可惜的是，廖永忠雖是軍事家，卻不是政治家，他的政治敏感度低下，政治手段拙劣，最終還是和哥哥一樣，慘遭朱元璋出賣。

《明史・廖永忠傳》記：「初，韓林兒在滁州，太祖遣永忠迎歸應天，至瓜步履其舟死，帝以咎永忠。及大封功臣，諭諸將曰：『永忠戰鄱陽時，忘軀拒敵，可謂奇男子。然使所善儒生窺朕意，徼封爵，故止封侯而不公。』」

即自安豐之戰拯救出小明王韓林兒後，朱元璋將之安置在滁州。韓林兒已勢力盡失，成了一個事實上的孤家寡人，但他名義上仍是朱元璋的主

公。不難想像，朱元璋要稱帝建王業，就必然要把他給黑掉。廖永忠充當了這樣不光彩的殺手角色，在奉命前去「迎」韓林兒回應天時，途經瓜步，故意連人帶船一起弄沉入水。朱元璋大封功臣時，故意對諸將說道：「廖永忠在鄱陽湖作戰時，忘我抗敵，可謂奇男子。但卻派與他要好的儒生窺探朕意，所以封爵時，只封侯而不封為公。」責怪廖永忠不應該聽信腐儒之言，揣摩自己的心思，擅自做主將韓林兒殺害。

洪武八年（西元 1375 年）三月，廖永忠因「僭用龍鳳」等罪被賜死。

朱元璋後來也覺察到這個罪名的說服力不夠，指使第十七子寧獻王朱權編輯《通鑑博論》時加了一句，稱：「廖永忠沉韓林兒於瓜步，大明惡永忠之不義，後賜死。」

百戰百勝的王弼卻無端送命

元末明初的猛將如花雲、丁普郎等輩，都武藝超群，武勇過人，有萬夫莫敵之勇。

可惜的是，勇猛常在陣上死，善泳終於江中亡。花雲獨力扛住陳友諒大軍的輪番進攻，最終力盡被俘，壯烈就義。丁普郎死得更慘，在康郎山一戰，體被十餘創，腦袋被砍掉，屍體仍屹立不倒。

這裡來說一說武力指數不在花、丁二人之下的「雙刀王」王弼。

王弼為濠州定遠人，善使雙刀，人稱「雙刀王」，因一生無敗績，晚年又被人稱為「百戰百勝雙刀王」。

元末亂世，王弼結交鄉里豪傑，在三臺山樹柵自保，後來率部歸附朱元璋。

第四章　功臣末路

　　王弼最初充當朱元璋的宿衛，則凡是朱元璋親臨的戰事，他都無役不與，而且無役不勝。

　　後來單獨帶兵攻打張士誠，攻打陳友諒，討伐北元，也是無往而不利。

　　王弼最得意的戰事有如下幾次：至正十八年（1358），王弼奉命率兵攻打婺源州，其手舞雙刀，一馬當先，衝鋒在前，陣斬元朝守將鐵木兒不花，順利拿下婺源州，繳獲兵甲三千。

　　王弼也因此戰被提升為元帥，接連攻克蘭溪、金華、諸暨，馳援池州，收復太平，拔龍興、吉安。

　　至正二十三年（西元1363年）七月，朱元璋和陳友諒在鄱陽湖展開了決定彼此生死存亡的大戰，王弼在涇江口設下伏兵，狠狠地截擊了陳友諒的船隊。隨後跟隨大軍平定武昌。並單獨率軍攻克廬州，占領安豐，攻破襄陽、安陸、淮東、舊館。

　　至正二十六年（西元1366年）八月，王弼迫降張士誠的將領朱暹，占領湖州，會合大軍圍攻張士誠的老巢平江。

　　當時，常遇春駐軍在西門，王弼駐軍在盤門。張士誠從西門突圍，常遇春截殺得異常艱苦，擔心張士誠脫逃，急邀王弼加入戰陣，向王弼大呼道：「軍中皆稱爾健將，能為我取此乎？」

　　王弼二話不說，「馳騎，揮雙刀奮擊」，把吳兵殺得大敗，人馬溺死沙盆潭者甚眾。張士誠的坐騎也因兵敗而受驚墜水，張士誠本人差點在水中死掉，得親從死力救入城中，從此不敢復出。

　　張士誠被平定後，王弼得到的獎賞十分豐厚。

　　朱元璋統一了南方，隨即發動北伐，意在徹底推翻元朝的一切統治。

　　王弼跟隨徐達征中原，下山東，略定河南、河北。

此後,又奉命西征,收取八百里秦川,軍至河西走廊。

下面重點講一講洪武二十一年(西元1388年)的第三次北伐。

該年三月,王弼以副將軍之職跟隨藍玉出塞。根據明軍的探馬報告,元朝後主脫古思帖木兒在捕魚兒海(即貝爾湖)一帶活動。藍玉星夜兼程,率軍追趕,一直追到百眼井。

但是,舉目茫茫雪原,哪有敵人蹤跡?

藍玉的心如死灰的,打算回師。

王弼反對,他說:「吾等提十萬眾,深入沙漠,未見敵而班師,何以覆命?」

藍玉聽了,心有所動,打消了班師的念頭。

王弼遂令軍士掘地為穴,架鍋作飯,使敵不見煙火,不知動靜。

爾後,王弼親自擔當先鋒,率部連夜馳騁八十里,在捕魚兒海東部遇敵,猝然進擊,一戰得勝,斬殺元太尉蠻子,抓獲元主次子地保奴和宮妃皇室成員三千多人,俘獲士兵七萬,戰馬五萬,金銀財寶無數。只有元主和太子天保奴等幾十人脫逃。

北元勢力銳減,多年不敢犯境。現在人們談論明初名將,總要說上徐達、常遇春、李文忠、馮勝、傅友德以及藍玉這幾位。而每當談論藍玉,又必會提及捕魚兒海之戰。不用說,該戰便是藍玉軍事生涯中的代表戰。但是,細究起來,王弼在該戰中居功至多。王弼因此得到朱元璋的褒獎。

朱元璋賜其鐵券制誥丹書,並在詔書中比之為漢代名將衛青、唐代名將李靖。

不過,也因為這次遠征和藍玉扯上了關係,洪武二十六年(西元1393年)藍玉被告發謀反,在山西、河南練兵的王弼被聖旨召回賜死。

第四章　功臣末路

受藍玉案牽連的鶴慶侯張翼、普定侯陳桓、景川侯曹震等功臣名將，均被滅三族。

只有王弼，除他本人被賜死外，家裡沒有任何人受到處罰。從這個角度來說，王弼似乎又不是因藍玉案被殺；但除了藍玉案，史書中又沒有關於王弼的罪狀記錄。

《明史》只是輕描淡寫地記了一句：「（洪武）二十五年從馮勝、傅友德練軍山西、河南。明年同召還，先後賜死。爵除。」

所以，朱元璋賜死王弼的動機是什麼，至今尚是一個未解之謎。

王弼共有六子一女。長子為安遠侯王德，次子為西亭侯王政，女兒為楚王妃。王弼的四世孫王卯，還曾是翰林大學士，王氏家族在明朝中興一時。

馮勝：忠臣卻被朱元璋忍耐至極

明初大將中，馮勝自然是個非常牛的人物。

《明史》對他的評價是：馮勝，百戰驍將也。

馮勝為定遠人，原來的名字叫馮國勝，因為朱元璋字「國瑞」，在朱元璋登基後，為避諱，去掉了「國」字。

馮勝與兄長馮國用都愛讀書，通曉兵法。

兄弟倆於至正十四年（西元1354年）一同投歸朱元璋。

兄長馮國用很快就得到了朱元璋的重用，多立戰功，累官至親軍都指揮使。可惜，至正十九年（西元1359年）四月，在參與紹興之役時，馮國用暴病死於軍中，年僅三十六歲。

朱元璋痛哭不已，在雞籠山築壇設祭，讓其弟馮勝襲其官職，典掌親軍。

漸漸地，朱元璋發現馮勝比其兄馮國用還好用。

陳友諒進逼龍灣時，朱元璋率軍於石灰山展開激戰。

馮勝一馬當先，攻打陳友諒中堅，敗其軍，追擊至採石，再敗之，一舉收復太平。

其後，馮勝在征討陳友諒的過程中，克安慶水寨、打江州、戰鄱陽、下武昌、克廬州，屢建戰功。

不過，在平定張士誠時，馮勝貪功，犯下了過錯。

當時，徐達久攻高郵不下，回軍支援宜興，讓馮勝督率所留軍隊。

高郵守將捉住馮勝爭強好勝的心理，實施詐降。

馮勝的確對徐達不服氣，迫切想拿下高郵，欣然受降，命指揮康泰率數百人先行入城。

結果，康泰等人一去不回頭，全被城內守軍關在城中殺害了。

朱元璋因此大怒，召回馮勝，痛斥一頓，責罰十大杖，命他步行回高郵。

受此羞辱，馮勝既慚且憤，會同從宜興返回的徐達，拚力進攻，終於攻克高郵，然後取淮安、下湖州、克平江，功勞僅次於平章常遇春，升右都督。

洪武元年（西元1368年），馮勝率軍逆河而上，取汴、洛，下陝州，奪潼關，取華州。後跟隨大將軍徐達征伐山西，攻懷慶，克碗子城，取澤、潞二州，克平陽、絳州。

洪武二年，馮勝率軍渡過黃河，攻克鳳翔、取鞏昌、進臨洮，降伏李

第四章　功臣末路

思齊。再回軍跟隨大將軍徐達圍攻慶陽，平定陝西全境。

這年九月，朱元璋認為天下粗定，召徐達、湯和等方面大將回京定議功賞，並參加常遇春的葬禮，命馮勝駐守慶陽，節制諸軍。

徐達等人一走，馮勝作死的毛病又犯了。

話說，元將賀宗哲自慶陽城破後，先竄入了六盤山區，而待風頭一過，便率軍殺向了有「大河之濱、黃河之都」之稱的蘭州。

鎮守蘭州的明將張溫手下不足三千人馬，自知難守，四向發出求救訊號。

傅友德本來率軍到六盤山區追擊賀宗哲，但手下兵員也只有五千餘人，為剿滅賀宗哲數萬之眾，就透過徐達，邀上了馮勝。

馮勝好大喜功，二話不說，率領自己的一萬七千步騎取道靖寧，馳援蘭州。

徐達和傅友德的想法是一樣的：圍殲賀宗哲部。

所以，徐達要求馮勝部埋伏在賀宗哲退走時的必經之路進行攔截，而由具備高機動能力的傅友德部騎兵擔任奔襲任務。

馮勝卻擔心傅友德搶了頭功，**轟轟**烈烈前行，結果驚動了賀宗哲。

賀宗哲帶著搶來的人口、牲畜、財物渡過黃河，揚長而去。

可以說，馮勝把這次會殲行動給搞砸了。

但馮勝並不在乎。

因為，賀宗哲的親信崔知院領二十七人來向他請降。

馮勝把這二十七人連同二十四戰馬當成了戰利品，向朝廷告捷。

朱元璋不理會他，反倒頒旨賞賜了傅友德黃金二百兩。

馮勝由此憤憤不平。

在這不平的基礎上，他又想到朱元璋把徐達、湯和召回京城議定封賞，而留自己守慶陽，更是有一股子酸溜溜的味道。

他覺得，自己從追隨朱元璋開始，到如今已有十五個年頭，可謂沙場百戰，卻在這個節骨眼上，身不在京城，虧大了。

這麼想著，他一不做、二不休，決定打著「獻俘」的旗號班師回京，向皇帝討封。

就這麼著，馮勝招呼也不跟朱元璋打一聲，僅留下少量部隊守慶陽，私自率領三軍踏上了回京之路。

時已入冬，馮勝啟程的時候，天氣只是有些稍冷，等他們走了一半路程，氣溫陡降，到了南京，被凍死凍傷的士兵不計其數。

朱元璋突然見到馮勝，就有幾分惱怒，等知道了士兵的慘狀，火氣更大。

不過，此時正是論功行賞的高興時刻，而且，四方未定，尚需能征慣戰之將，朱元璋只好壓下怒氣，當眾詰問馮勝道：「將軍在平涼，外禦胡虜，內鎮撫關中，國家所託非輕也。乃不俟命，輒引眾還，閫外之事，將誰任？」

朱元璋的擔心不是沒有道理的。馮勝私自返京的情況被寧夏的王保保探知，其迅速集結起十萬大軍，經由甘肅殺入蘭州。

鎮守鞏昌（甘肅省中部一帶）的鷹揚衛指揮於光為救蘭州，在馬蘭灘遇伏，全軍覆沒，其本人被擒殺。

為此，經過長途跋涉回到南京的馮勝軍又不得不風雪兼程趕回西北前線，可謂勞民傷財，疲於奔命。

第四章　功臣末路

馮勝的赴援迫使王保保全軍撤去，但馮勝為一己私念造下的惡果，那是顯而易見的。

為此，朱元璋恨不得擰下馮勝的腦袋當球踢。

總算馮勝將略出眾，朱元璋隱忍不發作，一直到洪武二十八年，才因其與周王朱橚走得太近，怒而下旨賜死。

周德興之禍：因子而誅的悲劇

大明朝開國功臣中，周德興是比較特殊的一位。

按照《明史》記載：「周德興，濠人，與太祖同里，少相得。」

即周德興不僅和朱元璋是同鄉，而且，兩人是穿開襠褲，一起玩泥巴的玩伴。

吳晗寫《朱元璋傳》時，看到野史《龍興慈記》裡有朱元璋小時候給地主家放牛時和小夥伴一起殺牛的故事，就腦洞大開，把這些小夥伴說成是周德興、徐達、湯和。

還有，吳晗《朱元璋傳》寫朱元璋在皇覺寺當和尚時，「有人從濠州捎來一封信，是孩子時的夥伴寫的，勸他到紅巾軍隊伍裡來」，朱元璋拿不定主意，就「到村子裡找湯和，討一個主意，湯和推敲了半天，說不出道理，勸向菩薩討一個卦」。

但是，近年來很火的通俗歷史書卻否定了朱元璋向湯和問計的說法，腦洞大開地說濠州來信就是湯和寫的，朱元璋拿不定主意，「他找到了一個人，問他的意見，這個人叫周德興，我們後面還要經常提到他。周德興似乎也沒有什麼好主意，他給朱重八的建議是算一卦」。

周德興之禍：因子而誅的悲劇

　　從這，我們可以看到一個有趣的現象，根據史書記載，和朱元璋同為鍾離廣德鄉東湖里籍的明朝開國功臣中，有周德興、湯和、郭興、郭英、謝成等人，如果把範圍再擴大點，即著名的「淮西二十四將」，包括徐達、吳良、吳禎、花雲、陳德、顧時、費聚、耿再成、耿炳文、唐勝宗、陸仲亨、華雲龍、鄭遇春（特別註明，不是常遇春）、胡海（特別註明，不是胡大海）、張龍、陳桓、李新、張赫、張銓等，都屬於朱元璋的老鄉。

　　現代人要寫朱元璋小時候的故事，可以將以上人員拉來寫成是和朱元璋一起「穿開襠褲、玩泥巴的玩伴」。

　　但你不管怎麼寫，得到史書肯定「與太祖同里，少相得」的，也只有周德興一人而已。

　　由此可知周德興和朱元璋的感情，實異於其他諸將。

　　至正十三年（西元1353年）五月，朱元璋回鄉招兵，一下子就招了包括「淮西二十四將」在內的七百多人。

　　朱元璋就憑著這點資本，一點點把事業做大，最終成功驅逐蒙元，一統天下。

　　周德興追隨朱元璋渡江，取金華、安慶、高郵，援安豐，征廬州，從討贛州、安福、永新，拔吉安，累戰功任湖廣行省左丞。

　　周德興真正大放異彩的是在大明開國之後。

　　洪武三年（西元1370年），慈利土酋覃垕聯合茅岡諸寨作亂，長沙洞苗被煽動。周德興任征南將軍，一舉將之蕩平。

　　洪武四年（西元1371年），周德興任征西左將軍，協助湯和征討由元末梟雄明玉珍建立的明夏政權。

　　戰後論功，朱元璋「賞德興而面責和」，大罵湯和出工不出力，稱讚

第四章　功臣末路

所有的功勞都是周德興建立，當著湯和的面獎賞了周德興。

洪武五年（西元1372年）元月，周德興又任征南左將軍，協助鄧愈出師討伐湖南、廣西蠻夷之亂。

周德興「功復出諸將上」，得到的獎賞也是其他大將的幾倍，署中立府，行大都督府事。

洪武十四年（西元1381年）五月，五溪蠻夷作亂，周德興雖已年老了，卻「力請行」，朱元璋「壯而遣之」，欣然賜手書，把他比成西漢圖征西羌的趙充國，東漢請討交趾的馬援。

洪武十八年（西元1385年）三月，思州五開蠻叛亂，周德興任副將軍和征虜將軍湯和一同輔佐楚王朱楨前去討伐。叛亂平定之後，周德興帶領軍民開決荊州岳山壩用以灌溉農田，楚人歡喜不盡，作歌大讚他的功德。

洪武二十年（西元1387年），福建等沿海地區起倭亂。

國難思良將，家貧想賢妻。

朱元璋想起了周德興，說：「福建功未竟，卿雖老，尚勉為朕行。」

於是周德興前往閩地按戶籍徵兵操練，築銅山城等十六座，設定巡司四十五個，修建了鎮海衛等五衛，建構起完備的御倭防線。

從洪武二十二年（西元1389年）到洪武二十五年（西元1392年），活著的諸勳臣中，周德興年齡最大，每年入朝，賞賜不絕。

周德興出事的時間是洪武二十五年（西元1392年）八月，是被兒子周驥坑死的。

周驥是個遊手好閒的紈褲子弟，仗著自己是勳臣之子，潛入宮中和宮女淫亂。

周德興因此全家受株連被殺，所有財產充公，結局悽慘，讓人喟嘆！

朱亮祖的敗局：罪惡終究難逃

話說，在中國古代歷史上，兩廣地區遠離政治中心，民風驃悍。從元朝到明初，其中廣東番禺的事務尤其雜亂難管，好幾任知縣都不堪其苦，辭官而去。

河間（今河北滄州）人道同原為太常寺贊禮郎，於洪武三年（西元1370年）被舉薦出任番禺縣令。

道同為人剛直不阿，執法嚴明，是個鐵手腕的人物。

他不信邪，到了番禺，懲凶治惡，打黑鋤奸，一頓組合拳打下來，使番禺變亂為安，百姓安居樂業。

但是，洪武十二年（西元1379年），番禺來了一個大人物，邪惡勢力又有所抬頭。

這個大人物就是大明開國功臣，被明太祖朱元璋封為永嘉侯的朱亮祖。

這個朱亮祖可不簡單，算是一個名將。

他早年曾被元朝任命為元帥之職，在戰場橫掃千軍如卷席，還讓朱元璋的隊伍潰不成軍。

朱元璋麾下最能打的中山王徐達和開平王常遇春，兩次引軍討伐，一次被俘獲了四千餘人，一次被俘獲了二千餘人，其中常遇春還身受重傷。

在很長一段時間內，朱元璋手下無人敢出戰朱亮祖。

最終，是朱元璋親自到前線督戰，這才擒獲朱亮祖。

朱亮祖為人狡猾，見到了朱元璋，一副無所謂的樣子，說：「要殺就殺，您若不殺我，我就為您效死力。」

朱元璋打天下正需要打手，覺得朱亮祖能打敗徐達、常遇春，是個不

第四章　功臣末路

可多得的人才，就不咎既往，留下了他一條命。

朱亮祖從此死心塌地為朱元璋賣命，為明朝開國立下汗馬功勞，成為明朝的開國功臣。

朱亮祖到番禺這年，番禺縣裡有錢的幾十個人以低價收購集市上的珍寶物品，欺行霸市，捏造各種罪名誣陷他人。道同雷厲風行，按照一貫鐵腕作風，將這些人套上枷鎖，鎖在大路上示眾。

見朱亮祖到來，番禺諸位土豪準備以這些被鎖的不法分子作為探路石，試探朱亮祖是否能充當他們的黑傘。

他們賄賂朱亮祖，請朱亮祖喝酒，贈送歌伎美女，異常順利地和朱亮祖交上了朋友。

等他們透露出請朱亮祖拯救被鎖人員的想法，朱亮祖二話不說，派人要求道同馬上放人。

道同是個有原則的人，怒斥朱亮祖：「你身為臣子，怎麼能夠受此等小人的役使呢！」

朱亮祖大怒，不但讓人放走了這些被鎖人員，還找藉口鞭打了道同一頓。

看，永嘉侯朱亮祖就是這樣一個桀驁不遜的人。

富豪們看了，無不心花怒放。

其中一個姓羅的，乾脆把女兒嫁給了朱亮祖，當起了朱亮祖的岳父。

「岳父」的弟弟覺得倚著大樹好乘涼，越加變本加厲，為非作歹。

道同雖然吃過朱亮祖的苦頭，卻不甘就此向惡勢力低頭，嚴格執行法律，於洪武十三年（西元1380年）逮捕了「岳父」的弟弟。

朱亮祖認為道同是在太歲頭上動土，親自率軍隊將人從監獄裡搶走，還揚言要道同好看。

道同知道朱亮祖是皇帝座前紅人，難以與之抗衡，就把朱亮祖到番禺後的數十條罪行一條條寫下來，上奏朝廷。

　　朱亮祖其實也忧惕朱元璋的狠人作風，聽說上書奏報朝廷，大吃一驚，惡人先告狀，搶在道同的前面將自己的奏摺送到南京，誣陷道同嘲訕倨傲、僭越無禮，詆毀上司。

　　蒙在鼓裡的朱元璋不明就裡，派遣使臣前去賜死道同。使臣前腳剛走，道同的奏摺後腳就到了。朱元璋讀完，趕緊派使臣前去釋免道同。但還是遲了一步。等釋免使臣到達番禺的時候，道同已經遇害了。

　　人不能白死，朱元璋於該年（洪武十三年，西元1380年）九月召朱亮祖父子回南京，用鞭將他們活活打死。

　　補一句，朱元璋念其有功，仍命以侯禮安葬，還親自為他撰寫壙志，壙志稱「（亮祖）作為擅專，貪取尤重，歸責不服，已非一時。朕怒而鞭之，不期父子俱亡。就葬己責之地。侯禮葬焉。」

耿炳文的生死之謎：平叛功臣的隱祕結局

　　話說，明太祖朱元璋發跡之初，在濠州起義軍首領郭子興手下效力。至正十三年，元軍圍攻濠州，歷時六個多月。其間，朱元璋曾奉命領奇兵從城中突圍而出，攻打蕭縣、靈壁和虹縣。

　　元軍久攻不下，自動撤圍而去。

　　濠州雖然轉危為安，但軍隊減員嚴重，城中儲存的糧食也瀕臨用盡。

　　這種情況下，朱元璋自告奮勇，回鍾離招募士兵和籌措糧食。

　　朱元璋此次回鄉，大有收穫，一下子招募了七百多人。

第四章　功臣末路

其中，名字載於史冊的有：徐達、周德興、郭興（又名子興）與郭英兄弟、張龍、張溫、張興、顧時、陳德、王志、唐勝宗、吳良與吳禎兄弟、費聚、唐鐸、陸仲亨、鄭遇春、曹震、張翼、丁德興、孫興祖、陳桓、孫恪、謝成、李新、何福、邵榮、耿君用與耿炳文父子、李夢庚、鬱新、郭景祥、胡泉、詹永新等人。

這些人，日後都在軍隊中脫穎而出，有的還大放異彩，在新生的大明王朝中封侯拜爵。

這裡特別要提到耿君用與耿炳文父子，不，嚴格地說，是特別提到耿炳文。

原因是耿炳文的父親耿君用死得很早——雖然耿君用也頗具將才，投軍後，很快就因戰功累升至管軍總管，但他在至正十六年（西元1356年）七月救援宜興時，遭到張士誠的襲擊，力戰而死。

耿君用戰死後，耿炳文襲其職，領其軍，繼續與張士誠開打。

至正十七年（西元1357年），耿炳文攻取了廣德，進攻長興，大敗張士誠的大將趙打虎，繳獲戰船三百餘艘，生擒長興守將李福安，順利拿下長興。

長興地處太湖口，陸上通廣德，與宣、歙等地接壤，是江、浙的門戶。

朱元璋聽說耿炳文拿下了長興，喜出望外，將長興改名為長安州，並在此地設立永興翼元帥府，任命耿炳文為總兵都元帥，守衛長安州。

張士誠不甘心長興丟失，派左丞潘元明、元帥嚴再興率兵前來收復。

耿炳文奮力反擊，大敗敵軍。

張士誠一怒之下，放出大招，派司徒李伯升率兵十萬，分水陸兩路殺來，氣勢洶洶，志在必得。

耿炳文的生死之謎：平叛功臣的隱祕結局

耿炳文只有兵七千人，形勢危急。

朱元璋急得跳腳，急調陳德、華高、費聚前往增援。

哪料，陳、華、聚三人帶來的數千人都不夠李伯升塞牙縫，幾番較量下來，先後潰散而去。

耿炳文不為他們的敗逃所動，沉著冷靜，採用數十種防禦方式進行應對，將李伯升的攻勢一一化解。

這場兵力對比懸殊的攻守戰持續了一個多月，常遇春的援軍才姍姍而來。

李伯升久攻不下，師老兵疲，不敢迎戰，棄營而走。

耿炳文乘勝追擊，收割了五千餘顆首級。

張士誠恨得牙碎，派弟弟張士信再來爭奪長興。

耿炳文不但打敗了張士信，還俘虜了元帥宋興祖。

張士誠氣得一口老血沒忍住，仰天狂吐，發大軍瘋狂圍城。

耿炳文打張士誠軍打出了信心，親自和費聚迎戰，獲大捷。

長興是張士誠的必爭之地，史載：「炳文拒守凡十年，以寡御眾，大小數十戰，戰無不勝，士誠迄不得逞。」

朱元璋搞定了陳友諒後，回過頭來收拾張士誠。

耿炳文一馬當先，攻克湖州，圍困平江。

張士誠敗亡後，耿炳文升任為大都督府僉事。

可以說，耿炳文就是朱元璋手底下最擅長防守的將領，另外一個防守功底稍遜一點的是吳良。湯和也擅長防禦，但相比耿炳文和吳良，還是差很遠。

第四章　功臣末路

　　朱元璋正是有了耿炳文、吳良這一對防守型良將，守住了長興、江陰，使得張士誠無法乘虛而入，才得以擊敗陳友諒，奠定下一統天下的堅實基礎。

　　洪武元年（西元1368年），耿炳文得授鎮國上將軍兼右率府副使，隨大軍征討中原，攻克山東沂、嶧等州，攻下汴梁。後又隨常遇春攻占大同，攻克晉、冀。隨大將軍徐達征討陝西，打敗李思齊、張思道。

　　洪武三年（西元1370年），朱元璋大封功臣勳爵，耿炳文封長興侯，食祿一千五百石，予世襲鐵券。

　　這之後，出塞遠征大漠、征討雲南、平定陝西徽州妖人之亂、擒獲蜀寇高福興等，耿炳文均參與其中。

　　洪武三十一年（西元1398年），耿炳文鎮守遼東。

　　原先朱元璋為了使功臣集團成為皇權的重要支柱，不斷與良臣名將結成兒女親家，其中有常遇春、馮勝、藍玉、徐達、李善長、傅友德、胡海等等。

　　但這些良臣名將或因老死病故，或因論罪坐誅，到了洪武末年，均已不在人世。

　　實際上，當世舉目朝堂，諸公、侯皆已凋零，倖存的也只有耿炳文和郭英二人而已。為鞏固朱家天下計，洪武二十七年十二月，朱元璋親自把懿文太子（朱標）的長女江都郡主嫁給長興侯耿炳文的兒子耿璿。顯而易見，這是朱元璋為保護即將繼位的皇太孫朱允炆在軍事上做出的重要安排。

　　建文元年（西元1399年）七月，燕王朱棣起兵叛亂，已經六十五歲的耿炳文任征虜大將軍，率領號稱三十萬的大軍前往征討，結果在真定遭遇

了敗仗。

失敗的原因有很多。

首先,耿炳文善守不善攻是最重要的一點。

其次,耿炳文軍隊號稱三十萬,實際上只有十三萬人。而這十三萬人疏於訓練,戰鬥力並不高。相比之下,朱棣軍隊常年鎮守邊境,乃是百戰邊兵,戰鬥力自不可同日而語。

最後,耿炳文隊伍中出現了奸細,其部將張保向朱棣投降,全盤托出耿炳文軍的虛實。

《明史》載,耿炳文吃了敗仗,迅速調整了部署,堅守真定,以守代攻。

大家都說耿炳文的策略高明,蓋因叛軍雖然戰鬥力強,但「名不正言不順」,不能獲得道義上的支持,同時後勤保障跟不上,難以持久作戰。只要假以時日,定能將叛軍拖垮。而朱棣也相當清楚這一形勢,所以,只圍攻了三天,就灰溜溜地撤退了。可惜的是,建文帝卻頭腦發昏,走馬換將,以李文忠之子李景隆代替耿炳文,率部五十萬征伐朱棣。李景隆是個大草包,在鄭村壩、白溝河被朱棣軍隊擊敗,喪師數十萬,導致攻守勢易,建文政權敗亡。

關於耿炳文的結局,《明史》的記載是:他因與朱棣交戰失利,被建文帝罷黜,於是顏投降,卻在永樂元年(西元1403年)因刑部尚書鄭賜、都御史陳瑛彈劾衣物違制,畏罪自殺。

但是,明中期定遠人黃金在《開國功臣錄》中記:耿炳文在洪武三十二年(即建文元年,西元1399年)「十月自遼東率眾十餘萬援真定,戰歿於陣,年六十五」。與黃金同時代的黃佐在《革除遺事》中也說:「炳文死於陣,年五十六。炳文有智略,長於征戰,至於敗沒。後為大將者多綺紈子

第四章　功臣末路

弟，遂至於亡。」此外，明正德朝尚寶司少卿姜清撰《姜氏祕史》、萬曆朝焦竑著《國朝獻徵錄》也都記耿炳文是在出兵援真定後不久就死了。

相對來說，耿炳文死於真定的說法更可靠。

最有力的證據就是：明英宗正統年間，黔國公沐晟給他的表哥耿琦撰寫了〈濠梁慎庵耿公墓田碑記〉一文。沐晟是沐英之子，他的母親就是耿炳文的妹妹。沐晟在為表哥耿琦寫的墓誌銘裡有這樣一段話：「至三十二年，侯（即長興侯耿炳文）年已六十有五，援真定，歿於陣。上更痛甚，親制文遣命中官諭祭。命有司治墳塋，賜臨濠山地三百頃、佃戶二千人、守墳人二百戶，儀仗戶十五戶，以京衛軍士充之，先後隆恩疊頒洊至。」這裡說的「三十二年」就是建文元年，朱棣即位以後稱洪武三十二年；文中的「上」指建文帝。沐晟不僅記載了耿炳文在建文元年死難於真定，而且說建文帝親自撰寫了祭文，在鳳陽為耿炳文修建了墳塋，連賜地、佃戶、守墳人、儀仗戶都有詳細的記錄。

有意思的是，《明太宗實錄》有記：永樂初廷臣劾奏本指耿炳文葬禮「逾制」，朱棣「命速改之」。

耿炳文到底歿於戰陣還是顏投降朱棣呢？時間已經過去了六百多年，真相到底如何，也許，只能是一個永久的謎了。

第五章
朱元璋的治國手腕

第五章　朱元璋的治國手腕

朱元璋獎勵孝子：卻罰得一孝子淒慘

平民皇帝朱元璋以布衣之身取得了天下，對於治國，他很有信心。他的治國理念並不複雜：以民為本，大力打擊貪官汙吏，嚴懲官僚腐敗，從民眾的角度出發，安定社會，鞏固統治。

一句話，民安則天下安。

為此，他將「以孝治天下」作為基本國策，以之為綱來施行教化。

朱元璋說了：「使一家之間，長幼內外各盡其分，事事循理，則一家治矣。一家既治，達之一國，以至天下，亦舉而措之耳。」（《明太祖實錄》卷一七五）

朱元璋所說，其實也是儒家「家齊而後國治」的主導思想。

朱元璋認為，家庭是社會最基本的單位，只要每個家庭治理好了，社會就會安定，國家就能穩固。

因此，圍繞著「孝」字，朱元璋制定了一系列政策。「不孝」被列為「十惡」大罪，要處以最重的刑罰，不在常赦之列。

《大明律》明確規定，凡子孫違反祖父母、父母教令及奉養有缺者，杖一百。凡祖父母、父母在，子孫別立戶籍、分異財產者，也要受到杖一百的刑罰。子孫對祖父母、父母，妻妾對丈夫，弟妹對兄姊進行罵詈或毆打，要處以凌遲、斬、絞或其他刑罰。百官不得擅離職守，但聞父母喪，不待報許即可離職奔喪。至於遇到父母喪，匿不舉哀，冒哀出仕，居喪嫁娶，或棄親之任等違背孝道的行為，都在禁止之列。

補一筆，萬曆年間的大政治家張居正「奪情」之舉之所以為時人所深詬，就是「冒哀出仕」，與《大明律》條文相違。

朱元璋獎勵孝子：卻罰得一孝子淒慘

除對違背孝道的行為嚴加懲處外，朱元璋還大力旌表踐行孝道的行為，甚至將孝弟力田者提拔上來做官。

易州淶水縣農民李德成幼年喪父，元末跟隨母親逃難，到了黃河邊上，在元兵的追逐之下，上天無門，入地無路，母親悲憤投河而死。

二十多年後，即洪武十九年（西元 1386 年）冬天，李德成思念母親，冒著嚴寒，與妻子跣足步行三百里，來到當年母親投河的地方，臥冰七日，求神靈交還母屍。

不用說，李德成的跪求是不可能實現的，但他卻因此出了名，成為時人所稱道的孝子。

朱元璋知道後，將他擢為光祿寺丞，後遷尚寶司丞。洪武二十七年，又旌表其為孝子。永樂初年更擢升其任陝西布政使。

浙江浦江鄭氏家族，自宋代以來，「代以一人主家政」，累世聚族同居。龍鳳四年（西元 1358 年），李文忠下浦江，特旌之為「義門」，嚴禁軍士不得侵犯。

明初，鄭家族長鄭濂入京受到朱元璋的接見，問以治家長久之道，曾想給他官做，他以老辭。

後來，發生胡惟庸謀反案，有人告發鄭家「勾結」胡惟庸，官吏到鄭家逮人，鄭家兄弟六人爭著承擔罪責。

鄭濂弟鄭濟逕自前往京師，準備入獄受審。

正在京師的鄭濂迎接他，說：「吾居長，當任罪。」鄭濟說：「兄年老，吾自往辯。」兩人爭著入獄。此情此景，和東漢末年孔融一家爭死的情形相當。朱元璋知道了此事，慨然嘆道：「有人如此，肯從人為逆耶？」下令召見他們，不僅免予問罪，還提拔鄭濟為左參議。

第五章　朱元璋的治國手腕

洪武二十六年，又擢鄭濂弟鄭濟為左春坊左庶子。

後來，又徵召鄭濂弟鄭沂為禮部尚書。

鄭氏一家，不用參加科舉，直接進入仕途當官者多人。

浦江人王澄認為家中子弟讀書難有功名，以鄭家為榜樣，處處向鄭家學習，令子孫聚族同居。

這一學習，效果馬上出來了，他的孫子王應被朱元璋拔擢為參議，另一個孫子王勤被擢為左春坊左庶子。

因為孝順，有人有官當；因為孝順，有人犯了法也得到了從輕發落。

比如說，洪武八年，淮安府山陽縣有人犯法當受杖刑，此人的兒子不忍老父受刑，主動代刑。朱元璋對刑部大臣說：「父子之親，天性也。然不親不遜之徒，親遭患難，有坐視而不顧者。今此人以身代父，出於至情。朕為孝子屈法，以勸勵天下。」（《明太祖實錄》卷九六）下令釋放了父子二人。

浙江新昌人胡剛的父親因罪罰至泗上做苦役，逃亡後被捕，依律當死。朱元璋敕命駙馬都尉梅殷監斬。胡剛從新昌到泗上探視父親，到了河邊，這才知道父親將要被斬，不由分說，馬上脫下衣服，泗水過河，趕往刑場，哀號泣代。梅殷被他的赤子之情所動，飛速稟報皇上。朱元璋當即「詔宥其父，並宥同罪八十二人」（《明史》卷二九六）。

可以說，胡剛的孝心不僅救了父親，還救下了同罪的八十二人。

既然孝心這麼管用，明初民眾家家遵「孝」、崇「孝」，民心向善，社會風氣純樸。

江寧人周琬年方十六歲，他的父親擔任滁州牧，因為腐敗，坐罪論死。

周琬很懂事，哭著喊著，口口聲聲要代父受死。

朱元璋獎勵孝子：卻罰得一孝子淒慘

朱元璋疑心他是受人指使、想玩投機取巧，於是，同意他代父受死。哪料，周琬身赴刑場，面對屠刀面不改色。「孝子，這是真孝子！」朱元璋大喜，下令赦免了周琬父子，並在屏風上寫下「孝子周琬」四個字，不久授予兵科給事中之職。膠水人侯庸的父親於明洪武初年犯法被充軍福建，侯庸家境清苦，發憤苦讀，洪武十八年中第二十二名進士，被選授為吏科給事中。侯庸給朱元璋上了道奏摺：請求以自己的官職為父親贖罪。

朱元璋對侯庸的孝舉大為讚嘆，立即赦侯庸之父，命侯庸親往福建迎父。皇太子朱標又特命侯庸乘坐沿途驛站供應的車馬前往。

此事轟動一時，有名望的人紛紛寫詩讚頌「皇帝聖明，孝子可敬」，當時的吏部郎中鄭禮輯成一部《迎養詩集》。

以上的種種孝舉都是滿滿的正能量。但是，有人卻把「孝經」念歪了。

洪武二十七年九月，青州日照縣平民江伯兒，他的母親久病不起，他聽說古代孝感天地的故事裡有「割股療親」、「郭巨埋兒」之類「至孝」的行為，便決心學習，一方面可以救母親，另一方面可以揚名立萬。於是，他忍住巨痛，從自己股下割了一塊肉，煮熟了餵給母親。但母親吃了仍未康復。他又到泰山的岱獄祠求神，許願如果神靈能保佑母親病癒，他將殺子以祀神。

江伯兒母親所患，並非不治之症，久病自癒。

母親病癒了，江伯兒高聲獰笑，捉到自己三歲的兒子，猶如殺雞一樣，割頸放血，隆重祭神。地方官又驚又喜，當作地方民治的突出政績，飛報朝廷，滿以為自己和江伯兒都會得到嘉獎和旌表。哪料，朱元璋並沒有像地方官那樣昏了頭，他讀了奏章，氣塞於胸，勃然大怒，一拍龍案，怒斥道：「父子，天倫至重。禮，父為長子三年服。今百姓無知，賊

第五章　朱元璋的治國手腕

殺其子，絕滅倫理，宜亟捕治之，勿使傷壞風化！」下令逮捕江伯兒，杖一百，謫戍海南。並命禮部定議旌表事例，規定今後凡割股臥冰者，「不在旌表之例」。

帝王與士兵：朱元璋的深厚感情

明朝開國皇帝朱元璋是貧苦人家出身，投身行伍，從底層小兵做起，深知底層小兵的種種酸甜苦辣，所以，當上皇帝後，特別關心底層小兵的生活。

洪武二十年（西元1387年），朱元璋親自執筆寫了《御製大誥武臣》，文筆粗放、通俗易懂，輯錄管軍武臣之罪例，結以〈敕諭武臣〉，告誡管軍武臣，不得藉故剝削和壓迫下級士兵。

文章一開頭，朱元璋就說：「指揮胡璉、陳勝等官人，上壞朝廷的法度，下苦小軍，全無心肝。將小軍視如豬狗，完全不念及小軍的苦楚。」

他跟著打了個比喻，說：「平常人家養個雞狗及豬羊，也得等長成後再食用，未長成，怎麼說也要餵養著。如今那些害軍的軍官，他那心就不是人心，也趕不上禽獸的心，比草木也不如。草木知春秋，當春便生，當秋便死。似他這般害軍呵，不有天災，必有人禍。似這等災禍應呵，應則有遲有疾。」

說到這裡，朱元璋語重心長地感嘆說：「且如今在京的管軍官吏人等，我每日早朝晚朝，說了無限的勸誡言語，若文若武，於中聽從者少，不以然者多，及其犯法被懲治，多有懷恨，說朝廷不肯容，又加誹謗之言，為這般，不得不凌遲了這誹謗的若干人。」

帝王與士兵：朱元璋的深厚感情

至於寫《御製大誥武臣》的目的，朱元璋解釋說：「有軍官害軍犯法，甘心受貶，發配到外地過了三五年、十數年，得召回覆職了，但到任還不夠兩個月，其害軍尤甚前日，更加奸騙軍婦。似此等愚下之徒，我這般年紀大了，說得口乾了，氣不相接，也說他不醒。我將這備細緣故，做成一本書，各官家都與一本。這話直直地說。軍官有父母的，父母們教誡；有兄弟妻子的，便教生都看了，自家心裡尋思，做任何事都要將心比心，情意度量到根前，可憐小軍，發些仁慈心，休害小軍。」

說到這，朱元璋動情地說：「我許大年紀，見了多，擺布發落了多，從小受了苦多。軍馬中，我曾做軍來，與軍同受苦來，這等艱難備細知道。這般比並著說，這愚頑貪財不怕死的，若還再如此害軍，其間長幼都治以罪。希望軍管人員，毋違我訓，毋蹈前非。」

接著，朱元璋舉了三十二樁軍官迫害小兵的案例和懲治辦法。

其中第一個例子的犯案者，就是陳州指揮胡璉等六名軍官，潁州指揮陳勝等十九名軍官。

朱元璋這樣寫：「這夥官人，百般害軍，共冒支官糧三十八萬，各分入己。陳州、潁州這兩處的軍，自洪武元年便擺布他屯種自食，到今屯種二十年了。他卻今年也動文書說無糧，明年也動文書說無糧，卻將官糧冒支入己。這三十八萬糧，都是百姓每血汗裡種出來的，他卻妄費用了，如何消受得，天災人禍必然到他身上。只為他有軍功上頭，且則發去雲南出征。若是再撒潑皮呵，你怕他逃得將去！」

第二個案例的主角，就是明朝開國大元勳開平王常遇春的兒子鄭國公常茂。

朱元璋恨恨地寫：「鄭國公常茂，他是開平王庶出的孩兒。年紀小時，因為他是功臣的兒子，朕撫卹他，讓他與諸王同處讀書，同處飲食，則望

第五章　朱元璋的治國手腕

他成人了,出來承襲。及至他長成,著承襲做鄭國公,他卻交結胡惟庸,討他母親封夫人的誥命,又奸宿軍婦,及奸父妾,多般不才。今年發他去征北,他又去搶馬、搶婦人,將來降人砍傷,幾乎誤事。他的罪過,說起來是人容他不得。眷戀開平王的緣故,且饒他性命,則發去廣西地面裡安置。這等人,你怕他長久得?」

最奇葩的是第五個案例。

案例的主角是平陽守禦千戶彭友文、謝成。

這兩個畜牲安排五百士兵出外築城,卻長達兩個月不發糧餉,致使餓死了一百多人。

朱元璋知道了這個消息,心如刀絞,先處斬了謝成,為了讓那剩下的四百軍士解氣,給他們每人發一支長槍,讓他們親手去捅彭友文。

結果,彭友文全身被捅得稀巴爛,大快人心。

朱元璋這樣寫:「為什麼要這般殺他?他既無仁心愛那小軍,我又如何把仁心愛他?若不殺他呵,那一百人餓死的,果實得何罪?」

案例十四中的主角是豹韜衛百戶王德甫、府軍前衛百戶王斌、羽林左衛百戶闞、鎮海衛百戶侯保、天策衛千戶陳安、錦衣衛百戶萬成等軍官,這些人,都有打死小兵的劣跡。案發後,朱元璋龍顏大怒,將他們一律處死。

朱元璋是這樣評價他們的:「做軍官的,務要撫卹得那小軍好。撫卹得呵,眾軍每感戴,神天也歡喜。這等有陰騭呵,明日必然會長遠,子孫出來也會長進。百戶王德甫等,他將小軍打死了,若是在陣上違了號令,便打死了也不妨,而今因些小事,都將他打死了。這等呵,如何不著他償命?」

……

朱元璋就這樣關心底層小兵的生活。

《明史》記載，洪武二十八年冬天，朱元璋曾安排燕、秦、晉、周等諸世子於某天清晨一起去檢閱軍隊。

燕世子朱高熾很晚才回來。

朱元璋問其原因。

朱高熾回答說，清晨太冷，我讓士兵們吃完早飯後再檢閱，所以回遲了。

就這麼簡簡單單的一句話，朱元璋一下子就被打動了。

真是個好孩子！

從此，朱元璋也特別留意對這個孫子的培養，還專門挑一些奏章給他分閱。

當然，當時朱元璋著力培養的接班人是已故懿文太子朱標的次子朱允炆。

不過，陰差陽錯，朱高熾後來當上了明朝第四任皇帝，施行仁政，成為歷史上著名的仁君，明仁宗。

功臣貪新厭舊，朱元璋怒而將之革職

朱元璋是中國歷史上極有個性的皇帝。他愛憎分明，疾惡如仇，眼裡不容沙子。

這種個性，和他的個人成長和傳奇經歷是分不開的。從一無所有的孤兒，華麗變身為富有四海的開國皇帝，這中間，嘗透了人世間的酸甜苦辣，見慣了人世間的生離死別。

因此，在看待問題時，就多了幾分執著，多了幾分情懷，多了幾分感恩。

第五章　朱元璋的治國手腕

撫州千戶張邦、董升是憑藉軍功升遷上來的武將，沒什麼大的問題，就愛貪小便宜。兩個趁職務之便，買了些鵝鴨圈養在城門邊，吩咐守門的士兵，但凡有挑米擔穀出入城門的，記得抓取一兩把來餵養。

這件事被朱元璋知曉，當場發作，命人革去兩人官職。

朱元璋還寫文痛斥道：「他在那裡如此害人，也不思量要長久，則是貪財潑做，卒至今日把職事弄壞了。有這等無知的愚夫！」

祥符衛指揮郭佑征戰雲南迴來，立了大功，看家裡的糟糠之妻曹氏不上眼，將之趕出家門，另外買來了一個年輕性感的小美人，收為正妻。

本來，古時男人的婚姻制度還是很寬鬆的，有錢有地位的男人娶個三妻四妾是天經地義的。郭佑有錢有地位，喜歡納妾都沒問題，但他把原配正妻曹氏趕走，朱元璋不忍了，暴跳如雷，立刻法辦郭佑，革去官職，貶去雲南。

朱元璋恨恨不已地說：「他乙末年娶的結髮夫妻，到今三十餘年，有兒有女了，且當初離亂時東奔西走，多少艱難，才過活得到而今。而今天下太平了，他做官享俸祿，正好夫妻每受快活，他卻將他孃兒每趕出了，一日止與他帶糠粟米八升，他二十六口人，如何過？這等無恩義的，也哪裡是個人！」

的確，在這一點上，朱元璋絕對有資格罵郭佑是畜牲。

朱元璋也有自己的糟糠之妻——馬氏。

但朱元璋和自己糟糠之妻馬氏的愛情，卻讓後人讚頌。

朱元璋崛起於社會最底層，馬氏也是出身於平民家庭。

兩人相識之初，朱元璋不過是起義軍中的一個小頭目，身無長物，其貌不揚；而馬氏也不過是一個寄居在別人家裡的孤女，不但相貌普通，而

且還有雙大腳。

但他們一經結識，便莫逆於心，相濡以沫，一直到白頭。馬氏的父親是個武松式的人物，一言不合，便用拳頭論理，傷了人命，遠走天涯，而把女兒託付給生死之交郭子興。

郭子興視馬氏如同己出，看好朱元璋是個人才，欣然將馬氏相許配。

朱元璋和馬氏結合，日子雖然清苦，但小兩口恩愛有加，羨煞旁人。

某次，朱元璋遭人陷害，被郭子興關了禁閉，三天三夜不供給食物。

馬氏急壞了，在廚房偷偷烙了幾張大餅，等不及餅冷卻，心急火燎地給丈夫送去。

哪料，剛出廚房，就與郭子興的夫人張氏撞個滿懷。

馬氏生怕義母張氏責怪，一把將燒餅揣入了自己懷中。

張氏不明就裡，拉著馬氏扯家常。

結果，熱氣騰騰的燒餅把馬氏燙得直掉眼淚。

好不容易敷衍過張氏，馬氏一溜煙跑到關朱元璋的屋裡，取出燒餅，胸口早給燙起了許多大大小小的泡。

朱元璋心疼得不行。

興許就是從那時起，朱元璋就發誓一生要對這個女人好。

往後的日子裡，馬氏隨著朱元璋征戰四方，飽嘗艱辛，也始終不離不棄。

朱元璋的軍隊遇上困難，馬氏必會挺身而出，動員義軍家屬，為將士們縫衣做鞋，以供軍需。

一旦前線作戰失利，人心浮動。馬氏也第一時間站出來，散發金帛，犒賞將士，穩定軍心，鼓舞士氣。

第五章　朱元璋的治國手腕

　　西元 1368 年正月，四十歲的朱元璋終於站到了人生的巔峰，祀天地於南郊，即皇帝位。

　　馬氏也成了富貴無比的皇后。但她依然保持以前的樸素本色，堅持照料朱元璋的飲食起居。有人勸她不必如此操勞，她說：「侍奉丈夫是我的分內事，不能推辭。」

　　馬皇后主張內侍不得兼任外臣文武官職，杜絕宦官亂政之弊，大力倡導節儉之風，建議不要大興土木。平時粗茶淡飯，衣服破舊了，也捨不得換新的，帶頭縫織衣服。朱元璋看在眼裡，感動在心裡。

　　某次，朱元璋對群臣感慨說：「皇后和我同起布衣，歷盡憂患。朕每每不能忘懷當年她不顧灼傷皮膚，為朕送來熱食。而當朕受到郭公的猜忌，幾乎被置於死地時，皇后更是為朕多方設法周旋，救我出危難。如果沒有皇后，我哪裡會有今天？朕怎麼敢因為現在富貴了而忘了以前貧賤時的妻子？」

　　這話傳到馬皇后耳中，馬皇后卻說：「妾聽說，夫婦相保易，而君臣相保難。陛下能夠不忘懷妾，更希望陛下始終不忘群臣百姓。」

　　可以說，馬皇后給了朱元璋無數的幫助，卻從未向朱元璋索取過什麼。

　　按照中國明史學會研究出來的結果，馬皇后一生無兒無女。但沒能為朱元璋產下一兒半女的馬皇后卻始終得到朱元璋的尊重和珍愛，原因就在這裡。

　　西元 1382 年，馬皇后病重，自料難治，堅拒醫生為自己醫治。揪心妻子病情的朱元璋一個勁地問：「為什麼？為什麼？」馬皇后的回答出人意料，卻動人心魄。她說：「生死有命，富貴在天，醫生只能醫病，不能醫命。若果讓醫生為我醫治，服藥無效，陛下就會降罪於醫生，這是我不

想看到的。」朱元璋聞言，淚如雨下。嚥氣前一刻，馬皇后的遺言是：「願陛下求賢納諫，有始有終，願子孫個個賢能，居民安居樂業，江山萬年不朽。」

胡大海之子是否被朱元璋所殺？

在古典英雄小說演義書裡，通常都會有一個粗魯莽直的黑將軍。如《三國演義》裡的張飛、《水滸傳》裡的李逵、《隋唐演義》裡的程咬金、《薛剛反唐》裡的薛葵、《說岳全傳》裡的牛皋、《忠烈楊家將》裡的孟良……

而在《大明英烈傳》裡，充當這一角色的人是胡大海。但是，真實的胡大海，遠非李逵、程咬金這類四肢發達、頭腦簡單的粗線條人物可比。

當然，胡大海是生得高大健碩，史稱「長身鐵面」，在跟隨朱元璋「取和州，下太平，平金陵，攻京口，拔毗陵」的過程中，「搴旗斬將，或操蠭弧以先登，前後屢建奇功」（語見宋濂〈越國公胡大海新廟碑〉），堪稱世間猛將。但其本質上是一個與岳飛、徐達相類的多謀善斷型的統帥級人才。在渡江占領南京後，在朱元璋應天派系「平定東南」的戰爭中，他已經成為主要的指揮者。

且說胡大海破宣城、拔徽州後，進取婺源，聽說元將楊完者領兵十萬回爭徽州，當即掉頭，日夜兼程以還，「橫槊而前，大呼殺入」，殺得元軍眾皆潰散「披靡而遁」。

胡大海和鄧愈、李文忠等人率軍攻略浙江，初克建德，鄧愈、李文忠兩人議攻浙東重鎮金華，胡大海偏著眼於蘭溪，稱：「只有先取蘭溪，才能進謀金華。」

第五章　朱元璋的治國手腕

的確，金華「通甌引越」，地理位置重要，元軍防守嚴密，根本不可輕取。

事後的策略態勢一如胡大海所料。他先行率軍奪取蘭溪，李文忠率軍從浦江迂迴，兩軍對金華進行夾擊，朱元璋又率常遇春等人親征，從正面展開攻打，最終才艱難拿下金華。

既得金華，則東面的諸暨、南面的麗水、西面的衢州，直至江西上饒一帶都很快納入朱元璋囊中。

這之後，胡大海作為朱元璋的「宿將重臣」鎮守金華，獨當一面。

陳友諒襲擊龍江時，胡大海向西攻打信州以牽巨敵。

信州斷糧，有人鼓動胡大海退兵，胡大海凜然答道：「此閩楚襟喉之地，可棄之乎？」想方設法，排除困難，扼城據守，彰顯出高瞻遠矚的目光。

可惜，就是這樣的一代名將，卻慘死於宵小奸人之手。

《明史》列傳第二十一之〈胡大海傳〉記：「初，嚴州既下，苗將蔣英、劉震、李福皆自桐廬來歸。大海喜其驍勇，留置麾下。至是，三人者謀作亂，晨入分省署，請大海觀弩於八詠樓。大海出，英遣其黨跪馬前，詐訴英過。大海未及答，反顧英。英出袖中槌擊大海，中腦仆地。並其子關住、郎中王愷皆遇害。」

胡大海不應該太過相信蔣英、劉震、李福等奸邪小人，以至於慘遭毒手。

和胡大海一同遇難的還有他的兒子胡關住，以及謀士王愷。

胡大海用兵，常常掛在嘴邊的一句話是：「吾武人，不知書，唯知三事而已：不殺人，不掠婦女，不焚毀廬舍。」

因為「不殺人，不掠婦女，不焚毀廬舍」，所以「軍行遠近爭附」，而當他的死訊傳出，「聞者無不流涕」。

然而，這位深得軍民愛戴的大將軍、大好人，卻橫死且絕後了。

胡大海之子是否被朱元璋所殺？

《明史‧胡大海傳》後面還補有一段：「初，太祖克婺州，禁釀酒。大海子首犯之。太祖怒，欲行法。時大海方征越，都事王愷請勿誅，以安大海心。太祖曰：『寧可使大海叛我，不可使我法不行。』竟手刃之。及關住覆被殺，大海遂無後。」

即胡大海只有兩個兒子，其中一個，違反了朱元璋釀酒禁令，被軍法嚴處了。而當跟隨胡大海鎮守金華的另一個兒子胡關住被殺後，則「大海遂無後」——胡大海絕後了。

不過，《明史》所記胡大海兒子違釀酒禁令被殺事件，疑點重重，讓人難以置信。

首先，結合上下文來看，胡大海兒子釀酒地點是在婺州，而「時大海方征越」——從這一點來說，是很不正常的。

要知道，朱元璋為了控制在外征戰的大將，嚴令所有將士的妻小父老都要住在應天，名為保護，實是挾以為人質。如果胡大海這個不安分的兒子是個小孩子，就應該在應天；如果是成年人，就應該和胡大海及哥哥胡關住一起到紹興作戰。

反正，他不應該出現在婺州。

首先，由於他違反的是禁釀令，不可能是小孩子，而是成年人；其次，假若他真的不喜歡打仗，眼看父親和哥哥奔赴前線殺敵，自己跑到婺州玩，但，為什麼偏偏要頂風作案，冒犯朱元璋的禁令釀酒？

而且，胡大海的謀士王愷不是每天都要追隨胡大海左右的嗎？怎麼也在婺州為胡大海的兒子說情了？

最可疑的是，胡大海當時的重要性不下於徐達、常遇春，其擁兵十幾萬，東打張士誠，西防陳友諒。如此重量級的人物，他的背向可以決定朱

第五章　朱元璋的治國手腕

元璋的成敗。

怎麼朱元璋一點都不顧及他的感受呢？

而從朱元璋的角度來說，胡大海只有兩個兒子，如果不殺這個違反禁酒令的兒子，則自己手中還掌握著一個人質，就算胡大海有異心，也不敢輕舉妄動；如果殺掉了這個違反禁酒令的兒子，不但給自己拉來了仇恨，也沒法羈絆胡大海了。

這種傻事，朱元璋真的會選擇做嗎？

奇怪的是，朱元璋殺掉了胡大海的這個兒子，謀士王愷之後就出現在了紹興前線，而胡大海對此事並無任何反應，仍然賣力如舊地打紹興，守甯越，敗呂珍，攻處州，搗信州，鎮金華……

太讓人詫異了。

當然，奇怪的事還在後面，《明史》明明寫胡大海已經絕後，但自稱是胡大海後裔者，世代不乏其人。

其中，作家張愛玲丈夫胡蘭成，就在其作品《今生今世》中寫「胡姓上代有……猛將明朝有胡大海」，自稱為胡大海的後人。

現在，煙臺龍口市境內還流傳有「胡大海寄母——胡德山潛龍——胡琛榮歸」祖孫三代一脈相承的故事。

胡氏族人龍口高王胡和屺姆島胡氏族人有一《胡氏祖譜》，該譜以唐天寶年間胡治為一世祖，胡大海為二十二世祖，傳承有序，至今已有四十八世。該譜記胡大海生有八男：長子德濟、次子德源、三子德清、四子德淮、五子繼成、六子德山、七子德水、八子德林，並附有一首讚詞：「吾族原籍鳳陽府，靖難兵起遷東土。……唯有吾祖德山公，相厥高王為安堵。」

胡大海之子是否被朱元璋所殺？

雲南宣威據說也有胡大海後裔，且有「宣威始遷祖」碑文為證，按「國有天朝兆，連慶文道昌，德本開先緒，家祥紹時光」的字輩譜傳承。另外，四川廣元、貴州畢節、江西吉安、雲南曲靖等地均分布有胡大海後裔。

從世間各地仍有胡大海後裔的現象看，很可能「朱元璋殺胡大海之子」是一則歷史謠言。

不過，話說回來，胡氏族人龍口高王胡和岠姆島胡氏族人的《胡氏祖譜》記胡大海生有胡德濟等八個兒子是不對的。

胡德濟的爹娘是一共生有八個兒子，但胡德濟的爹並不是胡大海！《明史·胡大海傳》附有胡德濟小傳，該小傳第一句為：「養子德濟，字世美，不知何許人。」

即胡德濟只是胡大海的養子。

胡德濟能征慣戰，能力不遜胡大海。胡大海被害時，胡德濟在外用兵，後隨李文忠一起奪回金華。朱元璋曾對李文忠說：「胡德濟之量，汝不及也。」

胡德濟屢立戰功，又御眾有方，朱元璋擢其為「浙江省右丞，賜駿馬，未幾，改左丞，移鎮杭州。……復以為都指揮史，鎮陝西」，後老死於任所。

如果胡氏族人龍口高王胡和岠姆島胡氏族人的《胡氏祖譜》所記先祖為胡德濟八兄弟，那麼胡德濟八兄弟之前，包括胡大海在內的前面二十代先祖全都弄錯了。

第五章　朱元璋的治國手腕

朱郭子興子嗣的命運：皇帝岳父的真相

《明史》稱：「元之末季，群雄蜂起。子興據有濠州，地偏勢弱。然有明基業，實肇於滁陽一旅。」

即大明江山，肇始於郭子興。

朱元璋初以布衣投身元末起義軍洪流，能夠在軍中脫穎而出，興起壯大，全賴濠州豪帥郭子興慧眼識英雄，不但授予兵權，還許配以義女馬秀英。

可以說，郭子興不但是朱元璋的老上司，還是伯樂、岳父，更是將其扶上戰馬，送了一程又送一程的人。

因此，朱元璋得了江山，統一了宇內，不忘追封郭子興為王——滁陽王。

《明太祖實錄》卷四十九記載，洪武三年二月，追封故元帥郭子興為滁陽王，妻張氏為滁陽王夫人。立廟滁州，仍繪其三子從祀。凡生卒之日及節序，皆命有司致祭。

《明太祖實錄》卷一百三十九又記，「（洪武十四年九月）壬辰，詔建滁陽王廟於滁州。」即下旨重建郭子興廟。

「洪武十五年秋，詔守滁陽千百戶等，免徵田租者二十員，名永供時祀，其宥氏首率而祀之。」即將郭子興滁陽王廟祭祀活動制度化，命以王傑為首的千百戶十七家承擔祭品供給、以宥氏為首的千百戶三家負責看廟。

這是郭子興滁陽王廟祭祀活動制度化的開始。

洪武十六年十一月初七，朱元璋「親藁滁陽王事實」，並召太常司丞

張來儀撰寫碑文。《明太祖實錄》卷一百六十三又記,洪武十七年三月立碑王廟,同年七月「詔建滁陽王墳、享堂」。

由於朱元璋後來又娶了郭子興的幼女為妃,是為郭惠妃,生有蜀王朱椿、代王朱桂、谷王朱穗、永嘉公主以及汝陽公主。所以,在洪武初期,滁陽王廟的重要祭祀活動都是「以蜀王主祀」。

而根據《明武宗實錄》卷一百二所記,「蜀王之國,掌滁之衛事者主焉」,即蜀王去成都就國後,滁陽王廟的重要祭祀活動就交由地方官主祀了,而滁陽王廟的奉祀一直都由宥氏主持。

種種跡象表明,朱元璋是一個知恩圖報的人,對郭子興為自己鋪設的一切功績,都感念於心。

但是,史學界也存在另一種主流觀點:朱元璋建國後對郭子興追封、建廟、祭祀等,全是惺惺作態。實際上,朱元璋對郭子興以及郭子興的兒子,都是心存忌恨的,郭子興病死後不久,朱元璋就舉起屠刀,把郭子興的兒子全部趕盡殺絕了。

那麼,郭子興有多少個兒子呢?

由於〈敕賜滁陽王廟碑〉有「夫人張氏,生三子,長戰歿,次為降人所陷,幼與群小陰謀伏罪」之語,史學家普遍認為是三個。

〈敕賜滁陽王廟碑〉對郭子興這三個兒子的結局也作了交代,長子在戰場上犧牲,次子被詐降人士殺害,幼子與不法之徒謀反被誅。

據明嘉靖年間史學家鄭曉考證,郭子興這三個兒子的小名分別叫郭大舍、郭二舍和郭三舍。郭大舍的大名已不可考,郭二舍的大名叫郭天敘,郭三舍的大名叫郭天爵。

鄭曉的《吾學編》中說:「或曰:大舍、二舍、三舍皆戰歿,或曰:沉

第五章　朱元璋的治國手腕

諸和州江中。」即有人說，他們都是在戰場上戰死的，也有人說是被人沉入和州江中淹死了。

是誰淹死的呢？

《吾學編》還記載了一段極富戲劇色彩的故事：「長二子忌上英武得眾心，兵勢日盛，為毒酒召上，家人洩語上。上見二子果來召，大喜，並馬行去，至半途，上忽躍起，跪馬上，仰天，若聽語言，已又頓首伏馬上，頃之勒馬罵二子：『豎奴，乃欲毒我耶？！』二子曰：『安有是？』上曰：『適天神云云。』二子駭汗洽背。下馬伏地，曰：『安敢有是？』上意馳馬歸，自是不復至子興所，遂積嫌隙。」

即郭子興的兒子對朱元璋是這樣忌恨，則淹死他們的就是朱元璋無疑了。

但是，鄭曉的考證明顯與〈敕賜滁陽王廟碑〉不符，今人不採。

同樣是明嘉靖年間的史學家，王世貞對郭子興三個兒子的歸宿作了解答：「其長者與天佑（郭子興的妻弟張天佑）從攻集慶路戰死，次子陷於賊死。少者以失職，謀不利死。或曰：此皆高帝意也。」

表面上看，王世貞的解答與〈敕賜滁陽王廟碑〉差不多，但妙的是最末一句「此皆高帝意也」──即郭子興三個兒子都是被朱元璋謀害死的。

清初萬斯同撰《明史》，記述得更詳細，也更露骨：「天敘（次子）、天佑引兵攻集慶，陳兆先叛，俱被殺。宋（小明王政權）復以天爵（第三子）為中書右丞。已而，太祖為中書政事。天爵稍失職怨望久之。謀不利。誅死。子興後遂絕。」

一句「子興後遂絕」，成了現在眾多史家的共識。

郭子興真是絕後了嗎？

這得從郭子興是否只有三個兒子說起。

〈敕賜滁陽王廟碑〉說「夫人張氏,生三子」,注意,鄭曉所考證出來的是郭大舍、郭二舍、郭三舍,只是郭子興夫人張氏生的三個兒子。

大家不可忘了,郭子興並非只有張氏一個夫人。

鄭曉還考證出:「(郭子興)又次李夫人生郭老舍。洪武四年旨云:『說與郭老舍。再三留你不住,實要回鄉守祖,你舊有二所莊田,我就賜與你耕種。』教戶部開除糧草。」

即郭子興的小妾李夫人還生有一個兒子,是郭子興的第四子,名叫郭老舍。朱元璋本想留郭老舍做官,但「再三留你不住,實要回鄉守祖」,只好賜他還鄉耕種了。

明萬曆年間的史學家何喬遠在《名山藏》中更詳細記載了郭老舍辭官過程,稱:「而季子老舍尚在,召欲官之,高後謂老舍曰:『皇帝法所不可無親,今官爾,爾勝官乎?』老舍悟。入見。帝曰:『官爾!』老舍頓首曰:『陛下官臣,則與臣百品。』帝曰:『是何官也?』大陳文武臣民冠,恣取之。冠有棕頂帽,帽百目,老舍俯取曰:『是也。』帝曰:『其學於成均於?』老舍曰:『不也!臣請得冠,是冠障蔽風日,耕於瘠鹵之岡。』帝曰:『善。』即日賜牛一頭,馬十二蹄。送歸山中,復其家。」

如果說,郭子興真有第四子郭老舍,為什麼洪武十四年郭子興滁陽王廟祭祀活動制度化時,朱元璋命令宥氏為首的千百戶三家負責看廟,而不把這一任務交給郭老舍呢?

原來,郭老舍回鄉後,於洪武十一年被人騙到了貴州一個黑窯裡打黑工。

而在郭老舍失蹤期間,朱元璋召太常司丞張來儀撰寫了碑文,令郭子

第五章　朱元璋的治國手腕

興的鄰居宥氏首率而祀之。

等朝廷為郭子興封王、建廟、定廟祀、立碑、建墳與享堂等一系列程式都已經完成，郭老舍才被解救回到家鄉，當時已經是洪武二十八年了。

《名山藏》記：「洪武十六年十一月，太祖面諭太常丞張來儀為子興廟碑，碑言王無後。二十八年，太祖令旗手衛官李忠召老舍於黑窯廠。入四川候蜀王。蜀王母，子興女，所謂郭惠妃也。」

而嘉靖《定遠縣誌》中〈蜀王賜展親之記〉也有佐證：「前輩尊長必當盡心孝順……如此乃可以保其家世，而我外祖先王亦將垂佑於無窮……付外氏郭、馬二家兄弟。」由此可知，郭氏並未絕後。

這裡補充一下，王世貞認為這個郭老舍只是郭子興鄉中同族人，而不可能是郭子興的幼子，他說：「而所謂郭老舍者，必滁陽王之族年少長者也。若其幼子，則在洪武四年時當尚少，而何以曰老舍？使果滁陽王子，是不胙茅土之封，必寵金罍之賜矣，寧能晏然而已乎？」理由有兩個：

一、郭老舍的名字中有「老」字，怎麼可能是郭子興的幼子？

二、如果是郭子興的幼子，應有封賞，不可能如此默默無聞。

王世貞的質疑依據不過如此，然於嘉靖《定遠縣誌》中卻又記載，「郭老舍，洪武中，朝遷以滁陽王故，賜第宅、田地、鈔錠、孳牧草場，永復其家。至今，子孫藩衍，鄉人稱為郭皇親云。」又有「郭老舍墓，縣西三里。」

《明孝宗實錄》卷七十四又記，弘治六年四月「戊戌，賜郭琥冠帶，令奉滁陽王祀事。琥，滁陽王子興之後也。」

綜上所述，滁陽王郭子興並未絕後，其子孫生生不息，開枝散葉，分布於安徽、貴州、四川和重慶等地。

明初的活人殉葬：是朱元璋的刻意安排嗎？

用活人殉葬，是一種慘無人道且殘酷血腥的制度。從考古發現看，中國的殉葬制度，在殷商時期就存在了。商人敬奉鬼神，堅信人死以後，靈魂會生活在另一個世界裡，葬禮就按照「事死如事生，事亡如事存」的原則辦理。奴隸是奴隸主貴族的私有財產，即奴隸主貴族死後，都用奴隸為之殉葬，以供其在「另一個世界裡」奴役驅使。

商以後，周、春秋、戰國、秦朝都沿襲了用活人殉葬的惡俗。

《墨子‧節葬》篇說：「天子殺殉，多者數百，寡者數十；將軍大夫殺殉，多者數十，寡者數人。」

《史記‧秦本紀》中也詳細記載了秦國國君秦武公、秦穆公、秦景公等人用活人殉葬的數目。令人喟嘆的是，秦穆公的殉葬人員名單中，竟出現了「三良臣」奄息、仲行、針虎。

雖然《史記‧秦本紀》說：「獻西元年，止從死。」即從秦獻公始，秦國就廢除了人殉制度。但後面又記，秦始皇死後，秦二世下詔令說：「先帝後宮非有子者，出焉不宜，皆令從死。」嚴令後宮嬪妃未生子女者一律殉葬。甚至，秦始皇下葬時，又發生了活埋陵墓大批工匠的慘劇，使得為秦始皇殉葬者人數之多，為歷史所罕見。

漢高祖劉邦覺得殉葬制度太過殘忍，極為不人道，所以將殉葬制度廢除。他的這種舉動引來很多百姓的敬仰。

舊本題漢班固撰的《漢武故事》記載有皇帝死後嬪妃守陵之事：「常所幸御，葬畢悉居茂陵。」

但這只是守陵，而非殉葬。

183

第五章　朱元璋的治國手腕

漢、唐兩朝皇陵多採用讓皇親國戚和達官顯宦死後在皇陵附近陪葬的制度，並非活人殉葬制度。

可以說，活人殉葬制度是一個原始、蒙昧、毫無人道的野蠻制度。

契丹、党項、女真、蒙古等游牧民族相對原始，均有人殉的傳統，隨著他們先後入主中原，使中原人殉再度興起。

《明朝小史》卷三記，明太祖死後「伺寢宮人盡數殉葬」，為他伺寢的四十餘名妃嬪全部陪葬（其中有兩個幸運死在太祖之前，得以埋在太祖陵墓的東西兩側外，其餘三十八人都是殉葬而死）。

其後，明成祖的長陵也有妃嬪從殉。《朝鮮李朝世宗實錄》載：「帝之崩，宮人殉葬者三十餘人。」

這三十餘人的死法非常悲慘，《朝鮮李朝世宗實錄》用簡短的文字鮮活地描繪出一幅陰森冷酷的畫面；當死之日，先讓她們在殿外用餐，吃完後帶到殿內，殿內放了三十多張大小木床。這些即將陪葬的妃嬪被趕上木床，頭鑽入上方早已經結套備好的繩子，一時間，哭聲震殿閣，等木床移去，哭聲始絕。

這三十餘人中，有兩個是朝鮮進獻的女子，一為韓氏，一為崔氏。

韓氏被帶入內殿前，曾跪倒在前來「辭訣」的明仁宗面前，聲嘶力竭，哀求仁宗放自己回國奉養老母親。明仁宗不為所動。最終她只能和其他人一起被送上了黃泉路。

韓氏被押上小木床，她的乳母金黑就在一旁含淚目送，韓氏回頭痛呼：「娘，吾去！娘，吾去！」話還沒說完，腳下的小木床被移走，她的頸脖被勒緊，很快吐舌氣絕而亡。

明仁宗死時，殉葬的妃嬪數量少了一些，但仍有五個。

明宣宗死時,也有十個。

其中有一個名叫郭愛的宮女,入宮不足一月,當她被告知列為殉葬之人後,悲憤填膺,寫絕命詩云:

修短有數兮,不足較也;

生而如夢兮,死則覺也;

失吾親而歸兮,慚餘之不孝也;

心悽悽而不能已兮,是則可悼也。

至於明代宗死後,史書上僅記載「諸妃嬪唐氏等」殉葬。明初五個皇帝的殉葬嬪妃總數加起來在一百人左右,這是一個很恐怖的數字。

明宣宗朱瞻基的長子明英宗朱祁鎮,經歷過被瓦剌人擄去的「土木之變」,受過很大的磨難。他兩次當皇帝,一次當太上皇。代宗去世時,也是他安排了給代宗殉葬的嬪妃,當時還沒有要取消殉葬的意思。但到他快要死了,他卻做出了取消殉葬制度的決定,下詔稱「殉葬非古禮,仁者所不忍,眾妃不要殉葬」,並要求「此言俱要遵行,毋違」。

英宗的繼任者憲宗皇帝在臨終前也再一次強調不要殉葬,以表達對先帝決定的尊重。

這麼一來,明朝的人殉制度終於畫上了句號,此後至明亡,諸帝的後宮妃嬪,未有從殉者。

史家們因此大讚英宗「盛德之事可法後世者」。

至於清朝努爾哈赤、皇太極等人再次興起人殉陋習,那是另一回事了。

這裡有一個問題,中原王朝自漢唐以後已經廢除了人殉制度,明初又重新興起,按照明沈長卿《沈氏日旦》的說法是:「嬪御殉葬,夷俗也。國初猶仍胡元遺風,至英廟始禁著為令。」即明朝的人殉制度是沿襲元朝

第五章　朱元璋的治國手腕

來的。但自古以來，都是「夷習華夏」居多，對於人殉這種倒行逆施的惡習，明初統治者怎麼又反倒向蒙元學習起來了呢？

有人說，殉葬的死灰復燃，受契丹、党項、女真、蒙古等游牧民族人殉傳統的影響是一方面；另一方面，也是程朱理學過於強調忠孝節烈的結果。

理學要求每個人都做聖人，都遵守忠孝節烈的道德規範。明太祖朱元璋的葬禮是建文帝主持的；明成祖的葬禮是明仁宗主持的；明仁宗的葬禮是明宣宗主持的；明宣宗的葬禮是明英宗親政前由「三楊」主持的。

建文帝、仁宗、宣宗自小受文官影響很深，被文官們稱為仁孝賢君，他們搞出了殉葬惡行；而被文官們指責為殘暴的明太祖和明成祖其實未搞施行殉葬，所以，罪魁禍首就在於理學的興起。

仔細一想，這種說法有些道理。

要知道，明太祖朱元璋出身於田畝，登位後專注於民生，興辦了許多民生工程，人殉惡政似乎不應該是由他推行起來的。

事實上，也沒有任何史料可以表明，以宮妃三十八人殉葬是朱元璋本人生前就已做好的決定。

但是，我們從朱元璋制定下的《祖訓》以及其一手設計的種種嚴密制度來看，多少可以看出些端倪。

朱元璋此人，極其重視對歷代王朝治亂興衰經驗教訓的總結。

鑒於出現漢唐女寵、宦官、外戚亂政的血淋淋教訓，朱元璋對後妃採取了鐫鐵牌、立祖訓、嚴教育等一系列措施，以防患於未然，史稱「明太祖鑑前代女禍，立綱陳紀，首嚴內教」。

洪武元年（西元 1368 年），朱元璋即命儒臣修女誡，稱：「治天下者，

正家為先。正家之道,始於謹夫婦。」

在朱元璋看來,後妃們的職責就是生兒育女、侍奉皇帝和處理後宮事務等,絕不能問宮外之事和參與朝政。朱元璋也因此對於後妃的身世、人數、品級等都做出了制度上的規定。

太子朱標意外早逝,朱元璋晚年對年幼的皇孫朱允炆表現出了諸多的擔心,從而殫精竭慮地為自己的身後事周密地安排。

所以,我們有理由相信,明太祖朱元璋就是明朝恢復人殉惡制的始作俑者!

其後的明成祖、仁宗、宣宗等人的葬禮,不過是一句「一如太祖舊制」的行為而已。

第五章　朱元璋的治國手腕

第六章
靖難風雲錄

第六章　靖難風雲錄

建文帝是否說過「毋使負殺叔父名」的蠢話？

話說，朱元璋在元末亂世削平群雄，建立了以他為首的大明王朝後，經過一番勞心勞力的治國，深感創業難、守業更難。

他透過總結歷史上統治者亡國絕祀的沉痛教訓，決定封諸子為王，分鎮諸國。

朱元璋認為，只有這樣，才能本固枝榮，從而確保朱明王朝君臨萬代。

洪武三年四月，朱元璋在分封第二子至第十子為親王時，手舞足蹈地對朝廷大臣說：「先王封建所以庇民，周行之而久遠，秦廢之而速亡。漢、晉以來，莫不皆然。」

朱元璋認為，周朝之所以可以延續八百年，就是因為實行了分封建土制度；而秦朝之所以二世而亡，就是由於沒有實行這一制度。而且，漢、晉以來，各朝各代的敗亡都是這個原因。朱元璋似乎忘了，漢高祖劉邦是實施過封建諸藩制度的，後來就發生了歷史上有名的「七國之亂」；與之相類，西晉也發生了「八王之亂」。

朱元璋只顧著沾沾自喜於自己這一想法，眉飛色舞地說：「朕封諸子頗殊古道，內設武臣，蓋欲藩屏國家，備悔禦邊，閒中助王，使知時務。所以出則為將，入則為相。」還一再強調：「為長久之計，莫過於此。」

為了實現諸藩拱衛中央的目的，朱元璋在各王府中設立相府，任命了文相、武相、文付、武付。武相和武付多派宿將充任，如華雲龍為燕府武相，耿炳文為秦府武相，汪興祖為晉府武付，吳禎為吳府武付。

有了將，還需有兵。朱元璋詔令：「凡王國有守鎮兵，有護衛兵。其守鎮兵有常選指揮掌之。其護衛兵從王調遣。如本國是險要之地，遇有警

急,其守鎮兵、護衛兵並從王調遣。」規定親王護衛指揮使司,每王府設三護衛,約為一萬六千多人。另外還有權節制封國內的守鎮兵。

這樣設立還不夠,朱元璋還有刻意安排王府官兼任地方高級職務,如鄭九成為秦府左相兼陝西行省參政,汪河為晉府左相兼山西行省參政,等等;即親王有權過問所封國內的重大事務。

洪武三年,汪河赴任晉府左相兼山西行省參政時,好友蘇伯衡寫〈送晉王相汪君序〉相贈,文中這樣慨嘆:「矧今晉王所賜履表裡山河,乃堯之故都,叔虞之舊封,韓趙魏之全壤,地大且要,保王躬而制外閫。」

想想看,單以一晉王論,其已占盡了戰國時韓、趙、魏三國之全壤;諸王的權勢加在一起,豈不會導致強枝弱幹之勢?!

有大臣覺察出了其中的危險,不斷提醒朱元璋。

其中,洪武九年,山西平遙訓導葉伯巨上萬言書,說:「國家裂土分封,使諸王各有分地,以樹藩屏,以復古制,蓋懲宋元之孤立、宗室不競之弊也。然而秦、晉、燕、齊、梁、楚、吳、蜀諸國各盡其地而封之,都城宮室之制廣狹大小,亞於天子之都,賜之以甲兵衛士之盛。臣恐數世之後,尾大不掉。」

的確,親王典兵當然可以預防外姓利用掌握軍權反叛朝廷,但諸王兵權過大也可能導致皇室內部鬥爭的加劇。

但朱元璋卻嘴硬,說:「此離間吾骨肉!」直接把葉伯巨逮捕下獄。為了規避葉伯巨所說的「尾大不掉」之事發生,朱元璋費盡心機,在《皇明祖訓》裡對諸王進行苦口婆心的規勸,說:「凡自古親王居國,其樂過於天子。何以見之?冠服、宮室、車馬、儀仗亞於天子,而自奉豐厚,政務亦簡。若能謹守藩輔之禮,不作非為,樂莫大焉。至如天子總攬萬機,晚

第六章　靖難風雲錄

眠早起，勞心焦思，唯憂天下之難治。此親王所以樂於天子也。」緊接著又說：「凡古王侯，妄窺大位者，無不自取滅亡。或連及朝廷俱廢。蓋王與天子本是至親，或因自不守分，或因奸人異謀，自家不和，外人窺覬，英雄乘此得志，所以傾朝廷而累身已也。若朝廷之失，固有此禍；若王之失，亦有此禍。當各守祖宗成法勿失親親之義。」

朱元璋說這番話的主要目的就是：當皇帝是一門苦差使，沒什麼好的；當藩王才真正是人間至樂，大家應該好好珍惜，恪守本分。

當皇帝沒什麼好的？朱元璋還真當已經就藩的諸子是三歲孩童來哄了。

不過，當時還有他在，局面還鎮得住，等他一走，各藩王就要亂翻天了。

洪武三十一年，朱元璋撒手塵寰，駕鶴西去。

繼位的建文帝驚恐地發現，諸王尾大不掉之勢已然成形。

為此，建文帝不得不手忙腳亂地實行削藩。

按說，削藩就削藩，但絕不能操之過急，而是要用溫水煮青蛙的手法徐徐圖之。

高巍曾向建文帝獻計，說：「高皇帝分封諸王，此之古制。既皆過當，諸王又率多驕逸不法，違犯朝制。不削，朝廷綱紀不立；削之，則傷親親之恩。賈誼曰：『欲天下治安，莫如眾建諸侯而少其力。』今盍師其意，勿行晁錯削奪之謀，而效主父偃推恩之策。在北諸王，子弟分封於南；在南，子弟分封於北。如此則藩王之權，不削而自削矣。臣又願益隆親親之禮，歲時伏臘使人饋問。賢者下詔褒賞之。驕逸不法者，初犯容之，再犯赦之，三犯不改，則告太廟廢處之。豈有不順服者哉！」但是，建文帝竟不能用，而是採取鐵腕作風，雷厲風行。建文帝為什麼可以如此肆無忌憚呢？

建文帝是否說過「毋使負殺叔父名」的蠢話？

《明史・黃子澄傳》可以為我們提供一個答案。惠帝為皇太孫時，嘗坐東角門謂子澄曰：「諸王尊屬擁重兵，多不法，奈何？」對曰：「諸王護衛兵，才足自守。倘有變，臨以六師，其誰能支？漢七國非不強，卒底亡滅。大小強弱勢不同，而順逆之理異也。」太孫是其言。

所以，建文帝即位後不久，就以太祖遺詔的名義宣布「王國所在文武吏士聽朝廷節制，唯護衛官軍聽王」。

該年「八月，周王橚有罪，廢為庶人，徙雲南」、「冬十一月，工部侍郎張籨為北平布政使，謝貴、張信掌北平都指揮使司，察燕陰事。」

次年（建文元年）二月斷然下令：「親王不得節制文武吏士。」、「夏四月，湘王柏自焚死。齊王榑、代王桂有罪，廢為庶人。」、「六月，岷王楩有罪，廢為庶人，徙漳州。」

特別補充一下，建文帝流放了四個皇叔，逼死了一個皇叔，看著這五個皇父逆來順受，聽憑擺布，他卻全無一點憐憫。甚至，湘王朱柏全家自焚明志，他還賜給這位叔父一個諡號「戾」，足見其心堅如鐵，與史書所稱的「仁慈」完全不符。

七月，建文帝「詔讓燕王棣，逮王府官僚」，終於迫得燕王朱棣舉兵相抗。

建文帝的表現也相當乾淨俐落，馬上祭告天地宗廟社稷，削燕王屬籍，派安陸侯吳傑，江陰侯吳高，都督耿瓛，都指揮盛庸、潘忠、楊松、顧成、徐凱、李友、陳暉、平安等人率數十萬大軍分道並進，氣勢洶洶，直撲北平。

如此殺伐幹練的建文帝，為何會有「仁慈」之名呢？

主要得益於《明史》裡的兩條記載。

一條來自〈黃子澄傳〉，文中說：「明日又入言曰，『今所慮者獨燕王

第六章　靖難風雲錄

耳,宜因其稱病襲之。』帝猶豫曰,『朕即位未久,連黜諸王,若又削燕,何以自解於天下?』」

另一條來自〈恭閔帝本紀〉,文中說:「王以十餘騎逼庸營野宿,及明起視,已在圍中。乃從容引馬,鳴角穿營而去。諸將以天子有詔,毋使負殺叔父名,倉卒相顧愕眙,不敢發一矢。」

〈黃子澄傳〉條的記載突如其來,讓人手足無措。建文帝處理周王、湘王、齊王、代王、岷王手腳麻利,血腥殘忍,怎麼輪到處理燕王時,卻躊躇猶豫起來了?沒頭沒腦地來了一句「若又削燕,何以自解於天下」,讓人難以置信。

更加讓人難以置信的是,中央軍與叛軍交戰,中央軍自士兵到將領,都以「天子有詔,毋使負殺叔父名」,不敢傷燕王朱棣一根毫毛。

人們也因此將朱棣贏得天下的原因歸結於「毋使負殺叔父名」這句話,感嘆無限地說:建文帝,真是太仁慈了!

試想看看,因為這所謂的「仁慈」,致使兵禍連年,在三年的戰亂裡,雙方戰死士卒高達幾十萬人,「淮以北鞠為茂草」,這是「仁慈」嗎?

還有,因為這所謂的「仁慈」,致使江山易主,建文帝自己生死不明、下落成謎,這又是「仁慈」嗎?

我總覺得,朱元璋是把就藩諸王當成小孩子哄,說「當皇帝不如當藩王好」;而《明史》是把讀者當成小孩子哄,說建文帝因「毋使負殺叔父名」而失天下。

話說回來,「毋使負殺叔父名」這一句「名言」,並非《明史》的胡編亂造,其在明朝官方修訂的《明神宗實錄》中也出現過,明朝不少人也對此產生過質疑。

崇禎年間的朱國禎曾指出，在白河溝之戰中，朱棣被猛將平安追殺得極其狼狽，在走投無路之際，平安的戰馬馬失前蹄，他這才僥倖逃了一命。後來朱棣登基，和平安聊起前事，問：「前日之戰，汝馬不蹶，其殺我乎？」平安據實回答：「殺之。」

另外，鎮守濟南城的鐵炫假裝向朱棣投降，準備在朱棣進城的時候，用千斤鐵閘將之砸死。只不過，此計實施時，控制機關的人時機沒抓好，僅砸中朱棣的馬頭而已。

還有，朱棣在靖難之役勝利後，曾效仿唐太宗表彰「昭陵六駿」的做法，命畫師給自己曾乘坐過的戰馬畫像，有〈四駿圖〉、〈八駿圖〉，畫像上有記錄：「其一曰龍駒，鄭村壩大戰，胸膛著一箭，都指揮醜醜拔箭；其二曰赤兔，白溝河大戰，胸膛著一箭，都指揮亞失帖木拔箭；三曰棗騮，小河大戰，胸膛一箭，後兩曲池一箭，安順侯脫火赤拔箭；四曰黃馬，靈璧縣大戰，後曲池著一箭，指揮雞兒拔箭……」

刀槍、弓箭都是不長眼睛的，朱棣沒死在戰陣，實賴其命大，而非建文帝的「毋使負殺叔父名」啊。

建文帝之死：靖難之役的最大謎團

建文帝朱允炆是明太祖朱元璋之孫，其父朱標是朱元璋的長子，並很早就被立為太子。朱標短命，中年早逝。朱元璋按封建禮法之傳統，立朱允炆為皇太孫，為帝國繼承人。

洪武三十一年，朱元璋駕崩，二十一歲的朱允炆繼位，建年號為「建文」，史稱「建文帝」。

第六章　靖難風雲錄

建文政權存在時間僅有四年，即被他的四叔燕王朱棣發起靖難之役推翻。

關於建文帝的下落，《明太宗實錄》是這樣記載的：「上（指明太宗朱棣）望見宮中煙起，急遣中使往救。至已不及。中使出其屍於火，還白上。上哭曰：『果然若是痴耶？吾來為扶翼爾為善，爾竟不諒，而遽至此乎？』……壬申，備禮葬建文君。遣官致祭，輟朝三日。」

也就是說，靖難之役接近尾聲，朱棣大軍入南京城，建文帝心生絕望，效仿殷商亡國之君紂王，登樓自焚身亡。

《明太宗實錄》的記載還無比生動傳神：當時，朱棣遙望皇宮中濃煙大起，情知不好，慌忙派遣太監前往救火。但一切都於事無補了，大火撲滅，太監把建文帝從火中背出，建文帝卻已成了一具焦屍。朱棣望焦屍失聲痛哭：「真是個傻孩子啊，你四叔我是來扶助你學好做好的，你卻不明白你四叔我的一片苦心，竟然做出這等傻事！」

改日，以大禮埋葬了建文帝，並停朝不視事，致哀三日。

儘管《明太宗實錄》上的記錄言之鑿鑿，但民間卻悄然流傳著建文帝各種下落的傳說。

以至於三百多年後清朝人編修的《明史》，對於建文帝的結局，雖然只是一語帶過，卻包含了三種猜測。原文寫：「都城陷，宮中火起，帝不知所終。燕王遣中使出帝後屍於火中，越八日壬申葬之。或云帝由地道出亡。」

如此看來，第一種結局是，帝不知所終；第二種結局是，焚死；第三種結局是，由地道出亡。

看得出，《明史》的編修者是不大相信《明太宗實錄》上的記錄的，所以把《明太宗實錄》上的「焚死」之說列在了第二。

建文帝之死：靖難之役的最大謎團

的確，看《明太宗實錄》記朱棣進城的過程，就滿滿的阿諛讚美之詞，一看而知其偽。

且看它是這樣寫的：「上遂按兵而入，城中軍民皆具香花夾道迎拜，將士入城肅然，秋毫無犯，市不易肆，民皆安堵。」

對於這頌揚之語，清代史學家夏燮實在看不過眼，在著《明通鑑》時，加了寥寥幾筆：「而是時谷王橞、李景隆已開門納京師、（徐）輝祖等力戰，敗績。」揭露朱棣進城，並非城中軍民夾道叩拜歡迎，而是經過了一番激烈的戰鬥。

所以，對於《明太宗實錄》中咬定的建文帝「闔宮自焚」，絕大多數史學家不以為然。

明末史學家談遷在《國榷》中直言《明太宗實錄》此條記錄不實，其論點為：「建文帝而在，長陵（指朱棣）何以置之？曰：不有生金之賜，即一力士任耳。欲終為濠梁布衣而不可得也。然則周公輔成王義何居？曰：其弟與子之不免，況其身乎？高皇帝諡元主為順，而廟其世祖，不忍以孫俘而歸之。

嗚呼！高皇帝之厚，勿可及也！僅一傳，金陵故老無能指建文帝葬處，非其跡易湮也。史牒禪代沿例久矣，孟氏所以不盡信書也。」

如果按照《明太宗實錄》上說的，朱棣真的對建文帝「祭葬仍天子」，但明末「金陵故老無能指建文帝葬處」，說明當年朱棣所安葬的屍體絕不是建文帝本人，朱棣安葬時用天子禮，不過是掩人耳目，而朱棣明知墓內安葬的不是建文帝，時間一長，也忘了交代相關部門按時維護，長此以往，該墓便淹沒無聞了。建文帝既然沒有死於那一場大火，那麼，他的真正下落如何，也就成為了明初第一謎案。

第六章　靖難風雲錄

妖僧的功與過：撥亂天下的毀譽兩面

　　《水滸傳》裡寫潘巧雲與妖僧裴如海偷情一段，對心懷不軌的和尚有過一段絕妙的揶揄和反諷。

　　它是這樣寫的：「但凡世上的人，唯有和尚色情最緊，為何說這句話？且如俗人、出家人，都是一般父精母血所生，緣何見得和尚家色情最緊？唯有和尚家第一閒。一日三餐，吃了檀越施主的好齋好供，住了那高堂大殿僧房，又無俗事所煩，房裡好床好鋪睡著，沒得尋思，只是想著此一件事。譬如說有一個財主家，雖然十相俱足，一日有多少閒事惱心，夜間又被錢物掛念，到三更二更才睡，總有嬌妻美妾同床共枕，那得情趣？又有那一等小百姓們，一日價辛辛苦苦掙扎，早晨巴不到晚，起的是五更，睡的是半夜。到晚來，未上床，先去摸一摸米甕看，到底沒顆米，明日又無錢，總然妻子有些顏色，也無些什麼意興。因此上述與這和尚們一心閒靜，專一理會這等勾當。那時古人評論到此去處，說這和尚們真個利害，因此蘇東坡學士道：『不禿不毒，不毒不禿，轉禿轉毒，轉毒轉禿。』和尚們還有四句俗語，道是：『一個字便是僧，兩個字是和尚，三個字鬼樂官，四字色中餓鬼。』」

　　書中所引蘇東坡所說的「不禿不毒」，原是蘇東坡對佛印和尚的惡作劇，後面那一句「一個字便是僧」卻是原創。

　　按照《水滸傳》這麼分析，那些雖然身遁空門，卻心術不正的和尚，往往就是社會不安定因素的一部分。

　　說到底，騙吃騙喝、騙財騙色還是小事，有些遊方僧人唯恐天下不亂、專門攛掇政治野心家、或者自己直接扯旗造反，那就比較恐怖了。

比如說，隋末唐初懷戎僧人高曇晟就借縣令設齋自己做法事為名，串聯起了幾十名僧人殺死縣令和鎮守軍將，自封大乘皇帝，國號「佛」，立尼姑靜宣為耶輸皇后，一時風光無限。又比如說，清末民初四川懋功僧人察都以如來佛祖保佑為名，據八角寺復「大清國」，自稱「大清通治皇帝」，一度興風作浪，鬧得雞犬不寧。

不過，高曇晟、察都這些人最終還是淪為了笑柄。

今天說一個作亂成功了的妖僧。

注意，別想錯了，此人並不是朱元璋。

實際上，歷史上曾有過出家經歷的朱元璋、梁武帝蕭衍等帝王，都不算是嚴格意義的僧人。

這裡要說的作亂成功的妖僧，法名道衍，和歷史上赫赫有名的濟公活佛（法號道濟）是同鄉。

道衍畢生推崇姜太公、黃石老人、鬼谷子等一類陰陽家、術數家、兵法家。

某年，道衍遊覽嵩山寺，相士袁珙看他一臉戾氣，厭惡萬分地對他道：「死禿驢，瞧你長相凶惡，三角形眼眶，如同吊睛餓虎，天性必是嗜好殺戮之人！」

道衍聽了，不怒反喜，滿載歡樂而歸。

洪武八年（西元1375年），明太祖朱元璋徵召精通儒書的僧人到京師御用。

道衍信心滿滿地到禮部應試，憾未被錄用，僅得到僧服一套。

道衍穿起御賜僧服，放聲高歌，在眾人矚目中昂然步出京師，經過丹徒北固山時，反覆吟詠成一詩，云：

第六章　靖難風雲錄

譙櫓年來戰血乾，煙花猶自半凋殘。
五州山近朝雲亂，萬歲樓空夜月寒。
江水無潮通鐵甕，野田有路到金壇。
蕭梁帝業今何在？北固青青客倦看。

同為應徵失敗的僧人宗泐聽了，臉色大變，啐罵道：「呸呸呸！這哪是佛家弟子說的話！」

道衍神情弔詭，哈哈大笑。

不久，在高僧來複的薦舉下，道衍入天界寺掛單，謀了一個僧職。洪武十五年（西元1382年），馬皇后病逝，明太祖分派京師僧眾隨侍諸王，誦經祈福。

四十八歲的道衍被分配給了燕王朱棣。

朱棣第一眼見到道衍，就很不爽，對他的倒吊三角眼極其反感，打算讓他滾蛋。

道衍像個溺水者，拚命要抓住最後一根稻草，伸長頸子，湊到朱棣耳邊輕聲說道：「貧僧若能為殿下所用，定能為您奉上白帽子。」「王」字頭上加個白，就是個「皇」字！

朱棣愣了愣神，留下了道衍。

朱棣回燕地就藩，道衍在北平慶壽寺住持，卻常常「出入府中，跡甚密，時時屏人語」。

洪武三十一年（西元1398年），明太祖駕崩，年僅二十一歲的朱允炆即位，年號建文。

建文帝在親信的鼓動下，著手削藩。周王朱橚、湘王朱柏、代王朱桂、齊王朱榑、岷王朱楩相繼獲罪，被廢除藩國。

道衍極力鼓動朱棣起兵。

某日，時值冬日，朱棣看窗外冬景，愁緒紛飛，沒來由地說了一句：「天寒地凍，水無一點不成冰。」

早有準備的道衍張口應和下句：「世亂民貧，王不出頭誰做主。」

朱棣尚心存餘慮，說道：「民意都傾向於朝廷，怎麼辦？」

道衍冷笑：「臣只知天道，不管民心。」

朱棣遂定反心，拉攏軍隊、招兵買馬。

然而，起兵當日，風雨大作，王府的簷瓦被片片吹落。

這分明是不祥之兆！

朱棣等人心中懼慄，面如死灰。

道衍急得不行，牽強附會地說：「這是祥兆！這是祥兆！嗯，這個……這個叫飛龍在天，所以會有風雨跟隨。青瓦片掉下了，那是要改用皇帝那黃色的瓦了。」就這樣，在道衍的反覆鼓勵、勉勵下，朱棣終於如期舉兵。舉兵過程中，朱棣「戰守機事皆決於道衍」。

朱棣成功篡位後，以「道衍力為多，論功以為第一」，要他蓄髮還俗，要他恢複本姓——姚，並賜名「廣孝」；將元朝宰相脫脫的宅院全盤賞賜；賜以宮女，賞以高官顯職。

道衍卻怎麼都不願意，不肯蓄髮，不肯入住賞賜的豪宅大院，不肯接受賞賜的宮女，不肯接受高官顯職，只接受了一個僧錄司左善世的從六品小官，僧衣布袍，腦門光光，偶爾上朝議事，大部分時間住在寺院唸經吃齋。

一年之後，朱棣又授予道衍資善大夫、太子少師的正二品顯職，讓其位極文官，並讓其以欽差身分前往蘇湖賑濟。

第六章　靖難風雲錄

道衍家在蘇州，此番賑濟，算得上是衣錦還鄉。

回到闊別了二十餘載的家鄉，道衍將皇帝獎賞的金銀全部分發給自己的宗族鄉人。

做完了這些，道衍滿心歡喜地去姐姐家，姐姐卻閉門不見。

道衍掉頭去拜會老友王賓。

王賓也不肯相見，只是讓人傳話道：「和尚誤矣，和尚誤矣。」

道衍悻悻而退，再又去找姐姐，這次慘遭姐姐痛罵。

道衍圓寂於永樂十六年（西元1418年），時年八十四歲，以僧人禮下葬。

朱棣下詔廢朝二日，追贈其為推誠輔國協謀宣力文臣、特進榮祿大夫、上柱國、榮國公，諡恭靖。

朱元璋留下的猛將良臣，卻被建文帝埋沒

稍微了解一點明初歷史的人，都會罵朱元璋歹毒狠心，把跟隨自己打天下的良臣虎將屠戮一空，以至於後來的建文帝無將可用，被燕王朱棣奪了江山，大江兩岸數百萬軍民也跟著遭殃。

其實，朱元璋洪武一朝時間長達三十一年，就算朱元璋沒有屠戮功臣，功臣們也會老的老、病的病、死的死，名將凋零，新人上陣！縱然如此，在燕王朱棣起兵之初，建文帝的手裡還是有一副好牌的，他派出征討朱棣的大將耿炳文，就是功臣群體中碩果僅存的老人，時年已七十一歲。而在隨耿炳文出征的列將中，更有一位曾是威風八面，且正在當打之年的猛將平安。

平安的父親平定是最早跟隨朱元璋起兵的滁州人，官至濟寧衛指揮僉事，卻在攻打元大都時陣亡了。

平定死後，平安成了孤兒。

朱元璋痛平定之殞，又憐平安之孤，遂收平安為養子，小名保兒。

平安長大成人，身軀奇偉，力舉數百斤，有其父威武雄壯之風，襲父職，遷密雲指揮使，進右軍都督僉事。

耿炳文初戰失利，即被建文帝罰下場坐冷板凳，另派李景隆代其職。

李景隆知道平安能打，任其為先鋒。

燕軍渡過白溝河，平安率萬騎迎戰。

朱棣不把平安放在心上，對左右說：「平安，豎子耳。往歲從出塞，識我用兵，今當先破之。」

但是，兩軍交鋒，朱棣屢戰不下，心下焦躁，親率士卒馳入陣，惡戰至暝。

該戰，朱棣血浸戰甲，體力殆盡，好不容易殺出重圍，卻迷失了道路，從者僅三騎。最後，不得不下馬伏地觀察河流，辨出東西，找到了自己營壘所在。

次日再戰，平安連線擊敗燕將房寬、陳亨。

朱棣見事急，親冒矢石力戰，直戰到馬受重創、箭壺成空，劍折不可擊！

朱棣扭頭要撤離戰場時，平安突然殺至，朱棣慌得以劍擊馬，拚命逃竄，狼狽異常。

但是，平安還是追了上來。

可以說，這是朱棣戰鬥生涯中最接近死亡的一次，平安的長槊離他的

第六章　靖難風雲錄

　　背心不過一二寸距離，幸好老天保佑，平安的戰馬突然馬失前蹄，朱棣僥倖逃了一命。隨後，朱高煦率援兵趕來，朱棣得全身而退。

　　燕兵轉而圍困濟南府，平安在單家橋安下營寨，一面埋伏在御河搶奪燕軍的餉船，一面發兵往攻德州。

　　平安雙管齊下，朱棣難以招架，只好撤圍而去。

　　次年，燕軍捲土重來，在夾河大敗盛庸軍，並回軍襲取單家橋。

　　平安奮起迎擊，陣擒燕將薛祿。

　　沒奈何，朱棣只好灰溜溜退去。

　　改日，燕軍與平安在滹沱河展開激戰。

　　平安在陣中縛木為樓，高數丈，每戰酣，便登樓眺望，發強弩射燕軍，掌控著戰場局勢。

　　可惜的是，忽起大風，發屋拔樹，聲如巨雷，南軍都指揮鄧戩、陳鵬等均陷敵陣，平安被迫敗走真定。

　　朱棣與南軍數番大戰，每親身陷陣，所向披靡，唯遇平安、盛庸兩軍難以得志。滹沱之戰結束，朱棣身後的大旗上矢集蝟毛，陣中諸將議論紛紛，其中老將顧成說：「臣自少從軍，今老矣，多歷戰陣，未嘗見若此也。」

　　一個月之後，燕師出大名府。

　　平安、盛庸等人分兵擾其餉道。

　　朱棣不堪其擾，上書建文帝，請求息兵議和。

　　建文帝自認為已經吃定了朱棣，堅決拒絕。

　　建文帝的態度更進一步引發了朱棣的鬥志，致其決計南下。遣偏師潛

走沛縣,焚糧舟,掠彰德,破尾尖寨,諭降林縣。

屯兵於真定的平安趁北平空虛,率萬騎直走北平。

朱棣知悉,大為恐懼,趕緊北歸還救。

平安在楊村擊敗了燕將李彬,徐徐退去。

建文四年,燕兵再次南下,破蕭縣。

平安引軍躡其後,追至淝水,敗燕將白義、劉江,陣斬王真。

王真是燕軍中一等一的驍將,此前,朱棣曾多次以王真為榜樣激勵諸將,說:「諸將奮勇如王真,何事不成!」

哪料,就是這樣一個精神標竿,竟然被平安輕鬆斬殺。朱棣又驚又怒,親自上陣搦戰。平安的部將火耳灰挺槊大呼,攢馬直刺朱棣,然戰馬忽蹶,落地被擒。南軍士氣稍沮,平安引軍退去。改日,平安復進至小河,從左右翼包抄分擊燕軍,斬燕將陳文。隨後,又在齊眉山下列陣大戰燕軍,自午至酉,大獲全勝。由是,燕諸將具謀北還,徐圖後舉。朱棣卻不甘心,想要找到南軍的破綻,一舉奠定勝局。不得不說,朱棣實在是名將中的名將,很快,他就有了收穫。南軍何福來與平安會合,移營靈壁,深塹高壘,以老燕師。朱棣出其不意,發起夜襲,南軍大亂,何福單騎逃走,平安及陳暉、馬溥、徐真、孫成等三十七將被擒。平安久駐真定,屢敗燕兵,斬驍將數人,燕將莫敢攖其鋒。聽說他被擒了,軍中歡呼動地,大家激動得流著熱淚,說:「吾屬自此獲安矣!」爭請斬殺平安。

朱棣惜其將才之武勇,選銳卒衛解送北平,命世子朱高熾與郭資等好生照看。

平安於是投降。

朱棣即位後,任平安為北平都指揮使,不久,又進升為行後府都督僉事。

第六章　靖難風雲錄

永樂七年（西元 1409 年）三月，朱棣北巡至北京，覽章奏看見了平安的名字，心有所悸，對左右說：「平保兒（平安小名）尚在耶？」

平安聽說了此事，二話不說，舉劍自殺。

削藩的雙星：建文帝用廢了的奇才

明太祖朱元璋開創了大明王朝後，為達「家天下」之萬年計，決定「眾建諸侯，屏藩王室」。

他振振有詞地說：「天下之大，必建藩屏，上衛國家，下安生民，今諸子既長，宜各有爵封，分鎮諸國。朕非私其親，乃遵古先哲王之制，為久安長治之計。」

即從洪武三年到洪武十八年，其二十六人外加一個姪孫，全部封藩。其中，一些藩王分封於北邊軍事要地，受命指揮邊防大軍，築城屯田，習稱「塞王」，如晉王、燕王、秦王、代王、肅王、遼王、慶王、寧王、谷王、安王等。

朱元璋這麼做的目的，是讓諸藩鎮拱衛中央；但這些藩鎮卻給中央造成了巨大的威脅。

朝中的有識之士如葉伯巨等輩，先後上書指出分封的弊端所在。

葉伯巨語重心長地說：「今裂土分封，使諸王各有分地，蓋懲宋、元孤立，宗室不競之弊。而秦、晉、燕、齊、梁、楚、吳、蜀諸國，無不連邑數十。城郭宮室亞於天子之都，優之以甲兵衛士之盛。臣恐數世之後，尾大不掉，然後削其地而奪之權，則必生觖望。甚者緣間而起，防之無及矣。」

忠言逆耳，但朱元璋根本聽不進，反而指責葉伯巨有意離間自己父子骨肉關係，將之下獄。

葉伯巨不但預見了封藩的惡果，也預料到了自己的命運，上書前，頹然向家人交代身後事，後來果然身死獄中。

戶部右侍郎卓敬為洪武二十一年榜眼及第，在明知葉伯巨下獄的情況下，心念國家和天下百姓，毅然上書勸諫，說：「陛下於諸王不早辨等威，而使服飾與太子埒，嫡庶相亂，尊卑無序，何以令天下？」

朱元璋在臣子們接二連三的勸諫下，已有所覺悟，承認說：「爾言是，朕慮未及此。」但他年事已高，有心無力。身體越來越衰老的朱元璋對未來的帝國繼承人朱允炆說：「朕以御虜付諸王，可令邊塵不動，貽汝以安。」經過葉伯巨、卓敬等人的諫言，朱允炆已感到了削藩迫在眉睫，反問爺爺說：「虜不靖，諸王御之；諸王不靖，孰御之？」朱元璋惶惑不知如何作答，反問道：「汝意何如？」

看著滿頭白髮的爺爺，朱允炆心有不忍，只好溫言開解說：「以德懷之，以禮制之，不可則削其地，又不可則廢置其人，又其甚則舉兵伐之。」

朱元璋呆了好一會兒，只好點頭說：「是也，無以易此矣。」

削藩二字說出來容易，實際推行起來卻是無比艱難的。

朱允炆雖然知道要削藩，但如何削，心無定計。

親信黃子澄在東角門幫朱允炆謀劃全局，胸有成竹地說：「諸王護衛兵，才足自守。倘有變，臨以六師，其誰能支？漢七國非不強，卒底亡滅。大小強弱勢不同，而順逆之理異也。」

聽了黃子澄的話，朱允炆長舒了一口氣。

實際上，黃子澄不過是書生之見，所說的全是紙上談兵。

第六章　靖難風雲錄

朱元璋屠戮功臣過後，朝廷為之一空。

饒是如此，朱元璋還是精挑細選了兩個人為朱允炆保駕護航的。其一為齊泰，另一為卓敬。

可惜的是，朱允炆對這兩個人的重視程度不夠。

在削藩問題上，朱允炆主要問計於黃子澄。

朱元璋崩，朱允炆登位，龍椅尚未焐熱，就巴巴地對黃子澄說：「先生憶昔東角門之言乎？」

黃子澄回答：「不敢忘。」

黃子澄提供的方案是：「周、齊、湘、代、岷諸王，在先帝時，尚多不法，削之有名。今欲問罪，宜先周。周王，燕之母弟，削周是剪燕手足也。」

齊泰大驚，立刻提出反對，主張首先擒燕。但是，朱允炆只聽黃子澄的。事實上，卓敬還有更高明的辦法。

他在給朱允炆上奏章分析說：「燕王智慮絕倫，雄才大略，酷類高帝。北平形勝地，士馬精強，金、元年由興。今宜徙封南昌，萬一有變，亦易控制。夫將萌而未動者，幾也；量時而可為者，勢也。勢非至剛莫能斷，幾非至明莫能察。」

卓敬的主張是在不動兵刀的情況下，透過遷徙的方式來削弱藩王的勢力。

應該說，這是一條「天下至計」。但朱允炆竟然茫然不覺。最終，靖難之役起，朱允炆人間蒸發，燕王朱棣即位。

朱棣立即下令捉獲卓敬，指責他離間骨肉。

卓敬厲聲曰：「惜先帝不用敬言耳！」

朱棣雖然憤怒，但憐惜他的才能，下令將之下獄，派人以管仲、魏徵之事相勸。

卓敬流著淚說：「人臣委贄，有死無二。先皇帝曾無過舉，一旦橫行篡奪，恨不即死見故君地下，乃更欲臣我耶？」

朱棣還是不忍殺害。

朱棣的狗頭軍師姚廣孝挑撥說：「敬言誠見用，上寧有今日。」

朱棣這才悻悻下令將卓敬處死，並滅其三族。

忠義二友：為故主殉難的不同結局

陝西真寧（今甘肅正寧）人景清是個非常有性格的人。他讀書很有天分，曾連中兩屆鄉試解元，卻拒絕入京參與會試。明太祖朱元璋從陝西承宣布政右使張允照口中知悉此事，龍顏大怒，下令十年內不准景清參與大考。景清因此成了個大器晚成的人，推遲到洪武二十七年才到京參加會試，卻也一鳴驚人，中一甲第二名榜眼，得授編修，改御史。

洪武三十一年，朱元璋駕崩，皇太孫朱允炆繼位。建文帝朱允炆為防範宗室諸王謀逆，四下派遣心腹，遍布耳目。

景清被建文帝任命為北平參議，名義上協助燕王管理糧儲、屯田、驛傳、水利等事務，實際上是「察燕邸動靜」，監視朱棣的舉動。

景清和朱棣相處期間，經常旁敲側擊、敲山震虎，告誡朱棣要效忠朝廷。

不久，建文帝召景清回朝廷，晉升其為御史大夫，成都察院的最高行政官。

第六章　靖難風雲錄

　　景清回朝，與齊泰、黃子澄、方孝孺一起，積極謀劃「削藩」事宜。

　　建文帝「削藩」操之過急，朱棣鋌而走險，舉兵造反，發起了靖難之役，攻入了南京。

　　史載，「燕師入，諸臣死者甚眾」，齊泰、黃子澄、方孝孺等忠臣均慘遭屠戮。

　　景清和方孝孺是非常要好的朋友，兩人曾相約一同殉國，但方孝孺等人被殺，血色恐怖瀰漫南京上空，舉城震懾。

　　在這種背景下，景清「獨詣闕自歸」，前往歸附朱棣。

　　朱棣見景清來投，十分高興，向其他臣子高聲介紹說：「吾故人也！」

　　朱棣對景清既往不咎，仍讓他留任原職。

　　景清委身於朝堂之上，對朱棣畢恭畢敬，感恩戴德。

　　對於景清這種「言不顧行，貪生怕死」的做法，同僚非常鄙視，不管是當面還是背後，經常對景清冷嘲熱諷。

　　景清不為所動，依然不卑不亢，朱棣也漸漸放鬆了對景清的戒備。

　　一日早朝，景清身著紅色朝服、暗藏利刃來到朝堂，準備在朝堂刺殺朱棣。

　　哪料，事有湊巧，前幾日有天文官上奏，稱有紅色異星將侵犯帝座，請求皇帝加以防範。朱棣一上朝，就看到了景清的紅袍，惕然起警，命人搜查，搜出了利刃。

　　朱棣怒不可遏，責問景清為何至此。

　　景清見事情已經敗露，奮起大罵道：「欲為故主報仇耳！」

　　朱棣下令將景清凌遲處死。

景清毫無懼色,「且挾且罵,含血直噴御袍」。

朱棣狂性大發,「命剝其皮,草櫝之,械繫長安門,碎磔其骨肉」。

事情還沒有完,其後一日,朱棣路過長安門,懸掛景清人皮的繩子突然斷裂,景清人皮「趨前數次,為犯駕狀」。朱棣頭皮發麻,「命赤其族,籍其鄉,轉相攀染,日瓜蔓抄」,「村里為墟」。

四馬爺的「意外」死亡

明太祖朱元璋一生妻妾成群、子女眾多,共生有二十六個兒子、十六個女兒。

朱元璋為了維護自己的皇權,千方百計和勛貴集團抱成團,其中一條路徑就是和勛貴成員結成親家。

比如說,朱元璋的長女臨安公主,就下嫁給了韓國公李善長之子李祺;次女寧國公主下嫁汝南侯梅思祖之姪梅殷;另外,福清公主下嫁鳳翔侯張龍之子張麟;壽春公主下嫁潁國公傅友德之子傅忠;南康公主下嫁東川侯胡海之子胡觀;永嘉公主下嫁武定侯郭英之子郭鎮;等等。

十六位女婿中,朱元璋最喜愛梅殷。《國榷》就說梅殷「負才氣,太祖最眷注」。

但是,梅殷卻死得不明不白。

永樂三年十月,梅殷上朝經過笪橋時,落水死亡。

據目擊者前軍都督僉事譚深和錦衣衛指揮使趙曦報告,梅殷是「自赴水死」,即溺水自殺。

第六章　靖難風雲錄

　　既然是自殺，就證明這個人對人生已經厭倦，毅然絕然地告別塵世，那就早死早投胎吧。

　　面對哭哭啼啼的寧國公主，永樂大帝朱棣只是淡淡地說了一聲：「節哀順變。」

　　但是寧國公主不依不饒，一口咬定梅殷並非厭世之人，其意外落水，一定是有人謀殺。

　　誰？誰敢謀殺堂堂大明朝駙馬？！

　　朱棣龍顏大怒，反問寧國公主。

　　寧國公主沒有迴避朱棣的目光，止住了哭啼，杏眼圓睜，雖然滿面怒容，卻腮邊有淚，凜然中又有如許哀戚。朱棣扭轉頭，一擺手，說：「罷罷罷，朕讓人深查到底，務必揪出殺人真凶！」

　　寧國公主是馬皇后所生，對這個妹妹，朱棣與生俱來有幾分忌憚。

　　很快，朱棣就給寧國公主一個「合理」的交代；譚深、趙曦二人與駙馬梅殷「有隙」，為洩私憤，在笪橋上行凶，將駙馬梅殷推落水中溺死。

　　緊接著，朱棣手腳麻利地將譚、趙二人處決。

　　該年十二月，朱棣進封寧國公主為寧國長公主，派遣官員辦理梅殷的喪事，諡榮定，並予梅殷封蔭。

　　梅殷溺死之案就此完結。

　　但是，兩百多年後，史家談遷在《國榷》中直言，殺梅殷，譚趙二人不過是代人行凶而已，真正幕後操盤的，就是朱棣本人。

　　原來，梅殷得明太祖寵愛，在靖難之役中，他一直是建文帝的死忠，率軍在淮上與朱棣對抗。

　　建文四年（西元1402年）四月，朱棣大敗建文帝軍隊，派遣使者以進

香為名,向梅殷借道進軍南京。

梅殷答覆說:「進香,皇考有禁,不遵者為不孝。」

朱棣聽聞大怒,寫信給梅殷說:「今興兵誅君側惡,天命有歸,非人所能阻。」

梅殷同樣大怒,割去送信使者的耳鼻,將其放歸朱棣,並對他說:「留汝口為殿下言君臣大義。」

朱棣雖怒,卻也無可奈何,只得改道從揚州進軍南京。

朱棣即位後安葬了建文帝,卻沒有給建文帝任何諡號和廟號。

梅殷大為不滿,在軍中「縞素髮喪,私諡孝愍皇帝」。

此後,梅殷還「擁兵淮上,圖興復」。

朱棣逼迫寧國公主齧血為書,送與梅殷。

梅殷見書慟哭,被迫還京。

朱棣在南京城外親自迎接,不陰不陽地說:「駙馬勞苦。」

梅殷不冷不熱地答:「勞而無功耳!」朱棣由此懷恨於心,則其謀劃暗害梅殷,也就不足為怪了。

「奸臣」的兩面人生:一再被重用的謎團

話說,明成祖朱棣反對建文帝削藩,發起靖難之役,殺入南京,不但迫死了建文帝,而且將忠於建文帝的文臣武將,如方孝孺、齊泰、子澄等誅殺殆盡。

明末清初史學家谷應泰感慨無限地說:「文皇(指朱棣)甫入清宮,即

第六章　靖難風雲錄

加羅織，始而募懸賞格，繼且窮治黨與，一士秉貞，則祖免並及，一人厲操，則里 落為墟。」

根據相關文獻記載，被朱棣所殺的「奸惡官員」達到一百二十四人之多。

其實，朱棣入南京當天，就榜示有所謂奸臣二十九人，氣勢洶洶地先拿這二十九人開刀。

但在這二十九人中，有一個人卻神奇地活了下來，並一直活到朱棣的曾孫明英宗朱祁鎮即位！

這人，就是山東昌邑人黃福。

黃福有才學，而且是個實務型人才，在洪武朝被明太祖朱元璋「超拜工部右侍郎」。

到了建文帝朝，黃福深受建文帝倚重，仍任工部右侍郎。

不過，黃福為人圓滑，並非方孝孺一類死撐到底的忠臣烈士，朱棣初入南京，他便觀風望旨，主動迎附於馬下。

饒是如此，黃福還是被朱棣列在了二十九名「左班奸臣」名單之上。

這是拍馬屁拍到馬蹄上了。

一般人遇上這樣的尷尬，死的心都有了。

黃福不肯死，面對外界的冷嘲熱諷，他心平氣和地說：「臣固應死，但目為奸黨，則臣心未服。」

本來，黃福被指為奸臣，只要他以死明志，自然能一洗恥辱，但他珍惜生命，居然以此為藉口，理直氣壯地活了下來。

而朱棣雖然把黃福打入奸臣之列，卻愛惜他的才能，並不殺他，恢復了他的官職，不久，又升他為工部尚書。

都察院左副都御史陳瑛，是朱棣的老人。陳瑛在洪武末年被明太祖擢為御史，出任山東按察使。建文初，朝中削藩之議四起，當時朝廷透過燕王府長史葛誠入奏，偵知燕王將反，遂調陳瑛為北平按察僉事，目的是加緊對燕王的偵查。陳瑛到了北平，便接受了燕王賄賂，私附燕王。

陳瑛後來被人告發，詔逮至京，貶謫廣西。朱棣登位，立刻將謫居廣西的陳瑛升為三品大吏，掌都察院事。

陳瑛上任之始，即刻承上意，展開對建文朝遺臣的殘殺，糾劾的勳貴臣僚達三十七人。

永樂三年（西元 1405 年），陳瑛彈劾黃福，黃福即被一貶再貶，先是遷為北京行部尚書，後被謫為辦事官，甚至一度被關進了錦衣衛詔獄。

但黃福的才能始終讓朱棣念念不忘。

永樂四年（西元 1406 年）七月，朱棣下令南征安南，很多官員得以戴罪立功，黃福也被復職從征安南，負責督運軍餉，復擔重任。

有人暗中提醒朱棣不宜重用黃福，朱棣微笑著說：「福才不逮爾耶？」

來人憤憤不平地說：「此建文舊臣，且近有過。」

朱棣的回答非常有見地，他說：「君臣相與在推誠，不可蓄疑。唐太宗為君，王皀、魏徵，初皆仇怨，一體委任之，不疑兩人，終能盡心輔政，知無不言。尉遲敬德亦仇敵也，即獲而用之，便得其死力，皆太宗有至公之量，故能如此。今朕用人無間新舊，唯賢才是用，何尚存一毫私意？有過者必體情容之，有才者必推誠任之，上能誠則人樂盡力，若或畜疑則人苟圖免責，誰肯盡心？爾自今慎之，勿復妄言。」

最後，來人不但沒能將黃福打壓下去，反使朱棣將黃福推到了魏徵的高度。

第六章　靖難風雲錄

　　永樂五年（西元 1407 年）三月，平定安南，朱棣納安南為郡縣，復舊名交趾，設立三司。黃福任首位交趾承宣布政使司布政使兼提刑按察使司按察使，全面管理交趾行政、司法事務。

　　黃福對交趾地區進行戶籍編制、劃分州縣，制定輕省的賦稅政策，設立學校、驛站，促使流民復業，推行明朝的各種改革政策，使安南境內得以穩定。

　　朝廷中官員被貶，多被謫往交趾，黃福對這些人加以拯恤，並選有賢才者共事，一時間，至者如歸。

　　永樂二十二年（西元 1424 年），朱棣駕崩，明仁宗朱高熾即位，黃福被召還，任兼管詹事府事，受命輔助太子朱瞻基。

　　黃福離開交趾之日，民眾號泣相扶，前來送別。該年，黃福已經交趾任官十九年矣！

　　洪熙元年（西元 1425 年）五月，朱高熾駕崩，黃福督工建造獻陵。

　　宣德元年（西元 1426 年），交趾起民變，黃福又以工部尚書兼詹事頭銜，重回交趾，負責交趾地區承宣布政使司、提刑按察使司事。

　　黃福抵達雞陵關時，交趾叛軍拜下哭泣道：「公，交民父母也，公不去，我曹丕至此。」

　　宣德七年（西元 1432 年），明宣宗朱瞻基和楊士奇評論朝中大臣，楊士奇說：「福受知太祖，正直明果，一志國家。永樂初，建北京行部，綏輯凋瘵，及使交趾，總藩憲，具有成績，誠六卿所不及。福年七十矣，諸後進少年高坐公堂理政事，福四朝舊人，乃朝暮奔走勞悴，殊非國家優老敬賢之道。」朱瞻基聽後撫掌稱讚，命黃福任南京戶部尚書。

　　宣德十年（西元 1435 年），明英宗朱祁鎮即位，黃福加官少保，之後

參贊南京守備、襄城伯李隆機務。

正統五年（西元1440年）正月，黃福在任上逝世，享年七十八歲。

由於黃福的名字始終位列朱棣所制定的「奸臣榜」，朝廷因此沒有給予贈諡，群臣議論紛紛。

明憲宗成化年間，朝廷追贈其為太保，諡號「忠宣」。

第六章　靖難風雲錄

第七章
明朝皇帝的光與影

第七章　明朝皇帝的光與影

軍事重鎮與明朝十四帝：親征與鎮守的故事

在中國古代歷史上，出現過兩個偉大的王朝，其一是漢，其二是唐。這兩個王朝消亡之時，接替它們的政府均無力單獨接替那廣大而破碎的版圖，從而都出現了一個混亂不堪的大分裂時代。

唐朝全盛時，領土東至朝鮮半島，西達中亞鹹海，北括貝加爾湖和葉尼塞河上游，南至越南順化一帶與南海群島，面積約有 1,251.19 萬平方公里。

西元 907 年，朱溫逼迫唐哀帝李柷禪讓帝位，建國號大梁，史稱後梁，定都汴梁。

不過，後梁的實際統治面積僅局限於漢水和淮水以北，黃河以南及關中地區的一小塊地盤，不足大唐面積的九分之二。

西元 923 年，大唐遺臣晉王李存勗滅梁，復大唐國號，史稱後唐，定都洛陽，其國土面積等於梁、晉的總和，進而控制關中李茂貞所建的岐政權，併吞蜀地，勢力一度膨脹，地域非常遼闊。

可惜好景不長。西元 934 年，後唐第二代皇帝唐明宗李嗣源一死，唐臣孟知祥在成都割據稱帝，分去了四川一大塊地盤。

最慘的還不止於此，兩年之後，唐明宗李嗣源的女婿石敬瑭稱帝，定都汴梁，建國號晉，史稱後晉。為了稱帝，他竟把燕雲十六州割讓給了契丹！

燕雲十六州的丟失，從此成為了漢民族心頭永遠的痛。

曾幾何時，從黃帝、夏商周三代而下，中國整體呈東、西方相爭的政治格局，周、秦、漢、隋、唐建立了政權後，均立足於關中，目的是在防

範西北游牧民族的基礎上，進謀東部富饒之地。

而隨著游牧民族發展重心的北移，自北宋開始，東西方相爭格局轉化成了南北格局。

為了收取這十六州之地，後周第二代皇帝周世宗柴榮以傾國之力北伐，可惜中道崩殂，以致功敗垂成。

西元960年，趙匡胤篡奪後周江山，雖然先後滅荊南國、滅後蜀、滅南漢、滅南唐，迫降吳越國和清源軍，但領土面積大約只有230萬平方公里，為中國歷史上大統一時期領土面積最小的王朝，不僅比唐大為收縮，而且還不及占據了燕雲十六州的遼國（遼國土面積為448.54萬平方公里）。

國土面積小，其帶來最大的苦惱，就是難以組建大規模的騎兵軍團。

與漢唐相比，北宋的版圖萎縮在中原，缺乏放養馬匹的牧場，馬匹奇缺，能夠擁有的馬匹多出自中原本土，而中原本土的馬匹以圈養為主，個子矮、骨架細，速度緩慢，爆發力欠缺，不適合戰場作戰。

《宋會要》中記北宋境內中原本土所產的馬，「自四赤（尺）七寸至四赤（尺）一寸七等中，各以一寸為差」，摺合成現代高度，約合1.27公尺至1.46公尺，馬高平均值為1.36公尺，很瘦小。

在冷兵器時代，可以說，誰擁有了強大的騎兵軍團，誰就在戰場上具有更多的話語權。

弗里德里希・恩格斯（Friedrich Engels）就曾經說過：「騎兵在整個中世紀一直是各國軍隊中的主要兵種。」

由於沒有成規模的騎兵軍團，北宋王朝在與游牧民族的戰鬥中就往往位於下風。

須知，騎兵騎在馬背上供將領驅策，可以對敵軍形成巨大的衝擊力，

第七章　明朝皇帝的光與影

讓敵方的步兵無從抵擋。另外，在轉移戰場方面機動靈活，敗可退、勝可追。

不僅如此，中原的士兵來自農耕文明的農家子弟，慣用鍬犁的手和伺弄莊稼的勞動方式使他們樂於安享現態，缺少暴戾之氣，從而也使他們在戰爭中缺乏了應有的殺氣。

與之相比，作為長在馬背上的民族，他們沒有農業，沒有紡織業，只能穿著獸皮，拎著武器，在惡劣的環境中圍獵、搏殺、掠奪。對他們而言，戰爭就是一種樂趣，戰爭意味著宣洩、意味著釋放、意味著獵取、意味著獲得。

所以，中原王朝要抵禦游牧民族的入侵，就必須倚仗地理上的優勢，居高臨下，或藉助地形的多變，利用崇山峻嶺和狹谷深澗對騎兵進行干擾、襲擊，破壞騎兵種種迂迴、穿插、長途奔襲戰術，以達到以步制騎。

偏偏，北方的燕雲十六州已掌握在遼國手裡。這十六州大致包括了今天的北京、天津、河北北部、山西北部，自東向西長約600公里，南北寬約200公里，全部面積為12萬平方公里。分布其上的太行、燕山等山脈，狀如巨龍，綿延千里，遮罩著華北大平原，拱衛著中原腹地，是游牧民族與農耕民族的分水嶺。

失去了十六州，以步兵為主的中原王朝就失去了抵禦游牧民族的天然屏障，還有那依山而建的萬里長城。從遼宋新開的邊界到北宋首都汴梁的800公里間，一望平川，門戶大開，無險可守。

所以說，北宋王朝的政治中心乃是安置在遼國這把懸掛著的利刃之下。

如果說，北宋王朝的軍事儲備和軍事實力能一直保持在上佳狀態，並能建立起互有策應的防禦體系，進攻上雖略顯不足，但還是可以抵禦住來

自北方的打擊的。

但人為上的因素遠比地理上的因素容易變幻，當北宋政府稍微失掉了北方敵人的警惕性，當北宋軍隊稍有下降，萬里胡騎就可以滾滾而來，自北而南，由高到低，風一樣刮遍華北平原。

可見，國土面積小，沒有燕雲十六州，沒有萬里長城作為抵禦游牧民族的屏障，北宋王朝是一個先天不足的大統一王朝，不解決這個問題，北宋王朝就一直會生活在危險中。

身為一個開國之主，趙匡胤對燕雲十六州的重要性是有清楚的認知的。他說：「天下視幽薊為北門，無幽薊則天下時常不安。」

而早在平定南唐時，他還說過一句更加著名的話：「臥榻之側，豈容他人鼾睡！」

如果說，南唐、後蜀、吳越這些小國是睡在臥榻之側的「他人」，那麼，遼國這個龐然大物，簡直就是睡在臥榻之側的一頭狼。

怎麼看待這頭狼，對這頭狼採取什麼樣的應對措施，趙匡胤是有著自己的思考的。

首先，中原大地飽經五代亂世，處處瘡痍，國內急需一段休養生息的時間。

在沒有必勝把握的前提下，趙匡胤的打算是存活北漢，以充當遼宋之間的緩衝。

而為收復十六州，他廣積錢糧，設立「封樁庫」，打算積蓄好三五十萬兩白銀，如果能向遼人贖買就贖買，如果不能贖買，就「散滯財，募勇士，俾圖攻取耳」！將這筆錢充當軍費，強行收取燕雲十六州。

他說，遼兵多次侵擾我邊境，若我用二十匹絹的價格就可以收購一名

第七章　明朝皇帝的光與影

遼兵的腦袋,那遼國精兵也就十萬人。只要花費我二百萬匹絹,就可以將他們悉數消滅。

汴梁所處,自古為四戰之地,一代縱橫家張儀就說:「魏之地勢,固戰場也。」周圍沒有山嶺險阻,建都於此,即是置身於遼國的兵鋒之下。

為了解決遼國騎兵對北宋都城汴梁的威脅,趙匡胤毅然決然地提出:「吾欲西遷,據山河之勝,以去冗兵,循周漢故事,以安天下也。」打算先遷都洛陽,可能的話,再遷都長安。

洛陽位居「天下之中」,「東壓江淮,西挾關隴,北通幽燕,南系荊襄」,四面群山環繞、雄關林立,臨洛水,負邙山,望伊闕,據成皋,控崤函,有「八關都邑」「山河拱戴,形勢甲於天下」之稱。秦以後宋以前有東漢、曹魏、西晉等王朝建都於此,為「九朝古都」。可是,這一提議,遭到了一些人的反對。

起居郎李符給出的理由是:洛陽窮,太窮了,經濟凋敝。而且,飽經戰火,建築遭到嚴重破壞,不適合皇家居住。

鐵騎左右廂都指揮使李懷忠也說:「東京有汴渠之漕,歲致江淮米數百萬斛,都下兵數十萬人,咸仰給焉。」又說,「且府庫重兵,皆在大梁,根本安固已久,不可動搖。一旦遽欲遷徙,臣實未見其利。」他認為汴梁已得運河漕運之利,京師地位根基已固,不能動搖,如執意要遷都,百害無一利。

的確,自後梁建都汴梁以降,幾代統治者都不斷開挖運河,以通漕運。趙匡胤本人建立大宋王朝後,從建隆二年(西元 961 年)開始,就著手在汴梁周圍開展大規模的水利建設,挖蔡河以達許鎮,又從新鄭引閔水與蔡河匯合而經陳州、潁州直達壽春。更在汴梁城北開挖五丈河和金水河。

時至開寶年間，以汴梁為中心的運河體系已經建構完善，江南的米粟由長江入淮泗，經汴水入京師；陝西的米粟從三門峽轉入黃河，入汴水達京師；陝蔡的米粟則由惠民河轉蔡河，入汴水達京師；京東的米粟由齊魯地區入五丈河達京師。

一句話，交通發達，糧運便利，建都在汴梁，可取天下米粟以養京師。這是建都洛陽或長安所不可比擬的。

但，這既是汴梁作為京師的優點，同時也是它的缺點。

趙匡胤覺得，既然汴梁城中所需物資全仰給於水路，一旦水路被截，京師被圍，後果將不堪設想。

但最終，趙匡胤在弟弟晉王趙光義的極力反對下，沒能如願遷都。

趙光義反對的原因，無非是自己已在開封府擔任了十六年的府尹，培植了大量親信，在朝中的勢力正在不斷壯大。考慮到遷都成功，自己這個開封府尹勢必遠離政治中心，不利於發展。

而就在遷都之爭後六個月，趙匡胤就暴斃了，死於可疑的燭光斧影中。趙光義則華麗轉身，從一介親王蛻變成北宋第二位皇帝。趙匡胤的預見是非常準確的，他說，如若不出遷都，則「不出百年，天下民力殫矣」。

不遷都，京師的生存就全倚仗於運河漕運的供養，運河的開挖和維護就會成為國家頭等大事，而無休無止的開挖和清淤會使百姓疲於奔命。

原本，長江下游經濟發達，但因為其水路與京師暢通，就自然而然地成了京師糧食和物資的主要來源地，負擔日見沉重，經濟發展受到了嚴重影響。

這樣，當集天下之財於京師之時，京師雖然繁華，地方卻更加困厄。

果然，百年未到，國力盡耗，長江下游地區經濟發展近乎停滯，龐大的

第七章　明朝皇帝的光與影

軍費常常透支國家財政，財政上的「積貧」和軍事上的「積弱」終於積重難返。當「靖康之難」爆發，北宋政權彷彿在一夜之間就滅亡了。

北宋滅亡之初，一代名將岳飛為收復失地，奔走操勞，輾轉血戰。

他尚為軍中偏裨小將的時候，曾和河北西路招撫使張所談過一次不但要收復兩河、兩京（東京汴梁、西京洛陽），還必須收復燕雲十六州的高論。

岳飛慷慨激昂地說：「河北視天下如珠璣，天下視河北猶四肢。人可以沒有珠璣寶玉，卻不可以失去四肢。本朝之都城汴梁，非有秦關百二之險。平川曠野，長河千里，首尾綿亙，難於呼接，獨恃河北燕山山脈為自固。再以精甲健馬，憑據要衝，深溝高壘，峙列重鎮，則虜人不敢窺河南，京師根本之地可固。如今朝廷任命招撫為河北之使，岳飛願意以偏師從麾下，所向唯招撫之命是從，盡取河北之地，以為京師援耳！」

不過，岳飛橫遭奸人秦檜所害，中興成半壁，諸君痛飲竟無期，腸空熱。

燕雲十六州重回漢人之手，賴於明太祖逐蒙元疾如風雨的北伐。

當大明鐵騎兵大步邁入北京城時，此時距離石敬瑭割讓燕雲十六州已長達455年之久！

明太祖在元末群雄並起之際，由淮河流域向南推進，穩紮穩打，取南京，占浙西，「高築牆、廣積糧、緩稱王」，以南京附近的州縣作為取天下的根據地，最後建都南京。

南京雖稱六朝古都，但這六朝（孫吳、東晉、劉宋、南齊、南梁、南陳）都不過是偏安一隅的地方政權，且國祚不長、傳國不遠。

明太祖雄才大略，當然知道幽燕之地乃是南北相爭的關鍵：漢族政權失去它，只能偏安南方；游牧民族占有它，則可揮鞭南下。

現在，既然收回了這片困擾了漢人四百多年的土地，而大明王朝的社會發展想要治隆唐宋、疆域拓展想要遠邁漢唐，就必須把這片土地牢牢地掌握在自己手裡，永不再失。

可是，這片土地離長江下游的南京有千里之遙，並且，時時遭受北方游牧民族的侵擾，要實現這一點，難度很大。

明太祖想到了遷都。

但北京歷經遼、金、元等異族統治，「胡化」嚴重，還不適合作為新生明朝的國都。

遷都成了明太祖的一個心病，該心病，畢明太祖一生，都沒能解決。

最終，將國都成功遷到了北京的人是明成祖朱棣。

雖說朱棣登上帝位並不是明太祖先前所設定的軌道，但朱棣遷都北京，絕對沒有違背明太祖要遷離南京的本意。

燕王時代的朱棣在藩國燕地，多次與蒙元殘餘勢力作戰，深諳燕地的策略重要性。所以，他在即皇帝位後的第二年就改北平為北京，並經過長達二十多年的精心籌備，於西元1421年完成了遷都之舉。

從此，自朱棣而下，有明朝一共十四位皇帝坐鎮此地，是為君王死社稷，天子守國門也！

被當女孩養大的中興之主

明朝自西元1368年朱元璋稱帝立國始，僅僅過了八十年，就發生了舉世震驚的「土木堡之變」，明帝朱祁鎮被漠西蒙古瓦剌部擄去，大明帝

第七章　明朝皇帝的光與影

國幾乎就此崩潰。所幸大英雄于謙挺身而出，獨撐危局，力排眾議，擁立朱祁鎮的弟弟郕王朱祁鈺為帝，遙尊朱祁鎮為太上皇，粉碎了瓦剌以朱祁鎮要脅和勒索大明王朝的企圖，取得了北京保衛戰的最後勝利，延續了大明王朝的國運。

大明王朝的國運雖然得以延續，但大明王朝發展的軌道卻發生了重大改變。

原本，瓦剌南犯，兵逼大同，朱祁鎮銳意親征，曾按照皇太后的旨意，立兒子朱見濬為皇太子，留京監國。不過，朱見濬尚不足兩歲，所謂監國，不過說來好聽而已。

瓦剌人既擄去國君，又兵臨帝都北京城下，形勢危急，于謙為避免國無長君的情形出現，不立既定皇儲太子為帝而改立朱祁鈺，魄力雖大，卻已犯了大忌。

一年之後，在於謙等大臣不斷動用外交手段的斡旋下，太上皇朱祁鎮平安回來了。

然而，天無二日、國無二帝，已經坐穩了帝位的朱祁鈺是不可能讓出帝位的。朱祁鈺把太上皇哥哥軟禁在南宮，又把皇太子朱見濬廢為沂王，改立自己的兒子朱見濟為皇太子（朱見濟不久夭折，被朱祁鈺追封為懷獻太子）。

政治鬥爭從來都是殘酷無情的，早在朱祁鈺登位之初，朱祁鎮的母親、宣宗皇后孫氏就擔心皇太孫朱見濬會受到冷落，專門選拔了自己身邊的心腹侍女萬貞兒前去侍奉照顧太子，做朱見濬的保母。

朱見濬的太子位被廢，跌落到了性命朝不保夕的境地，人人見他如見瘟神，唯恐避之而不及。

在那一段黑暗的歲月裡，萬貞兒成了朱見濬身邊唯一可以依靠和依戀的親人。

難得的是，萬貞兒也始終守護在朱見濬身邊，呵護有加，關懷備至，不離不棄。

時間又過了八年，朱祁鈺病重。

大臣石亨、徐有貞等人為竊取擁戴大功，發動了「奪門之變」，迎朱祁鎮復位。

朱祁鎮復辟後，廢朱祁鈺為郕王，改元天順，重立十一歲的兒子朱見濬為太子，改名為朱見深。

這樣，朱見深時來運轉了。

天順八年（西元1464年），朱祁鎮駕崩，皇太子朱見深繼位。次年，改年號為成化。

貴為天子的朱見深難以割捨萬貞兒多年相伴的依戀之情，將一腔戀母情結演化為轟轟烈烈的愛情故事，將年長了自己十七歲的萬貞兒冊封為妃子。

朱見深原本想立萬貞兒為皇后，但因萬貞兒出身低賤，不合禮法祖制，遭到了朱見深生母周太后和朝臣的反對。

後來被立為皇后的吳氏卻大吃飛醋，以後宮之主的身分杖責萬氏。

朱見深知道了此事，二話不說，立刻廢掉了吳皇后。繼立的王皇后也由此洞悉了萬氏在皇帝心目中的地位，小心翼翼地做人，輕易不去招惹萬氏。

萬氏得意非凡，從此張揚跋扈，成了後宮真正的主人。

成化二年（西元1466年）正月，萬氏生下了朱見深的第一個兒子，被

第七章　明朝皇帝的光與影

封貴妃。不幸的是，這個皇子不久便死了。更不幸的是，萬氏從此再也沒有懷孕。

萬氏深諳「母憑子貴」的道理，自己不能生養，就不能容忍別人生養，宮中凡是與皇帝發生關係而懷孕的女人，她必定搶在孩子出生前將之送上西天。

賢妃柏氏曾經逃過萬氏的法眼，生下一子，即悼恭太子。可是，此事被萬氏偵知，母親終難逃一死。

萬氏已經變成了一個蛇蠍心腸的惡巫婆，而朱見深仍舊深愛著她。

某天，朱見深攬鏡自照，看到鏡中頭上泛動著光芒的白髮，不勝感嘆：「老將至矣，無子。」

實際上，悼恭太子之外，還有一條漏網之魚——即後來的明孝宗朱祐樘。

朱祐樘的生母紀氏是廣西賀縣人，瑤族土官的女兒。

成化初年廣西瑤民作亂，明軍在大藤峽鎮壓了這場暴亂，俘獲了許多瑤族的子女，將許多面貌姣好的女子送進宮中做宮女——紀氏就這樣被送進了宮中。進宮後的紀氏在宮中負責內庫的事務。在一個風和日麗的日子裡，與朱見深發生了一次浪漫的邂逅，懷上了朱祐樘。萬氏知道紀氏懷孕了，氣急敗壞，專門派人送來毒藥給紀氏喝。

宮中的太監張敏、懷恩，被廢的吳后及其他宮女全力維護，巧妙地與萬氏周旋，紀氏這才堪堪保住了一條小命。

張敏、懷恩等人把紀氏藏在皇宮西隅「冷宮」區的安樂堂。孩子生下來後，為了掩人耳目，大家就將這個孩子當成小宮女來養育。

朱祐樘在安樂堂整整生活了六年，穿宮女們的小衣裙，和小宮女們一

起吃飯、一起睡覺、一起玩耍,和普通的小宮女沒什麼兩樣。

現在,站在朱見深身邊的太監張敏看著皇帝對著鏡子嘆息,經過一番激烈的天人交戰,猛然下跪說:「聖上已有後,匿不敢現。」然後將來龍去脈做了詳詳細細的彙報。

朱見深驚呆了,驚醒過來後,並沒有怨恨萬氏,只是歡喜得不得了,一個勁地要見自己的孩子。

紀氏又憂又喜,給孩子穿好男孩子的衣服,流著淚對他說:「兒去,吾不得生!」

果然,萬貴妃知悉此事,日夜咒罵,口口聲聲說:「奴才們竟敢欺騙我!」

不久,紀氏就莫名其妙地死了。

朱見深的生母周太后深知其中的危險氣息,親自照管朱祐樘。這樣,朱祐樘得以平安長大,在朱見深駕崩後登上了帝位。

朱見深駕崩於成化二十三年(西元1487年),該年,萬氏暴病身亡。朱見深傷感無限,哀嘆說:「萬氏長去了,我亦將去矣!」果然,不久就龍馭殯天了。

朱祐樘繼位後改年號為「弘治」,夙興夜寐,勵精圖治,著力收拾祖父、父親留下的爛攤子,終於力挽狂瀾,開創出了政治清明、經濟繁榮、百姓安居樂業的和平鼎盛時代,國力蒸蒸日上,史稱「弘治中興」。

朱祐樘在位時間不是很長,做皇帝卻很成功,乃是一代明君、中興之主。

弘治十八年(西元1505年),朱祐樘駕崩於乾清宮,年僅三十六歲,廟號孝宗,謚號「建天明道誠純中正聖文神武至仁大德敬皇帝」。

第七章　明朝皇帝的光與影

萬貴妃的性格巨變之謎

明朝的名士于慎行是一個很有意思的人。

于慎行生於嘉靖二十四年（西元1545年），十七歲中舉人，二十三歲中進士，選為庶吉士。散館後，授翰林編修。萬曆元年（西元1573年）升為修撰，充當萬曆皇帝的日講官。

于慎行年紀輕輕，二十八歲便成為皇帝老師，可謂世間罕見。

因為和皇帝接觸時間長，後來又任禮部右侍郎、左侍郎，轉吏部掌詹事府，禮部尚書等職，于慎行因此對朝中諸多掌故了然於胸。

萬曆十九年（西元1591年），發生了山東鄉試洩題事件，于慎行引咎辭職，家居十六年，直至萬曆三十五年（西元1607年）才以原官加太子少保兼東閣大學士入閣辦事，不久病逝。

在家閒居十六年時，于慎行根據自己在朝中親歷及見聞，寫了一部有關明朝萬曆以前的典章人物、財政賦稅的書，名叫《穀山筆麈》。

這部書雖然屬於私人筆記，但對後世研究明代社會政治、經濟、文化等很有參考價值。甚至，清人編撰《明史》也間或從中取材。

《穀山筆麈》卷二講述了一個駭人聽聞的故事，大意是這樣的，明孝宗出生前，萬貴妃寵冠後宮，宮中嬪妃誰有了身孕，必千方百計要其墮胎。

明孝宗的生母紀氏原是宮人入侍，竟有了身孕。

萬貴妃讓太醫用藥墮胎，太醫用藥後，沒能成功墮胎，就祕密讓人把生下來的嬰兒藏匿在西宮撫養，卻向萬貴妃謊報：「已墮。」

萬貴妃所做的這一切明憲宗並不知情。

一日，明憲宗在內殿嗟呀自嘆，一內使跪問其故。

明憲宗說:「汝不見百官奏耶?」

小內使應答:「萬歲已有皇子,第不知耳。」明憲宗愕然,問:「安在?」小內使惶恐,說:「奴不能言,奴言即死。」一旁的太監懷恩頓首說:「內使所言屬實。皇子潛養於西宮,今已三歲,匿不敢聞。」

明憲宗回頭向百官細說了這一情況。

於是,廷臣吉服入賀,派遣使者前往迎皇子。

使者到了,宣詔。

紀氏抱皇子哭泣說:「兒去,吾不得活。兒見黃袍有須者,即爾父也。」

皇子換上了一件小緋袍,乘坐一頂小轎子,被擁至奉天門下。

明憲宗將皇子抱起置膝上,皇子輒抱憲宗的頸脖,呼叫:「爹爹。」

憲宗皇帝老淚縱橫,悲泣不成聲。

該日,頒詔天下,立太子。

憲宗皇帝的生母周太后住在仁壽宮,生恐皇子被萬貴妃傷害,交代憲宗皇帝:「以兒付我。」

皇子於是到了仁壽宮居住。

也從這一天起,有孕的妃嬪相繼平安生下了皇子。

一日,憲宗皇帝上朝了。

貴妃召太子食。周太后叮囑太子說:「兒去毋食也。」

太子至中宮,拒貴妃賜食,說:「已飽。」

拒肉湯,說:「肉湯疑有毒。」

萬貴妃恚怒萬分,說:「這個小孩兒不過幾歲就這樣,長大了豈不是要吃了我!」忿不能語,以致成疾。

第七章　明朝皇帝的光與影

　　講完了這個故事，于慎行又補了一刀，說：「明孝宗剛剛生下來時，頭頂上有數寸許未長頭髮，乃是藥力所致。」

　　又說：「太子被迎入仁壽宮後，萬貴妃便派遣使者下毒害死了太子的生母紀氏。」（太子迎入東朝，貴妃使賜孝穆死。或曰孝穆自縊。）

　　于慎行所說這個故事的背景是非常複雜：明正統十四年（西元 1449 年）七月發生了舉世震驚的「土木堡之變」，明英宗朱祁鎮被漠西蒙古瓦剌部擄去。國不可一日無君，關鍵時刻，大英雄于謙挺身而出，獨撐危局，擁立英宗的弟弟、郕王朱祁鈺為帝，取得了北京保衛戰的勝利，延續了大明王朝的國運。

　　不過，英宗在親征瓦剌前，已立不足兩歲的兒子、即後來的明憲宗為太子。朱祁鈺登上了帝位，明憲宗的處境就危險了。

　　所幸，在朱祁鈺登位之初，英宗的母親、宣宗皇后孫氏擔心皇太孫會有不測，專門選拔了身邊的心腹侍女萬貞兒前去侍奉照顧太子，做太子的保母。

　　在那一段黑暗的歲月裡，萬貞兒始終守護在太子身邊，呵護有加，關懷備至。

　　後來，英宗在瓦剌平安回來了，並於朱祁鈺病重期間，發動了「奪門之變」，順利復位。

　　天順八年（西元 1464 年），英宗駕崩，憲宗繼位，隨即冊封照顧自己多年、年長了自己十七歲的萬貞兒為妃子，是為萬貴妃。

　　可以想像，憲宗肯定是專寵萬貴妃的了。

　　但要說萬貴妃不能容忍宮中的妃嬪生養，宮中凡是與皇帝發生關係而懷孕的女人，她一定要千方百計用藥進行墮胎，這事的真偽，就值得推

敲了。

于慎行在講述完這個故事後,意味深長地說:「萬曆甲戌,一老中官為予道說如此。」(這是在萬曆二年,一個宮中的老太監跟我這麼說的。)

從明憲宗成化年間到萬曆年間,時間上隔了一百多年,一個宮中的老太監說的故事,真實性有多少呢?只能說是姑妄說之、姑且聽之,愛信不信,您看著辦。

寫《萬曆野獲編》的沈德符對這事是不信的。他在《萬曆野獲編》卷三中明確說:「于慎行公說孝宗生母事是萬曆初年一宮中老太監所說,他難道不知道老太監傳言訛誤,比齊東野人的荒唐言論更加荒唐可笑嗎?

我在宮中每聽到這些太監津津有味地說本朝掌故,實在沒有一句實語,讓人可笑。」

寫《國榷》的談遷對這事應該也是持懷疑態度的。他在《國榷》錄此事時,也照錄了于慎行那一句:「萬曆甲戌,一老中官為予道說如此。」

不過,也有人對這事深信不疑。比如寫《勝朝彤史拾遺記》的毛奇齡。毛奇齡在《勝朝彤史拾遺記》中就繪聲繪色地鋪陳、敷染了這個故事。他還言之鑿鑿地說那個向憲宗透露祕密的小內使就是憲、孝兩朝的宦官張敏。並且說,孝宗的生母紀氏被萬貴妃毒死後,張敏也被迫自殺了(「敏懼,亦吞金死」)。

對於某一個故事,有人選擇相信,有人選擇不相信,原本也沒什麼。

問題是,清政府修《明史》時,毛奇齡參與了《明史》的編纂工作。而在修撰《明史·后妃傳》時,毛奇齡就專門負責寫天順、成化、弘治、正德四朝的后妃傳。

好個毛奇齡,竟然就把他先前寫在《勝朝彤史拾遺記》裡面關於這四

第七章　明朝皇帝的光與影

朝的后妃的紀聞原封不動地移入了《明史》之中，這樣，萬貴妃的罪行就坐實了。

話說回來，萬貴妃墮胎殺人的惡行雖說是最先出自于慎行的《穀山筆麈》，事不一定真確，但又有沒有可能是真呢？

向來以讀書細心著稱的乾隆就對《明史·萬貴妃傳》表示不滿，專門提出了兩點疑問：

一、《明史·萬貴妃傳》中說憲宗專寵萬貴妃，致使萬貴妃飛揚跋扈，「後宮有妊，皆遭潛害」，可是，繼萬貴妃替憲宗生下的長子不幸夭折後，賢妃柏氏不就在成化五年（西元1469年）光明正大地生下了明憲宗的次子朱祐極了嗎？而且，成化七年（西元1471年）十一月，朱祐極還光明正大地受封為了皇太子！只不過，成化八年（西元1472年）正月，朱祐極因病去世罷了。而最讓人覺得不可思議的是，孝宗朱祐樘是成化六年出生，而太子朱祐極是成化八年逝世。《明史·萬貴妃傳》卻寫紀妃讓門監張敏溺死孝宗，張敏驚呼：「上未有子，奈何棄之。」（皇上還沒有兒子，為什麼放棄撫養？！）這「上未有子」一語，從何說起？！

二、如果說萬貴妃「專房溺惑」，那麼其他妃嬪就很少有機會接觸憲宗了，可是，孝宗受封太子之後，竟然出現了十子之國之事，其中最小的，是憲宗的第十四子。這明顯不合情理。

可嘆那乾隆帝日理萬機，一望而知「後宮有妊盡遭藥墮」之事不可信，偏偏今天的許多從事研究明清史的學者竟然把《明史·萬貴妃傳》這一段當成確鑿無疑的史實來解讀，實在令人遺憾萬分。

其實，《明史·萬貴妃傳》中除了乾隆所提出的兩點疑問外，還有很多地方與其他史料記載如《明實錄》，甚至《明史》的其他篇目是相牴牾的。

萬貴妃的性格巨變之謎

比如說:「其年六月,妃暴薨。或曰貴妃致之死,或曰自縊也。諡恭恪莊僖淑妃。敏懼,亦吞金死。」這段話是從《穀山筆麈》那一句「太子迎入東朝,貴妃使賜孝穆死。或曰孝穆自縊」演化而來。說孝宗父子相認後,孝宗的生母便被萬貴妃害死了,但又加了一句「敏懼,亦吞金死」,即是說張敏恐懼,吞金自盡了。

然而,《明史》和《明實錄》都明確記載,在孝宗被立為太子以後的三年,張敏曾想誣告浙江巡撫楊繼宗,但是憲宗沒有理他。這條記載可以說明兩件事:1. 張敏沒有自殺;2. 應該沒發生張敏冒死撫養孝宗的事,否則憲宗不大會對他這麼冷淡。

另外,據清林焜熿的《金門志》所記,張敏去世的時間是成化二十一年,而孝宗被立為太子是成化十一年,二者相隔了十年。

還有,《明史‧商輅傳》有這樣一段記載:當初,皇帝與皇子相認後把他留在宮中,而皇子的生母紀妃仍然居住西宮。內閣首輔大臣商輅擔心有其他變故,就偕同百官上奏疏說:「皇子幼年聰慧,是國家未來的希望。雖說託付萬貴妃厚加愛護,而萬貴妃也把他當作親生的一樣撫養。但外界都在議論說皇子的生母因病別居,久不得見。應該搬遷住所,讓他們母子朝夕相接。當然了,皇子仍然由萬貴妃來撫育,這是宗社之幸啊。」於是,紀妃遷入永壽宮。過了一個多月,紀妃病重。商輅又上疏申請說:「如有不測,禮遇一切要從厚。」並請求命司禮太監陪同皇子前往探病。皇帝全部聽從了他的要求。

商輅請求要孝宗母子就近居住的奏疏,就收錄在《明憲宗實錄》中,其中稱讚萬貴妃撫養孝宗及請求紀妃入住永壽宮的原話是這樣說的:「重以貴妃殿下躬親撫育,保護之勤,恩愛之厚,逾於己出。凡內外群臣以及都城士庶之聞之,莫不交口稱讚,以為貴妃之賢,近代無比,此誠宗社

第七章　明朝皇帝的光與影

無疆之福也。但外間皆謂，皇子之母因病另居，久不得見，揆之人情事體誠為未順。伏望皇上敕令就近居住，皇子仍煩貴妃撫育，俾朝夕之間便於接見，庶得以遂母子之至情，愜眾人之公論，不勝幸甚。」

從這兩段記載來看，萬貴妃並未想要毒死孝宗，因為，孝宗就是由她撫育的！這裡的道理很簡單：孝宗的生母身分卑微，要立孝宗為太子，交給萬貴妃撫養比較名正言順。等立為太子後再交給周太后撫養。

孝宗本來就由萬貴妃撫養，那麼萬貴妃真要下毒，哪有下不成之理？

而從商輅奏章看，孝宗的生母也不是萬貴妃毒死的，因為，孝宗父子相認時，紀氏早已沉痾多時，內閣首輔上奏請求母子相見，說明紀氏已經病入膏肓，再不見就可能見不著了。而紀氏搬進宮內居住了兩個月之後才去世。

弘治九年（西元 1496 年）舉進士第，在孝宗朝授刑部主事的武陵人陳洪謨著有《繼世紀聞》一書，裡面提到憲宗朝的舊事，說萬貴妃對孝宗母子都很好。

我們應該相信陳洪謨這一說法。

據《國榷》記，紀妃臨死前一天，萬貴妃還親自去看望過她，「次日，少間，不召醫，致大故」。看望過後，第二天才辭世，沒有萬貴妃毒死紀妃的跡象。

另外，《明憲宗實錄》有這樣一條記載：「上還宮，忽報雲妃薨逝矣。上震悼，輟視朝七日，諡曰恭肅端慎榮靖，葬天壽山西南，凡喪禮皆從厚。弘治初，言者籍籍不已，欲追廢妃號籍其家毀其墳，賴今上仁聖卒置不究云。」該記載是說萬貴妃病逝後，憲宗給她上諡號，並予厚葬。由於萬貴妃任用萬安一夥人亂政，到了孝宗朝，大臣要秋後算帳，提議廢除萬貴妃的諡號並毀壞她的墳墓，孝宗制止了。

試想想看，明孝宗乃是一世英主，如若萬貴妃真的把他害得九死一生、並毒殺了他的生身之母，則在自己當上了皇帝後，不報復發洩一下，說得過去嗎？

所以說，明朝人黑萬貴妃，實在黑得太過分了。

為什麼要這麼黑？

乾隆的猜測是：「眾人深嫉萬安之假附亂政，遂裝飾為無稽之言以歸萬妃。」

《明實錄》是否誣陷明武宗？

筆者曾作文一篇〈明武宗的豹房是大魔窟？大學士楊廷和日記透露了真相〉，文中提到了一句「明朝的第十位皇帝明武宗朱厚照慘遭《明史》和《明實錄》雙重黑」。很有一些讀者對此不以為然，認為《明實錄》所記，全是明武宗本人生活的真實寫照，他給後人留下荒淫無恥、怪異乖舛的形象，全是自己作孽，怪不得別人。

但是，我還是要說，明武宗沒有子嗣，死後帝位傳給了堂弟明世宗朱厚熜。這個朱厚熜很有心機，其以藩王入承大統，為了爭取人心，就故意大暴明武宗之醜，以彰顯自己得國是萬民之幸。

如果不信，我們來看看武宗駕崩後不久，群臣在給武宗上廟諡的記錄文書就一目了然了。

諡號是後人根據死者生前事蹟評定的一種稱號，有褒貶之意。所謂「諡者，行之跡」，「是以大行受大名，細行受細名。行出於己，名生於人」是也。

第七章　明朝皇帝的光與影

該記錄文書題為《大行皇帝尊諡議》。

「大行皇帝」中的「行」本意是指「遠行」，前面加一個「大」字，即是大規模的遠行，意指一去不再回頭，駕崩、去世。

即「大行皇帝」就是已經駕崩了的皇帝。

「大行皇帝」歸葬山陵的儀式內容稱為「大行皇帝喪禮」。明朝皇帝喪禮的制定，禮部要會同內閣或翰林院官，根據大行皇帝遺詔，向繼任的嗣皇帝呈進「大行皇帝喪禮儀注」，由嗣皇帝審定後依禮施行。

嗣皇帝在群臣的勸進之下擇日登基，此後的要事之一，便是敕諭令禮部會同文武群臣根據大行皇帝一生的表現進行評定、核議，為之上尊諡。

禮部同百官議定後所上的《尊諡議》，必須詳細論述大行皇帝的生平功績，說明給此諡號、廟號的緣由，經新皇帝認可後交付翰林院撰寫諡冊文，正式上大行皇帝尊諡儀式，詔告天下，曉諭萬民。

領銜為武宗寫《大行皇帝尊諡議》的是禮部尚書毛澄，此外，還有公、侯、駙馬、伯、五府、六部、都察院等衙門官，魏國公徐鵬舉等，時間是正德十六年五月初二。

全文如下（為方便讀者閱讀，文字上做了些刪減和調整）：

大行皇帝為有德之君，英資天挺，在東宮時，講誦不分於寒暑，興衰備覽於古今。（此段表揚武宗為太子時的聰慧與勤奮）

即位之初，便躬親理政，纂修《孝宗實錄》、《通鑑纂要》，舉尊崇之典，嘉重進士之科，創立規條，申令嚴格遵守和執行武舉之選。（寫武宗登基之初，增進士額數，政治清明，百姓安居樂業事蹟）

天下多變，皇室釁生，藩鎮邊城驚於河曲，烽火達於甘泉。可謂時事艱難，至勞聖慮，命將出師，聲罪致討，大奸大惡之徒既已擒獲，四海復

安。(「皇室釁生」,指安化王朱寘鐇利用劉瑾專橫跋扈引發的天下不滿情緒,聯合寧夏都指揮周昂等一批軍官發起的叛亂。「命將出師,聲罪致討」指寧夏將軍仇鉞擒獲朱寘鐇,平息事變。)

振旅於疆,戰勝於外,福生於內,內外無患,是曰「聖人威嚴不殺,乃稱神武」,大行皇帝稱得上「神武」。(「戰勝於外,福生於內」,指外平朱寘鐇之亂,內平劉瑾之禍。)

民間發生疫病,災禍連綿;自青州、兗州延及至長江、黃河流域,由楚地、越地遠至西蜀,盜賊滿野,流亡載途。(劉瑾用事,民不聊生,致使各地起義不斷,遍及南北直隸、山東、河南、湖廣等廣大地區,流民乞命,輾轉多省。)大行皇帝數勤大將,累發內兵,授成算於九重,收坐勝於萬里,此乃武功之再見也。

丁丑年至庚辰年,邊境不寧,致使聖興遠狩,而天戈至止,月捷頻聞。(指正德十二年至十五年,蒙古韃靼部小王子屢犯邊境。武宗親率大軍在應州破敵。此戰結束,蒙古兵多年不敢內犯。)

太陽初出,風煙頓息,誰又能意料到南昌復又成了逆犯作亂之地?(指正德十四年寧王朱宸濠在南昌發動的叛亂。)

流言外聞,甚於管蔡之惡;奸黨內應,急於吳楚之謀。(指寧王勾結佞臣錢寧、伶人臧賢等人密謀起兵,蓄謀篡奪帝位。又企圖以其長子入嗣武宗,妄圖取得帝位。)

六飛親征,萬軍齊發,並無亡矢之費,便坐收除寇之功,此又為盛世一大武功也。(明武宗於正德十四年六月御駕親征,但沒發一箭一矢,寧王已被提督南贛軍務都御使王守仁所擒獲。)

大行皇帝剛剛要收藏干戈弓矢、停息戰事,重興文治,講勢論道,再造太平,卻一病不起。(明武宗於正德十五年九月初六在淮安清江浦上泛舟釣魚,不慎跌入江中,江水寒冷,重病不起,十六年三月丙寅駕崩。)

第七章　明朝皇帝的光與影

大行皇帝彌留之際，念天下之重，慮繼位之得人，遠遵皇祖之明訓，上承母后之懿旨，奉迎聖明，付託神器。（武宗無子，孝宗皇后張太后與內閣首輔楊廷和共議由藩王朱厚熜入繼大統，撰寫《武宗遺詔》，聲稱遵奉「兄終弟及」之祖訓，以興獻王長子朱厚熜嗣皇帝位。）

漢唐以降，人主傳授中最為光明正大之舉，沒有一件可以與今日之事相比。

遺詔一下，朝野吞聲，捫心如摧，哀傷不盡。

臣等自認為已遍觀史冊所載，歷代帝王前啟後承，必有文德以興光華文采，必有武功以振安樂氣象。漢武帝、唐武宗皆以「聰明果毅、蹈屬發揚、思欲振殊俗」揚威遠方的夷蠻部落，耀榮光而揚大烈。比之今日情形，大致相同。

故大行皇帝尊諡宜天錫之曰：「承天達道英肅睿哲昭德顯功宏文思孝毅皇帝」，廟號：「武宗」。上以配九廟之徽稱，下以新四方之觀聽。

臣等拜手稽首謹議。

最後補充說明，毛澄等百官所上廟號為「武」，按《諡法》取其「克定禍亂，又威強敵德，又保大定功曰武」之意，充分肯定了武宗成功抵禦蒙古入犯，平定安化王、寧王之亂的功績。

「毅」皇帝，即武宗帝號。《諡法》稱：「致果殺敵，又強而能斷曰毅。」這是讚譽武宗其勇敢地殺敵立功、威武英雄的形象。

想想看，武宗一朝，既發生了劉瑾的閹黨之亂，又有兩次藩王效仿明成祖發起的叛亂，還有佞臣江彬之禍，多次農民起義，流民四起，卻在武宗的帶領下一一平定、肅清。如果說，武宗為人真如《明武宗實錄》上記載的不堪，豈非中國歷史上一大奇蹟？！

所以，明武宗是否被《明武宗實錄》所抹黑，乃是不言而喻。

寧王之言：朱厚照非朱家血脈可信嗎？

《明孝宗實錄》卷一百九十三記，弘治十五年十一月，內閣大學士劉健等進言：「今冬以來因東宮進藥，上廑聖慮，數日之間奏事益晚，今經兩月未復前規。」即這一年尚在東宮的朱厚照患病，醫治了兩個月才見好轉。

這條記載萬不可輕視，它至少說明了一點：即明武宗自小落下病根，容易在冬天發病，嚴重者呼吸急促、甚至吐血，危及生命。

的確，說起明武宗的體質，遍觀明朝諸帝畫像，最清奇羸瘦的就是武宗，一副憊憊然病夫相。

另外，武宗十五歲登基，三十一歲駕崩，在長達十六年的時間裡一直沒有子嗣，從這個側面，也可推知他身體底子不好。

說起武宗沒有子嗣，又不得不提一下發生在正德十四年（西元1519年）的一段小插曲。

《明武宗實錄》卷之一百七十五記：「上久無繼嗣，又不時巡幸，人情危懼。濠日夕覬覦，大物既與錢寧輩，定謀寧矯。上命以玉帶賜之。濠喜，令府中官屬衣紅者四十餘日。」

這裡說的是武宗大婚多年無子，又行無定性，喜歡四處巡遊，朝臣認為儲君不備，人心不穩，國本動搖，因此上書建議早日選宗室之子入宗廟。寧王朱宸濠覬覦帝位，就想將世子入繼大統，幻想在武宗死後自己成為太上皇，從而輕取天下。為此，朱宸濠派重金遍賂宮中權幸，為世子入繼大統做努力。在錢寧等人的鼓動下，武宗對朱宸濠世子入繼大統的請求持默許態度，賞朱宸濠玉帶。朱宸濠大喜，「令府中官屬衣紅者四十餘日」。

第七章　明朝皇帝的光與影

不過，朱宸濠種種不軌形跡顯露，世子入繼大統的夢想最終落空。

朱宸濠因此惱羞成怒，起兵叛亂。

正德十四年（西元 1519 年）六月十三日，朱宸濠借在王府設壽宴答謝賓客之機，戎裝走上大殿前臺上，大聲說：「孝宗為李廣所誤，抱民間子，我祖宗不血食者十四年。今太后有詔，令我起兵討賊，亦知之乎？」拉開了叛亂的帷幕，起兵出市。

朱宸濠提到的孝宗，即武宗朱厚照的父親朱祐樘。李廣是孝宗在位時的大太監，他的意思是孝宗沒有兒子，誤聽了大太監李廣的讒言，抱養了一個民間百姓的嬰兒充當自己的孩子，即現在的明武宗朱厚照。朱厚照登位，致使大明王朝已有十四年不姓朱了，今日奉皇太后詔令，起兵推翻朱厚照。

朱宸濠說皇太后詔令他起兵云云，自然是假的。但他說朱厚照是民間百姓的孩子，倒非空穴來風。

至今，朱厚照的身世仍是一個未解之謎。

話說，明孝宗朱祐樘是明代人君典範，仁政愛民，克勤克儉，在人品上幾乎無可挑剔。就連對待後宮妃嬪的態度，也是歷朝歷代皇帝以來獨一份：只有一個皇后，不立妃嬪，推崇一夫一妻，帝、後宮中同起居，如民間伉儷。

孝宗此舉，是一美德。

但對帝王家而言，並不是好事。

普通人家，也要講究香火傳承，而帝王家傳承的可是萬里錦繡江山。

所以，自古以來的帝王坐擁三宮六院，並不一定是單純為了滿足那方面的需求，更多的是要開枝散葉，以保證帝位的承接。

明孝宗單戀張皇后這一枝花,也不知是他們倆誰的生育能力有問題,反正過了四年還沒有懷上孩子。

皇帝不急太監急,皇帝子嗣關係到傳承王朝大統,大臣和宗室皇親都焦急萬分,不斷上書催促皇帝從速選妃以廣儲嗣。

孝宗卻攜手張皇后打起了一場愛情保衛戰,堅持不納妃嬪。為了給大臣和宗室皇親一個交代,他們一起在宮中齋戒,祈求上蒼憐憫,並於弘治四年九月傳出喜訊,張皇后產下了一位皇子!

這個皇子,就是朱厚照。

瞬時,舉國同歡。

但也有人提出了質疑:天下事不會有這麼巧吧?大婚四年,一直沒有生養,大臣們一催,皇子就出生了,這裡面,恐怕有內情。

因此,一個謠言悄悄地流傳起來:即這個皇子並非張皇后所生,而是周太后宮中的婢女鄭金蓮所生。孝宗皇帝和張皇后為了堵住大臣諫勸廣納妃嬪的嘴巴,把這個孩子強行抱了過來。託稱是張皇后所生的龍子。

孝宗和張皇后對於這則謠言似乎也有所風聞,但未予追究。

既然這樣,流言的傳播就更加快速了。

雖說張皇后後來又產下一子一女,破除了她本人不能生育的說法,但「皇子為鄭金蓮所生」的說法還是在各地流傳,甚囂塵上。

到了弘治十七年,言官上奏孝宗,說此妖言惑眾甚深,如不予以嚴懲,必將影響到太子朱厚照的前途。

孝宗這才意識到問題的嚴重性,於是派錦衣衛嚴加追查。

事情並不複雜,三下兩下,錦衣衛就找到了謠言的源頭——來自宮中婢女鄭金蓮的「父親」鄭旺和宮中小太監劉山兩人。

第七章　明朝皇帝的光與影

孝宗命人將這兩個人逮捕，親自審查。

鄭旺原來是武成中衛中所的一名替補士兵，住京城附近鄭村鎮，家境貧寒，把一個十二歲的女兒賣給東寧伯焦家做婢女，不久轉賣給沈通政家，之後其女又被再次賣掉。數年之後，鄭旺聽說鄰村駝子莊鄭安家有一女兒入宮，鄭安很快就要成為皇親了。也不知怎的，鄭旺突然想起了自己那個被轉手賣了多次的女兒，並鬼迷心竅，認定入宮的就是自己的親生女。為了能做上皇親，鄭旺透過種種關係，結交上了小太監劉山，託他在宮中幫忙尋找自己的女兒。劉山在宮中地位低下，能力有限，無從尋找，只知道宮中有一個姓鄭的下等宮女，名叫鄭金蓮，僅此而已。

急於對號入座的鄭旺認定了這個鄭金蓮就是自己的女兒，時不時帶一些時令蔬果託劉山帶入宮中交給女兒。劉山其實跟鄭金蓮也不熟，為了應付鄭旺，就從宮中隨便找點衣物交給鄭旺，謊稱是鄭金蓮所送。鄭旺得了這些衣物，到處顯擺，吹噓自己的女兒得到皇帝的恩寵。朱厚照出生後不久，劉山腦洞大開，對鄭旺說朱厚照是鄭金蓮所生，因張皇后沒有生育，強行抱了去。鄭旺高興得手舞足蹈。而等朱厚照被冊封為皇太子，鄭旺更加閒不住了，四面八方去炫耀，說自己是「皇親國戚」，是皇帝的老丈人，當今皇太子的親外公。

鄭旺還狗膽包天，去孝宗皇帝妹妹仁和公主駙馬齊世美府上拜訪。

而齊駙馬兒子對鄭旺也不敢怠慢，迎來送往，送給了他豹皮、馬鞍、紗羅、衣襦等禮物。

鄭旺得到這些東西，越發不可收拾，擺起皇親的派頭來，在鄉間作威作福。

就這樣，「皇子為鄭金蓮所生」的流言鬧得滿城風雨，世人皆知。

孝宗審理了此案，判處的結果是，太祖皇帝立有太監不得干政祖制，劉山干預外事，罪當處死；鄭旺妖言惑眾罪、冒認皇親，判以監禁之刑；宮女鄭金蓮被送入浣衣局為奴。

本來孝宗親自處理此案，就引發了民間陣陣譁然。

人們都說，當今皇上之所以要親自御審此案，就是擔心別人知道事情的真相，看來，鄭旺的確就是皇上的國丈，當今皇太子的確就是鄭金蓮所生。

而孝宗的判處結果更讓人「證實」了先前的懷疑：本案的主角是鄭旺，怎麼只判了個監禁？看來，他必定是皇上的國丈！

故事還沒有完，朱厚照繼位後不久，就下詔釋放了關在大牢中的鄭旺，並派人將其送回家鄉。

而鄭旺出獄之後，更加變本加厲，聲稱當今皇上朱厚照就是自己的外孫，還揚揚自得地說，自己之所以獲釋，就是有這層關係在。

鄭旺還說，女兒鄭金蓮雖然是在浣衣局，卻過著太后般的生活，連宮裡的大太監見了她也要恭恭敬敬的。

可還真別說，當時在司禮監教書的翰林院編修王瓚說：「某日，他從司禮監教書出來，看一個宮女被送進了浣衣房，那個宮女身裹一件紅色氈衫，看不到長相，只遠遠看到一雙小小足弓。浣衣局守門宦官看她來了，都恭敬地站立兩旁，可見身分不同尋常。」

鄭旺在外面過足了嘴癮還不夠，正德三年（西元1508年），還夥同同鄉王璽闖到皇城東安門外，口口聲聲說要面聖以奏「國母」被囚禁的實情。

東廠「成全」了他們，把他們逮捕入獄，上報明武宗朱厚照。武宗責令大理寺嚴審此案。審判之時，鄭旺面無懼色，在堂上一口咬定自己無罪，

第七章　明朝皇帝的光與影

再三表示皇上真的是女兒鄭金蓮的親骨肉。

但是，這次的風波搞得太大了。

大理寺判他妖言惑眾罪，累犯，死刑，押往菜市口腰斬處死。

不過，人們都說，武宗這是要維護嫡長子承繼大統的尊嚴地位，大義滅親。

說起來，考諸明實錄，也讓人感覺到張太后跟明武宗之間的母子關係並不正常。明武宗繼位不久，就搬出了皇宮，居住在豹房，遠離張太后。而武宗後來病重，張太后也沒有探望過一次兒子。當時，刑科給事中顧濟上奏疏指責說：「人間至情莫過於母子，如今皇帝孤身在外，兩宮隔絕。」張太后對武宗的生死毫不放在心上，武宗死後，也無悲戚表現，只是與大學士楊廷和積極張羅著擁立新君。這有悖於母子間的親情倫理。不管怎麼說，武宗的身世疑點重重，真實情況到底如何，後人只能靠猜了。

朱宸濠發動叛亂，充分利用了這一點，為自己造勢。

話說回來，朱宸濠「賊喊抓賊」，他本人的身世也不見得有比較光鮮亮麗。

朱宸濠是第四代寧王朱覲鈞的兒子，「庶人（宸濠），康王之庶長子也」。但《明史》、《罪唯錄》等史籍在提及朱宸濠的出身時，均說：「其母，故為娼。」即他的生母，原本是妓院裡的妓女。

而且，朱宸濠剛剛出生就遭到祖父朱奠培的厭惡，差點要將他溺死。

史書也載：「濠幼有禽獸行，其父康王屢欲殺之。」即非但其祖父朱奠培要將他溺殺，其父親康王也多次要殺了他。不過，康王終生只有他一個兒子，為避免斷後，最終留下了他，並封他為世子。

多行不義必自斃，康王雖然留下了朱宸濠一條小命，朱宸濠卻鋌而走險，走上了叛逆道路，最終還是國除身死。

楊廷和的陰影：是否涉嫌謀殺明武宗？

明武宗朱厚照是大明王朝第十任皇帝，名聲很臭。清朝統治者往往把他當反面教材教育皇子，只要皇子讀書稍有懈怠或思想開小差，就是劈頭蓋臉一頓好罵：「你到底想怎樣？！是不是想學敗家子朱厚照？！」

不過，很奇怪，清朝統治者說明武宗是敗家子，但明武宗在世時，明朝並未敗亡，非但沒有敗亡，還政治清明，國力日上。

事實上，明武宗朝也算是多事之秋，初有以太監劉瑾為首的「八虎」之亂；又有安化王、寧王兩大藩王效仿明成祖起兵；還有山東盜起、義州軍變，固安、永清、霸州、文安等地動亂，河北霸州劉六、劉七起義，動亂波及南北直隸、山東、河南、湖廣等地；更有蒙古人不斷犯邊入寇，正所謂「多方變起，維城釁生」是也。

但是，在明武宗治下，這些亂象全被順利清除。在抗擊蒙古人入侵中，明武宗更是身先士卒，親自拎刀子衝鋒在前，砍死一名蒙古人並割下其頭顱帶回。

這種悍勇作風，只見於開國皇帝的時代；在盛世帝王的時代裡，可謂絕無僅有。

我們都知道，清高宗乾隆帝號稱「十全老人」，有「十全武功」，但這「十全武功」中，哪一功是清高宗親自披堅執銳建立的？

還有，清聖祖康熙帝也以文治武功稱道於世，其本人更喜歡以個人武力在人前矜誇，自稱：「朕自幼至今已用鳥槍弓矢獲虎一百五十三隻，熊十二隻，豹二十五隻，猞二十隻，麋鹿十四隻，狼九十六隻，野豬一百三十三口，哨獲之鹿已數百，其餘圍場內隨便射獲諸獸不勝記矣。朕

第七章　明朝皇帝的光與影

於一日內射兔三百一十八隻，若庸常人畢世亦不能及此一日之數也。」

就算康熙說的是真，就算在捕獲這些獵物時全是他一個人獨力而為，沒有其他士兵、侍衛幫忙，他不也有「鳥槍弓矢」可以倚仗嗎？

明武宗沒有條件開展這種大場面的圍獵活動，卻力健膽豪，敢赤手空拳入虎籠與猛虎搏殺。

可見，從這個角度來說，明武宗應該也有其可取之處。

然而，就是這個勇於與猛虎較勁的敗家子朱厚照，在正德十四年閱邊還歸宣府時，《明實錄》還記：「帝東西遊幸，歷數千里，乘馬，腰弓矢，涉險阻，冒風雪，從者多道病，帝無倦容。」改年，就一病不起，延宕數月，一命歸西——這也就成了大明王朝的一大疑案。

關於明武宗之死，一般人的想法可能就是，明武宗領大軍平定寧王朱宸濠作亂後，返回京城，途經清江浦，一時興起，駕小舟在積水池中撒網捕魚。突然小船翻倒，失足掉落水中。雖然很快被周圍的太監和侍衛救起，但還是喝了不少水。時值秋天，池水有些涼，落水後又受了驚嚇，當晚，就患病了，並且發起了高燒。回到北京之後，儘管一直接受太醫的治療，但病情卻始終不見好轉，身體狀況每況愈下，甚至突然吐血。到了第二年的三月，終於在一場狂吐血後駕崩，年僅三十一歲。

武宗正值盛年，而且身強力壯，不過落水生了一場病，怎麼就這樣輕易死去了呢？而且，從落水到病死，並非突然死亡，中間相隔了四五個月，有大量時間進行醫治、調理，整件事讓人覺得不可思議。

且讓我們透過《明武宗實錄》來看看這四五個月時間裡武宗的病情變化，以還原這場死亡事件背後的真相。

《明武宗實錄》記載武宗於清江浦落水在正德十五年九月十五，而十

月初六抵達天津衛(「上至天津」)。

沿大運河從淮安清江浦到達天津衛距離約八百公里,從九月十五到十月初六,共二十一天,武宗鑾駕規模數萬人,以平均每天四十公里的行程,速度很快。

按照這個速度推測,可能是病情嚴重,爭取早日回京。

但是,《明武宗實錄》卻記載,武宗到了天津,滯留了十天,於十月二十六日移駕通州。在通州滯留時間更長,十二月十五日,在通州將寧王正法,十二月二十日才宣布還京。

為什麼在通州滯留了這麼久?又為什麼等不到回北京城而在通州就處死寧王?

《明武宗實錄》透露了一句:「傳者皆以江彬將復邀上北幸,故欲速決此獄云。」即江彬邀武宗北巡宣大。

《明史》卷二百九十九〈方伎〉可更清楚地證明這一點:「……扈歸通州,時江彬握兵居左右,慮帝晏駕己得禍,力請幸宣府。」

雖然《明史》卷二百九十九〈方伎〉也說武宗到了通州,「疾已深」,江彬「慮帝晏駕己得禍」,御醫吳傑後來又力勸武宗,說「疾亟矣,僅可還大內」,但按常理推測,若武宗真是已經到了病危關頭,是不可能在天津、通州停留這麼長時間的。

很可能是武宗的身體狀況並沒有什麼大礙,才有再巡宣大的計畫,其在通州處決寧王,就表示有過京師而不入的意向了。

不過,武宗最終被吳傑的「疾亟矣,僅可還大內」所恫嚇住,放棄再巡宣大的行動,於十二月二十日正式啟程還京。

《明武宗實錄》記:當日,「文武百官迎於正陽橋南。是日大耀軍容,

第七章　明朝皇帝的光與影

俘諸從逆者及家屬數千人陳輦道東西，陸完、錢寧等亦皆裸體反接。以白幟標姓名於首，死者懸首於竿，亦標以白幟，凡數里不絕。上戎服乘馬立正陽門下，閱視良久乃入。諸俘者自東安門逾大內而出，彌望皆白，識者訝其非美觀云。」

這樣看來，明武宗身著戎裝，騎高頭大馬立於正陽門下，閱視軍容，良久才入城。

正常來說，身體和精神狀況都還不錯。

但《明武宗實錄》正德十五年十二月二十三（丁酉）條又記：「大祀天地於南郊。初獻時，上拜，嘔血於地，不能終禮，遂扶歸齋宮。」即僅僅三天之後，明武宗就在大祀天地的現場發病吐血，無法完成祭祀之禮，而由衛士扶歸回宮。

這病情，發作得出人意料。

這之後，直到十二月二十八，武宗才視朝。

到了正德十六年正月初一，武宗親自致祭奉先殿、奉慈殿，拜見皇太后並出御奉天殿接受文武群臣及四夷朝賀。

因為武宗的這兩次出現，大臣們似乎沒有對武宗的身體有太多的擔心。

如正月初十，大學士楊廷和等人就上疏稱：「臣等伏睹皇上於前月二十八日及正旦令節，兩次視朝。犬馬之情，無不欣慶！」

正德十六年正日二十日，刑科給事中顧濟還上疏勸武宗「膳羞藥餌，必令檢點，或時賜召對，以通下情。其餘淫巧雜劇之伎，傷生敗德之事，一切屏去。則保養有道，聖躬不患不安矣」。似乎，這期間明武宗還有充分的精力做些「淫巧雜劇之伎，傷生敗德之事」。

雖然在二月初十、三月初一又出現了「上疾未平」、「上不豫」等字眼，

楊廷和的陰影：是否涉嫌謀殺明武宗？

但三月初七，武宗又發出命令：「以三月十五日殿試。」打算主持殿試。

而幾天之後，即殿試前一日（三月十四），「上崩」，明武宗駕崩了。

很多人從武宗的意外死亡過程來看，認為他是死於謀殺。

至於謀殺的凶手，一開始，多數人認為是江彬。

理由很簡單：江彬有殺人動機。在寧王叛亂中，王守仁擒住了寧王，在王府中搜到一份朝中眾臣收受寧王賄賂的名單，上面有江彬的名字。既然江彬與寧王有勾結，則寧王倒臺，江彬肯定要想法自保，於是鋌而走險，買通太醫，下毒暗殺了武宗。

似乎，這一分析很有道理，畢竟江彬是武人，武人行事，只顧眼前，不顧後果。

但是，江彬毒害武宗的嫌疑，經不起推敲。

自土木堡之變後，以于謙為代表的文官系統獨大，武官集團受到了打壓。江彬本是明朝邊將，陡然登上高位，是得到了武宗的寵愛，被武宗收為義子，賜姓朱，封為宣府、大同、遼東、延綏四鎮的統帥，足以在朝堂上與文官系統抗衡。

想想看，如果不是明武宗的支持，江彬別說能在朝堂上與文官系統分庭抗禮，可能還在邊塞吃沙子。

再有，武宗去世時，江彬早已被楊廷和調到了通州，並不在現場。

最重要的是，武宗死後，江彬毫無心理準備，輕而易舉地被皇太后張氏和文官系統代表楊廷和祕密捉獲，後來被處以磔刑。

況且，江彬也談不上和寧王勾結，他不過出現在寧王的受賄名單中，那份名單中，共有朝廷眾臣一百餘人，單為這個，就作出弒君謀反的事，成本太高。

第七章　明朝皇帝的光與影

所以，江彬作案的可能性不大。

實際上，內閣首輔楊廷和的名字，也出現在寧王的受賄名單中，誰人敢斷定，這份受賄名單不是寧王瘋狗亂咬、故意誣陷好人而作呢？

或者，如果說江彬因為這份受賄名單而萌生弒君之意，那是否楊廷和也同樣有可能萌生弒君之意呢？

別說，還真有人懷疑到了楊廷和的頭上。

楊廷和弒君的理由比江彬還充分。

即明武宗執政後，不願意文官系統過度膨脹，為擴張皇權，大力提拔了武將系統的江彬、宦官錢寧等人來壓制文官系統。則以楊延和為代表的文官系統不甘就範，就串通太醫下毒殺死了明武宗。

關於楊廷和謀殺明武宗的緣由，以作家傅小凡的分析最為精采：「皇帝朱厚照的突然駕崩，使得皇帝重掌朝廷軍事大權和重建武將勢力的努力夭折了。同時朱厚照沒有兒子，迎立外藩的權力就完全掌握在楊廷和的手中，必然會給文官集團勢力的進一步膨脹帶來機會。因此，皇帝朱厚照的突然駕崩，最大的受益者正是文官集團，當然也包括楊廷和自己。綜合以上幾個理由，我認為，皇帝朱厚照落水只是個意外，雖然朱厚照因此感冒發燒，或者得了急性肺炎，卻給以楊廷和為代表的文官集團提供了絕好的機會。楊廷和先以治病為藉口，控制了皇帝的行動，甚至將皇帝軟禁起來。然後，在楊廷和的授意之下，經過太醫的精心調治，最終，年僅三十一歲的皇帝朱厚照駕崩了。朱厚照的死意味著，皇帝與文官集團的權力爭奪以文官集團取得完勝而告終。」

傅小凡先生的分析的確精采，但其中還是存在有巨大的缺漏。

和江彬謀殺明武宗可能性不成立一樣──謀殺付出的成本巨大，收

楊廷和的陰影：是否涉嫌謀殺明武宗？

穫卻不對等。

自古以來，弒君是禍及九族的大罪，如果沒有豐厚的利潤回報，是沒有人會輕易主動付諸行動的。

也就是說，通常的弒君行為，要麼就是自己的性命、包括家人性命受到威脅，被逼搏個魚死網破；要麼就是自己已經具備了篡位自立的實力，要取而代之。

以上兩點，楊廷和均不沾邊，要說他會行弒君之大惡，真是匪夷所思。

並且，說楊廷和弒君的目的只是為了維護文官集團的利益，犯得著嗎？拿自己一家老小的性命去換龐大文官集團的利益，楊廷和傻掉了吧？！

就算楊廷和真傻到了這個地步，他又為知繼位的新皇帝是個什麼樣的角色？新皇帝一定比明武宗差？一定比明武宗容易擺布？

事實上，楊廷和是明武宗在東宮讀書時的老師，兩人感情一直都很好，換了個新皇帝，到時用不用你楊廷和還另說呢。

所以，楊廷和謀殺武宗之說根本不成立。讓我們去掉可怕的陰謀論，換另外一個角度來看這個問題吧。不錯，明武宗可以征戰，可以乘馬巡邊，還勇於跟猛獸叫板，但他的身體真的像我們想像中那樣強壯嗎？根據相關史料，我們可以一路追蹤明武宗成長過程中的患病經歷。

《明孝宗實錄》卷一百九十三記，弘治十五年十一月，內閣大學士劉健等進言：「今冬以來因東宮進藥，上廑聖慮，數日之間奏事益晚，今經兩月未復前規。」即這一年尚在東宮的朱厚照患病，醫治了兩個月才見好轉。

《明武宗實錄》卷二十一又記：「正德二年正月，上不豫，傳旨暫輟視朝。」

第七章　明朝皇帝的光與影

《明武宗實錄》卷四十七記：「正德四年二月丙子，鴻臚寺請御經筵，上曰：朕偶感微嗽，姑俟三月以聞。」

武宗的貼身御醫吳傑為武進人，《武進縣誌》中吳傑的傳記，有「上病喉甚危，按名召傑，進上清丸一服而愈，自是得幸」，有「上射獵還，口出血，傑進犀角湯，愈」、「試馬御馬監，腹卒痛，傑療之無不立愈者」等記載。

由此種種，可見武宗自小就落有病根，極容易在冬天發病。再聯想朱厚照做太子時，孝宗為他開了特例，每到入冬就不出來接受群臣朝拜，究其原因，就是其在冬天容易受寒得病。發生在正德十四年三月的「南巡事件」，《明外史》中的吳傑傳記裡又記：「帝欲南巡，傑諫曰：『聖躬未安，不宜遠涉。』帝怒，叱左右掖出。」

也是因為這一次的任性，吳傑被趕走，以至於正德十五年九月清江浦落水，最先給武宗看病的不是吳傑，而是太醫院院判盧志。

盧志是蘇州崑山人，《蘇州府志錄崑山志》有記：「武宗南巡，不豫，召志診視。志趣告諸大臣，言：冬得夏脈，於法不治，願定皇儲，以安國本。」

按照《黃帝內經》裡的說法，「冬得夏脈」，就是得了不治之症。也就是說，落水只是誘因，其實武宗早有重疾在身，已到了病入膏肓的地步，所以盧志才會說出「願定皇儲，以安國本」之類的話。

其實，武宗十五歲登基，三十一歲駕崩，在長達十六年的時間裡一直沒有子嗣，從這個側面，也知他身體底子不好。

的確，遍觀明朝諸帝畫像，最清奇羸瘦的就是武宗，說他是一副病夫相，也不為過。

楊廷和的陰影：是否涉嫌謀殺明武宗？

《明外史》記，明武宗到臨清後就火速派人進京召取自己最信任的太醫吳傑前來治病。也出現了上面提到的《明史》卷二百九十九〈方伎〉所記吳傑力勸武宗「疾亟矣，僅可還大內」之語。

盧志、吳傑兩位太醫都給出了絕症的報告，即武宗死亡真相已經很清楚了。

《明武宗實錄》卷一百九十四記武宗還京之日「戎服乘馬立正陽門下，閱視良久乃入」是不錯，但他其實是在勉力支撐。因為，禮部此前曾擬定一個正式的獻俘儀，「上可其奏，值上弗豫，弗果行」，因病重而取消。

同卷書記，三天後（十二月二十三日），武宗掙扎著出郊祭天，結果「嘔血於地，不能終禮」。

上文提到，武宗曾於十二月二十八視朝，但《明武宗實錄》記載的文字讓人揪心：「上力疾視朝。」即強行支撐病體視朝。正德十六年正月初一，武宗又親自致祭奉先殿、奉慈殿，拜見皇太后並出御奉天殿接受文武群臣及四夷朝賀。

正是因為武宗的這兩次出現，大臣們以為武宗的身體已經沒有大礙了。

大學士楊廷和在正月初十說的「臣等伏睹皇上於前月二十八日及正旦令節，兩次視朝。犬馬之情，無不欣慶」，其實是內閣對皇帝的近況一無所知，全憑內豎轉達的緣故。

而從《明武宗實錄》卷一百九十五、《明武宗實錄》卷一百九十七有楊廷和「欲令臣等擬旨博訪精通醫藥者」、司禮中官魏彬等「國醫力竭矣，請捐萬金購之草澤」等語，可知群臣是後來才知悉武宗病情嚴重的。

持陰謀論者認為，楊廷和下毒殺害武宗後，才和皇太后商議興獻王世子朱厚熜嗣皇帝位的。

第七章　明朝皇帝的光與影

《明武宗實錄》卷一百九十七有明確記載，武宗在去世前五天，親自下詔讓興王世子朱厚熜預襲王位——這已經是明確表態由朱厚熜嗣皇帝位了。

把武宗死亡前後事捋清楚，就不難發現，是武宗本人身體條件不好，久病成絕症，最後不治身亡。

一句話，陰謀論可以休矣。

豹房的真相：正經還是不正經？

很多人認為，《明史》是清朝史官修的，清朝為了彰顯其得國之正，必定會不遺餘力地抹黑明朝，尤其會專注於抹黑明朝的皇帝。

所以，對於發生在明朝的許多事，寧願選擇相信《明實錄》而不願相信《明史》。

但是，只要想想明成祖三修《明太祖實錄》的事，就知道《明實錄》也不一定可靠。

當然，明成祖《明太祖實錄》不會存在什麼抹黑行為，頂多是文過飾非，竄改一些歷史細節罷了。

明朝的第十位皇帝明武宗朱厚照卻慘遭《明史》和《明實錄》雙重抹黑。

明武宗命不好，死後沒有子嗣，帝位傳給了堂弟明世宗。

明世宗即位後，組織史官編纂《明武宗實錄》，故意把一些明武宗留中的奏摺交付給了修實錄的史官，這些留中的奏摺全是指責明武宗的，用意不言而喻。

豹房的真相：正經還是不正經？

明世宗為什麼會這樣做呢？

已故史學家李詢一針見血地指出，明世宗以藩王入承大統，標榜改革武宗朝「弊政」，其在《明實錄》中對於武宗朝的弊政揭露得越多，越能爭取人心。

纂修諸臣也是反對武宗朝「弊政」的，世宗既已給《明武宗實錄》的編纂方針定了調，則他們抹黑起武宗來那是毫無顧忌。

可以說，明武宗的身後評價，在明朝皇帝中是最差的了。

《明史》和《明武宗實錄》對武宗黑得最多的地方，就是興建「豹房」。

豹房營建於正德二年八月丙戌，在紫禁城西北，又叫新室、新舍。

關於興建豹房的念頭，《明史・錢寧傳》指稱是錢寧使的壞主意：「（寧）請于禁內建豹房、新寺，恣音伎為樂，復誘帝微行。帝在豹房，常醉枕寧臥。百官候朝，至晡莫得帝起居。密伺寧，寧來，則知駕將出矣。」。

《明武宗實錄》則記：「蓋造豹房公廨，前後廳房，並左右廂房、歇房。時上為群奸蠱惑，朝夕處此，不復入大內矣。」

兩書這麼寫，意在點出豹房是在「群奸蠱惑」下建造出來的建築，屬於不正經的場所。

豹房到底有什麼魔力，可以讓武宗「朝夕處此，不復入大內矣」呢？

《明武宗實錄》給出的理由是，裡面蓄養有大量女人供武宗享受。

書中還煞有介事地記載，錦衣衛都督同知于永是色目人，「善陰道祕術」，他向武宗進言說回女「晰潤而闇燦」，比中土的漢族女人更狐媚動人。其時都督呂佐也是色目人，于永矯旨索要呂佐家裡善西域舞的十二名回族女子，全部進獻給武宗。後來又鼓動武宗下令召諸侯伯家中色目籍的女子到內宮傳教跳舞，凡闔眼緣的，一律留歸己用。

第七章　明朝皇帝的光與影

　　參與纂修《明史》的清朝史官毛奇齡另寫《明武宗外紀》作補充，說武宗為修建豹房花費了大量白銀，豹房地下建造密室，密室中除了蓄養野獸，還蓄養有大量貌美如花的女子。武宗就在裡面和這些女子同喝同眠，醉生夢死。

　　但是，這是事情的真相嗎？首先，豹房並非錢寧或武宗的獨創，元朝時期皇室已有築高牆豢養虎豹等猛獸以供玩樂的風氣，不但有豹房，還有虎房、象房、鷹房等處，後又訛稱為坊，如羊坊、象坊、虎坊等，北京至今尚存此類地名。

　　其次，從大學士楊廷和日記中，我們可以把豹房的功能看得很清楚。

　　正德十四年（西元1519年），太監張永敦促楊廷和到豹房面謁武宗，楊廷和悲憤交加地答：「我輩止知聖駕在乾清宮，不知豹房何在。聞公等朝夕奏事豹房，不知所奏何事。我輩名為大臣，凡事不得與知，每日票本送上，輒從中改，不知何人執筆。看來我輩只當六部中都吏，謄稿而已！」

　　楊廷和為什麼會發這樣的牢騷呢？

　　原來，在土木堡之變中，明朝開國武人勳貴集團和靖難功臣集團基本被一網打盡。此後，明朝文官集團經過北京保衛戰一枝獨大，成為國家的主宰。

　　武宗登位，感覺到了這個問題的嚴重性，有意削弱以內閣大學士為主的文官集團控制軍方及中央政府的權力，既施政自主，又要重振明初尚武傳統，以使兵政恢復到明初時居於顯要地位，但遭到了文臣的大力干涉。為了擺脫文臣們的掣肘，不得不在禁城之外另建宮殿和行政官廨——豹房。

　　即豹房官廨其實是武宗的軍事總部和行政中心。

這麼一來，情況就如楊廷和所說，豹房的官廨設立，大內朝廷形同虛設，內閣大臣們地位大降，毫無行政權力，就跟謄稿的小吏相似。

這教楊廷和如何不憤怒？！

這又教楊廷和底下的大大小小文臣們如何不憤怒？！

所以，文臣們，包括修《明武宗實錄》的史官們，不可避免地要惱羞成怒，刻意掩蓋豹房這一行政功能，而把武宗刻劃成終日受到群小擺布，只知沉湎於酒的愚人。甚至出現了這樣的貶損：「上嗜飲，常以杯杓自隨，左右欲乘其昏醉以市權亂政，又常預備瓶罍，當其既醉而醒，又每以進。或未溫，也輒冷飲之，終日酣酗，其顛倒迷亂，實以此故。」

不過，同是一部《明武宗實錄》，在講到武宗巡視西北邊，從宣府返回北京時，卻又寫：「自宣府抵西陲，往返數千里，上乘馬，腰弓矢，衝風雪，備歷險厄，有司具輦以隨，也不御。閹寺從者多病憊弗支，而上不以為勞也。」

「終日酣酗，其顛倒迷亂」與「腰弓矢，衝風雪，備歷險厄」的形象對比，分明就是天下第一昏君隋煬帝與天下第一明君唐太宗的對比。

哪一種更接近武宗本人，就由讀者自己理解了。

桀紂之名與堯舜之實：百姓心中的明君

萬曆皇帝朱翊鈞是明朝的第十三位皇帝，也是明朝在位時間最長的皇帝，廟號為明神宗。

關於這位皇帝，長久以來，一直圍繞著許多褒貶相異、正反不同的爭論，官員罵他是桀紂，百姓卻稱他是堯舜。

第七章　明朝皇帝的光與影

萬曆當政時，內閣首輔沈一貫批評他「視財太重，視人太輕；取財太詳，任人太略」。

吏部侍郎馮琦抨擊他「奸內生奸，例外創例，不至民困財殫激成大亂不止」。

工科給事中王德完說他「令出柙中之虎兕以吞噬群黎，逸圈內之豺狼以搏噬百姓」。

大理寺左評事雒于仁甚至上〈酒色財氣四箴疏〉指責他是「酒色財氣」四毒俱全。

清高宗乾隆在〈明長陵神功聖德碑〉中則說：「明之亡非亡於流寇，而亡於神宗之荒唐。」

《明史・神宗本紀》也一脈相承地說：「明之亡實亡於神宗。」

《中國通史》跟著評價為：「明神宗在位四十八年，前十年奮發圖強，中間十年由勤變懶，最後近三十年『萬事不理』。他的主要特徵，是貪酒、貪色、貪財而又貪權。」

《中國全史》也說：「明神宗怠政時間之長久，程度之嚴重在明代皇帝中是前所未有的。由於他長期不理政務，政府『曹署多空』，加上黨派紛爭，宦官橫行，致政治混亂腐敗已極，國力衰弱殆盡，明王朝已無可避免地走上了滅亡之道。」

……

可是，生活在那個時代的民眾卻否認上述說法。

出生於萬曆二十八年的小說家丁耀亢在清康熙八年寫了〈古井臼歌〉長詩，其中有這麼一句：

「神宗在位多豐歲，鬥粟文錢物不貴。門少催科人晝眠，四十八載人

如醉。」

是說神宗在位期間，百姓豐衣足食，物價低廉，罕有稅吏上門催收錢糧賦稅，百姓可以放心地睡懶覺，四十八年裡的生活讓人沉醉不願醒。

另一首〈長安秋月夜〉寫：「憶昔神宗靜穆年，四十八載唯高眠。風雨耕笞歌帝利，邊廷遠近絕烽煙。」

萬曆在位的四十八年裡，百姓生活安靜祥和。百姓耕作如常，社會太平。

明末大才子吳偉業的〈木棉吟〉則寫：「眼見當初萬曆間，陳花富戶積如山。福州青襪烏言賈，腰下千金過百灘。」

萬曆年間富豪的財富堆積如山，福州的富商攜帶千金坐船外出經商，招搖過市，河邊的女子鶯鶯嚦嚦，評頭論足，說商船來了。

生活在萬曆年間的文人顧夢遊寫〈秦淮感舊〉：「余生曾作太平民，及見神宗全盛治。城內連雲百萬家，臨流爭儎笙歌次。」

在顧夢遊的眼中，萬曆時期就是中國的太平盛世。

明末清初陸應暘所著之《樵史通俗演義》，裡面是這樣描畫萬曆時期的太平盛世的：

且說明朝洪武皇帝定鼎南京，永樂皇帝遷都北京，四海賓服，五方熙攘，真是個極樂世界，說什麼神農、堯、舜、稷、契、夔。傳至萬曆，不要說別的好處，只說柴米油鹽雞鵝魚肉諸般食用之類，哪一件不賤？假如數口之家，每日大魚大肉，所費不過二三錢，這是極算豐富的了。還有那小戶人家，肩挑步擔的，每日賺得二三十文，就可過得一日了。到晚還要吃些酒，醉醺醺說笑話，唱吳歌，聽說書，冬天烘火夏乘涼，百般玩耍。那時節大家小戶好不快活，南北兩京十三省皆然。皇帝不常常坐朝，大小

第七章　明朝皇帝的光與影

官員都上本激聒,也不震怒。人都說神宗皇帝,真是個堯、舜了。一時賢相如張居正,去位後有申時行、王錫爵一班兒肯做事又不生事,有權柄又不弄權柄的,坐鎮太平。至今父老說到那時節,好不感嘆思慕。

不難看出,萬曆皇帝就是老百姓心目中的堯舜!

生於萬曆二十二年的一代史學家談遷在《國榷》中追憶萬曆時代,感慨無限地寫道:「現在的士民眾口嗷嗷,追念萬曆時的寬政,謳吟思慕,即使已經改朝換代仍念念不忘!」

史學家樊樹志在《萬曆傳》中則這樣總結:「萬曆皇帝在位的萬曆一朝四十八年,在明代歷史乃至在中國歷史上都是很輝煌的一段。經濟的迅速發展,商品經濟的高度發達,人文蔚起,能人輩出,令世人矚目!」

最後,讓我們以萬曆頒發的詔書中的一句話結束本文吧。萬曆二十七年,萬曆皇帝下令將抗倭援朝戰爭中俘虜的倭寇六十一名正法,向全國發表詔書:「我國家仁恩浩蕩,恭順者無困不援,義武奮揚,跳梁者雖強必戮。」

曾幾何時,陳湯的一句「犯強漢者雖遠必誅」成為西漢時代的最強音。而萬曆這一句「中國家仁恩浩蕩,恭順者無困不援,義武奮揚,跳梁者雖強必戮」當為大明朝的最強音。

為什麼說明朝是中國歷史上最剛烈的王朝

歷史學家楊奎松先生有一篇專門寫〈清朝末代皇帝溥儀如何怕死〉的文章。

的確,溥儀是很怕死的。

偽滿洲國時期,溥儀怕死,每次去見日本關東軍高參吉岡安直,都要占卦問吉凶;甚至外出或接見偽大臣,走路先邁哪條腿,夾菜先夾葷還是先夾素,都要占卦問吉凶。

做了日本人的「兒皇帝」,凡事都要聽日本人吩咐,甚至連自己的祖宗都不能認,祭拜的只能是日本的「天照大神」。

溥儀在自傳中頗富阿Q精神地解釋說,他心中一直把祖宗放在第一位,「每逢動身去神廟之前,先在家裡對自己的祖宗磕一回頭,到了神廟,面向天照大神的神龕行禮時,心裡唸叨著:『我這不是給它行禮,這是對著北京坤寧宮行禮。』」

但是,他害怕日本人要了他的命,就只能找「天照大神」保佑,張嘴閉嘴就是「天照大神之神庥,天皇陛下之保佑」。

吉岡給溥儀洗腦。左一句:「日本猶如您的父親,嗯,關東軍是日本的代表,嗯,關東軍司令官也等於是陛下的父親,哈!」右一句:「關東軍是你的父親,我是關東軍的代表,嗯!」不用說,在中國,這是最侮辱人的話。但溥儀跟咸豐、慈禧、光緒這些人都是同樣的德行。平日騎在百姓頭上作威作福,一旦被外力所征服,馬上就會為了保命而割地賠款,只是一味地認賊作父這又成了什麼樣子?

最讓人不可思議的是,溥儀在西元1945年8月16日準備逃往日本時,在瀋陽機場被蘇軍拘捕。當時他首先想到的只是千萬不要落到中國人手裡,說是「若到了中國人手裡,則準死無疑」。

被拘捕後,他像當年極力表示效忠於日本人那樣,竭力去討好蘇聯人。他一面積極指證日本人的罪行,一面把自己帶在身邊的價值連城的金銀首飾主動上交以作「戰後基金」,卑躬屈膝,千恩萬謝。

第七章　明朝皇帝的光與影

　　文章的結尾這樣寫：「一個專制封閉的政權結構，終究是會墮入近親繁殖的物種退化泥潭而無以自拔的。無論始祖皇帝如何了得，其一代不如一代，勢不可免。」

　　但是，明朝後面的幾位皇帝卻與清朝末期這些統治者形成了鮮明的對比。

　　明朝皇帝最令人稱道的地方是：「天子守國門，君王死社稷。」

　　明初，成祖親征大漠歸來，意氣風發地說：「我朝國勢之尊，超邁前古，其馭北虜、西番、南島、西洋諸夷，無漢之和親，無唐之結盟，無宋之納歲薄幣，亦無兄弟敵國之禮。」

　　成祖將都城從南京遷到北京，目的就是要「天子守國門」，讓大明天子親自在第一線守國門。

　　他的子孫也真沒有辜負他的願望。

　　大明王朝歷經共 276 年的風風雨雨，自始至終沒有向任何勢力屈服過──哪怕是暫時的。縱然出現過皇帝被俘的大事，仍是不賠款，不納貢，不用女人換取和平，更不肯割讓一寸土地。

　　即使後金皇太極已經剽掠到了家門口，也從沒放棄過「全遼可復」的願望；即使是李自成重兵摧壓京師，也不肯妥協，寧死不遷都。

　　那位被後人深為詬病的崇禎帝，用五尺白綾來詮釋了「天子守國門，君王死社稷」這十個字。

　　崇禎帝之後，還有弘光、隆武、紹武、永曆四帝。

　　這四位皇帝，在對待死亡上，都表現出了「視死如歸」的氣概。

　　先說弘光帝。這位皇帝，是被明末江南文官為主的東林黨抹黑得最慘的。

　　張岱斥責弘光，說：「自古亡國之君，無過吾弘光者，漢獻之孱弱、

劉禪之痴羅，楊廣之荒淫，合併而成一人。」

陸圻還說弘光昏庸淫亂，不理朝政，「深拱禁中，唯漁幼女，飲火酒，雜伶官優人為樂。」

但張岱、陸圻這些人並無與弘光宮闈密切接觸的機會，他們所記不過是道聽塗說甚至自心臆測。

弘光政權覆滅後，時人史惇曾接觸宮中內侍林爾亮，知道弘光是被世人冤枉的，即在其所著《慟餘雜記》中特別作出過注釋：「一歲之中，但傳弘光宮中諸可笑事。謂其昏庸乃爾。身走家亡，不足恤也。後遇林爾亮云，亦不昏庸，自言我本不肯做皇帝，他們要我做，又一事不聽我行。我為他們所誤。」弘光朝的給事中李清從弘光政權的建立至滅亡一直生活在南京，目睹弘光主政全過程，對於外界盛傳的流言蜚語，不勝憤慨，提筆為弘光辯白，說弘光「於聲色罕近也」，只不過「章奏未能親裁，故內閣外王相倚為奸，皆歸過於上。」

有人非議清軍兵臨南京城下之日，弘光有棄城出逃的可恥行為。

於此，李清在《三垣筆記》裡記，起初，弘光是要與城共存亡的，他慨然道：「太祖陵寢在此，走安往？唯死守耳！」是司禮監韓贊周力勸，他才在馬士英等人的扈衛下出逃的。

至於弘光被清軍捉獲後，面對清豫親王多鐸的審問，文秉在《甲乙事案》中只簡簡單單地寫「終無一語」四個字，但從這四字，已充分表現了弘光不妥協、不投降、不求饒、不屈從、不配合的堅定態度，為他自己的國家及人格保留了應有的尊嚴。

值得一提的是，原先為維護自己及東林黨地位的錢謙益曾極力反對弘光即位，但其在弘光慘遭殺害後，時常感念弘光宵衣旰食、勤政操勞的作

第七章　明朝皇帝的光與影

風,為世人的誣衊和醜化而感到心傷,曾作詩〈一年〉悼念。

弘光被俘之後,明朝士庶又推舉了唐王朱聿鍵為帝,是為隆武帝。

隆武帝遇害於汀州(今福建長汀)。

當時,清貝勒博洛自統大兵取福州,另遣總兵李成棟率輕騎追殺隆武帝一行。

李成棟的追騎急如星火,於半夜殺入汀州府堂,揮兵齊射,隆武帝與眾后妃全都倒在血泊中。

隆武帝殉國,大學士蘇觀生及廣東布政使顧元鏡等人又在廣州推舉隆武帝之弟朱聿鐭即位,是為紹武帝。

紹武帝是南明四帝中骨頭最硬的。

紹武帝即位只四十天,廣州城就被佟養甲、李成棟率領的清兵攻破,他自己也成了階下囚。

李成棟在汀州射殺了隆武帝,錯失了向清廷獻俘的機會,待捉到了紹武帝,就提供上等飯菜相待,準備押解京師討一份豐厚的封賞。

紹武帝鐵骨錚錚,傲然說道:「吾若飲汝一勺水,何以見先帝於地下。」從容自縊而死。

擁戴紹武帝即位的蘇觀生也很有節氣,聽說清軍已經入城,他既不躲,也不逃,閉門大書「大明忠臣義士,固當死」於牆,投繯而死。

史家向來評價永曆帝,說他性格軟弱,遇事動輒痛哭流淚,遇險就東奔西躲。

但是,永曆帝卻是南明四帝中在位時間最長的一位──永曆政權支撐時間長達十五年,可謂堅韌不拔。

而當落入了吳三桂手中,被處以弓弦絞首之刑,永曆在生命的最後時

刻，心如止水，平靜面對。

永曆的兒子年僅十二歲，在行刑前痛罵吳三桂道：「黠賊！我朝何負於你？我父子何負於你？乃至此耶！」

永曆本人一言不發。吳三桂處死永曆父子後，命人運薪木至城北門外，將屍體焚化，然後屍灰四揚。

這就是所謂的「挫骨揚灰」。

在中國，非有殺父殺子的血海深仇不做此斷子絕孫、絕情寡義的惡行。

吳三桂踐此惡行，其後發動「三藩之亂」不得人心，亦在情理之中。

第七章　明朝皇帝的光與影

第八章
忠臣與奸佞的浮沉

第八章　忠臣與奸佞的浮沉

忠臣于謙的悲劇：冤屈之死

　　清朝文士袁枚遊西湖，拜謁岳飛的祠廟和于謙的墳墓，感慨之餘，賦詩一首，云：

江山也要偉人扶，神化丹青即畫圖。

賴有岳于雙少保，人間始覺重西湖。

　　于謙與岳飛齊名，世稱「岳于雙少保」。

　　岳飛之死，世人皆知其冤；于謙之死，卻總有些不明不白。

　　按照歷史資料上的說法：「土木之變，英宗被俘，絣王朱祁鈺監國，擢兵部尚書。于謙力排南遷之議，決策守京師，與諸大臣請絣王即位，為明景泰帝。瓦剌兵逼京師，身自督戰，擊退之。論功加封少保，總督軍務，終迫也先遣使議和，使太上皇得歸。」

　　于謙之所以被殺，《明史‧于謙傳》記，那是參與奪門之變的徐有貞力主朱祁鎮必須殺于謙。

　　當時，朱祁鎮只說了一句：「謙實有功。」

　　徐有貞卻說：「不殺于謙，此舉無名。」翻譯成白話就是：如果不殺掉于謙，我們奪門之變就沒有正當的名義。

　　朱祁鎮於是下令把于謙在鬧市處死並棄屍街頭，抄了他的家，家人都被充軍邊疆。

　　于謙雖然官至兵部尚書，但生活過得清貧如洗，抄家的時候，家裡沒有多餘的錢財，只有正屋鎖得嚴嚴實實。開門一看，都是皇上賜給的蟒袍、劍器，在場的錦衣衛無不黯然落淚。

忠臣于謙的悲劇：冤屈之死

　　于謙死的那天，陰雲密布，全國人都認為他是被冤枉的。有一個叫朵兒的指揮，本來出自曹吉祥的部下，他把酒潑在于謙死的地方，慟哭。

　　曹吉祥發怒，鞭打他。第二天，他還是照樣潑酒在地表示祭奠。都督同知陳逵被于謙的忠義感動，收斂了他的屍體。

　　補一句，于謙還是一位好丈夫，他在妻子過世之後，從此不再娶妻納妾，可見他對妻子感情的專一和真摯。

　　皇太后開始時不知道于謙的死，聽說以後，嘆息哀悼了好多天。

　　朱祁鎮也表達了深深的悔意。

　　不過，懺悔歸懺悔，假如時光可以倒流，可以讓朱祁鎮在殺與不殺于謙之間再做一次抉擇，估計還是會照殺不誤。

　　從封建禮教，從宗法制度，從朱祁鎮的角度來說，于謙那是非死不可。土木堡之變後，孫太后已下旨，立英宗長子朱見濡（原名朱見深）為皇太子，任命郕王朱祁鈺代總國政，大事皆告孫太后。

　　以于謙為代表的一大幫文臣，卻以皇太子朱見深年幼無法理政、孫太后女流無法親政為由，堅持要另立郕王朱祁鈺為皇帝。

　　本來，朱祁鈺初為監國，已經惶恐不安，于謙等人決意要將政治賭注押在朱祁鈺身上，強趕鴨子上架。朱祁鈺聲色俱厲地拒絕說：「有皇太子在，卿等何敢亂法？」于謙頂撞到底，說：「臣等誠憂國家，非為私計，殿下弘濟艱難以安宗社，以慰人心。」老實說，現任皇帝尚在人世，于謙等人卻堂而皇之地另立新君，而且拋棄了名正言順的皇太子，從宗法制度出發，怎麼也逃不開「謀逆」二字。

　　雖然，于謙等人一口一句「國有長君，社稷之福」，說得光明正大、冠冕堂皇，但當時內閣機制已經成型，皇帝暫時缺席，太子幼小，國家機

第八章　忠臣與奸佞的浮沉

器依然能有效運轉。

于謙等人之所以要堅請朱祁鈺登位，是擔心孫太后和朱祁鈺聯合攝政，文臣操控朝政的權力旁落；而朱祁鎮在瓦剌人之手，會有回歸的可能，則文臣也難於對瓦剌展開針鋒相對的鬥爭。而一旦擁立生性懦弱的朱祁鈺登帝位，一來斷絕了孫太后分權干政之路；二來可以拉朱祁鈺上自己的「賊船」，除了同舟共濟，別無退路；三來斷絕朱祁鎮回歸執政之路。

為此，于謙不惜以最惡毒的話來詆毀朱祁鎮。說：「（英宗）失國得罪祖宗，恐不足以示天下後世。」曹吉祥曾反駁說：「然則故太子如何？」

于謙又不容置辯地說：「罪人之子也，已廢不復。」

所以，不管于謙在北京保衛戰中有多大的功勞，朱祁鎮的內心深處都是無法原諒他的。

給於謙冤案昭雪平反的是朱祁鎮的兒子朱見濡，即明憲宗。

明憲宗在賜給于謙的祭文中說：「當國家多難的時候，保衛社稷使其沒有危險，獨自堅持公道，被權臣奸臣共同嫉妒。先帝在時已經知道他的冤，而朕實在憐惜他的忠誠。」贈給于謙特進光祿大夫、柱國、太傅，諡號肅愍，賜在墓建祠堂，題為「旌功」。

明憲宗這道祭文，完全為父親開脫，把于謙的死因歸結於徐有貞、石亨等人的迫害。

最後補充一細節，世人皆傳于謙作有〈石灰吟〉七絕詩：「千錘萬鑿出深山，烈火焚燒若等閒。粉骨碎身渾不怕，要留清白在人間。」

實際上，明初姚廣孝的《逃虛類稿》收錄有另一首〈石灰吟〉七絕詩：「工夫打就出深山，烈火曾經煅一番。粉骨碎身都不問，要留明白在人間。」為宋末元初信忠禪師作的「偈」。

即這首數百年來人們一直傳頌的〈石灰吟〉並非于謙原創作品。實際上,于謙的《于忠肅集》也沒收錄〈石灰吟〉,但有一首〈詠煤炭〉,其所表達願為百姓不惜自我犧牲的精神是一樣的,詩云:

鑿開混沌得烏金,藏蓄陽和意最深。
爝火燃回春浩浩,洪爐照破夜沉沉。
鼎彝元賴生成力,鐵石猶存死後心。
但願蒼生俱飽暖,不辭辛苦出山林。

俞大猷的少林情緣:棄文從武的選擇

武術界向來有「天下武功出少林」的說法。千年以來,少林武功儼然就是中華武學的象徵。可是,卻有人吃熊心豹膽,單槍匹馬橫挑少林寺。說起來,這人出身並非武學世家,其本人原先也只是福建晉江(今福建泉州)的一介文士,曾在十五歲時考上秀才,被稱為晉江十才子之一。二十歲時對武學產生了興趣,棄文從武,研習《易》學,用《易》推演出劍術、棍術,乃至用兵打仗的兵法,著有《劍經》、《兵法發微》、《續武經總要》等書,三十一歲中武舉,三十二歲中武進士第五名。

《劍經》一書,雖然名為「劍經」,因尊「棍為藝中魁首」,故主旨在講棍法及長兵器的用法。內容包括「劍(棍)」、「射」、「陣」三法,強調隨時以「奇正相生」的變化,以靜制動,後發而先至。

有武學同道讀《劍經》,喜不自勝,擊掌酣呼云:「千古奇祕盡在於此,近用此法教長槍收明效,極妙!極妙!」

第八章　忠臣與奸佞的浮沉

　　劍（棍）如何以靜制動，如何後發而先至，體會最深的莫過於少林寺僧眾。

　　在有史料可查的橫挑少林寺過程中，此人將劍術融入棍法，棍亦是劍，劍亦是棍，劍棍合一，力制少林群僧，因此對少林方丈小山上人放話說：「你們這裡以劍技名揚天下，但是已經失去真傳了。」

　　少林寺僧眾輸得心服口服，無一人表示出異議。住持小山上人除了自認少林武學已失真傳外，還派遣了青年寺僧普從、宗擎二人拜倒在其門下，以學習真傳。此人也不吝施教，將二僧帶回，親自傳授「陰陽變化之真訣」。三年後，普從、宗擎回歸少林，將所習真訣遍傳寺僧，少林武技由此精進，逐漸重掌武學牛耳。

　　少林武學的光大，全賴《劍經》一書的著作人——該著作人即是我們所熟知的抗倭名將俞大猷！

　　俞大猷，字遜堯，號虛江，和戚繼光合稱南北二將，人稱「繼光如虎，大猷如龍」。

　　俞大猷棍法世間無雙，劍法天下第一。

　　因有指教少林僧人學習棍法的因緣，後來在倭患嚴重時，少林寺分批次派僧人下山，幫助俞大猷打擊倭寇。

　　少林僧兵裡面，比較著名的抗倭英雄有天真、天池、天啟、月空等人，都是擅長棍法的僧人。

晚明名將陳璘：開疆拓土的千秋功業

說起陳璘，今天的很多年輕人都不大知道他是什麼來頭了。但在晚明，陳璘絕對是一個重量級的人物。

陳璘出生於西元1543年，自小習武，膂力絕倫，喜讀兵書，胸有韜略。

西元1562年，潮州盜匪張璉、楊朝曦勾結倭寇在粵東沿海燒殺搶掠，無惡不作。十九歲的陳璘毅然從軍，走上殺賊報國之路。

年輕的陳璘入伍之初，隸屬名將俞大猷，隻身深入敵巢，勸降張、楊餘黨，得兩廣總督張臬嘉獎千金，「時服其勇」。此後，陳璘相繼參與了剿滅「清遠賊」、「西山賊」、「普寧南陂賊」、「揭陽官嶺賊」、「饒平海賊」等一系列戰鬥，戰功卓著，任高州參將。

西元1592年，日軍侵犯朝鮮。陳璘熟悉倭寇戰法，提為神機七營參將，沒多久，提拔代理都督僉事，充任副總兵官，協同防守薊鎮。

西元1593年正月，陳璘被命統領薊鎮、遼陽、保定、山東各軍，抵抗倭寇保衛海防。

當時，朝廷致力於和日本和談。

西元1597年，和談失敗，陳璘統率五千廣東兵入援朝鮮，其子陳九相亦從軍隨父抗倭。

西元1598年，陳璘升御倭總兵官，爾後，提督水軍，與麻貴、劉綎以及董一元分路並進，領兵一萬三千多人，戰艦數百艘，分布在忠清、全羅、慶尚各海口。

該年十一月，豐臣秀吉病逝。日軍無心戀戰，全軍大撤退。陳璘令部下鄧子龍和朝鮮將領李舜臣在露梁水域對撤退的日軍和前來接應的日本水

第八章　忠臣與奸佞的浮沉

師實施伏擊作戰。

露梁海戰相當激烈，鄧子龍和李舜臣雙雙戰死。陳璘不為形勢所動，縱火大燒敵船，毀倭船七八百艘，斬溺倭兵兩萬餘人，擊殺倭寇首領「鬼石曼子」島津義弘，生擒倭帥平正成、平正秀，取得了露梁海戰的徹底勝利。

這一場規模巨大的海上殲滅戰被列為世界古代八大海戰之一。

此後，陳璘又率軍登陸，在錦山、乙山，殲滅了大批殘敵，為長達七年的「壬辰御倭戰爭」畫下了圓滿句號。

朝鮮國王感激涕零地對明朝使者說：「若將天朝比為父母，則朝鮮，孝子也，日本，賊子也。」

其實，「壬辰御倭戰爭」不僅粉碎了日本吞併朝鮮並進而侵略中華的狼子野心，還在戰後二百年裡使日倭不敢覬覦中華。

朝廷論功行賞，陳璘第一，劉珽第二，麻貴第三。

陳璘被提升為都督同知，世代蔭封指揮僉事。

該年，播州之亂爆發。陳璘任湖廣總兵官，平定了叛亂，得加封左都督，世襲指揮使，後又因平定苗民有功，贈太子太保，再蔭封為百戶。

西元 1607 年，陳璘病死在廣東任上。萬曆皇帝賜予國葬，葬於廣東省雲浮市雲安縣六都鎮蓮花山。

此外，萬曆皇帝還恩准在陳璘的故鄉廣東翁源龍田村建造「龍田城」，城內設「太保祖祠」和「太保祠」。太保祠建好，萬曆皇帝再贈聯一副。上聯為，闢土開疆功蓋古今人第一；下聯為，出將入相才兼文武世無雙。

西元 1644 年，李自成攻陷大明帝都北京。隨後，吳三桂引清兵入關。

陳璘之孫陳詔不願為清廷效力，為躲避迫害，乘槎東渡黃海，蟄居朝鮮。

朝鮮人民為紀念陳璘對自己重生再造之功勳，在陳璘滅倭寇的全羅南道海南郡的皇朝里（現稱德松里）建造有陳璘別廟。

所以，陳詔就帶領家族定居在皇朝里。

由於陳璘受到李氏朝廷和當地百姓的擁戴和愛護，陳詔一家得到了很好的安置，最終融入了當地的生活。

殺倭國三大悍將的英雄李如梅

李成梁是與戚繼光並列於世的名將，史書曾稱其「師出必捷，威振絕域」。但因為其「義子」努爾哈赤崛起於遼東，名聲大損，為後世所詬罵。李成梁的長子李如松驍勇善戰，曾指揮過萬曆二十年的平定寧夏哮拜叛亂以及聞名世界的壬辰抗倭援朝戰爭，戰績遠勝乃父，威名本當垂範千古。但因二弟李如柏在薩爾滸大戰中畏敵退縮，累及將門家風受到了巨大影響。

但，不管如何，在薩爾滸大戰之前，李成梁一家乃是大明王朝舉國矚目的將星家族，光芒四射。

李如松共有九兄弟，二弟李如柏、三弟李如楨、四弟李如樟、五弟李如梅、六弟李如梓、七弟李如梧、八弟李如桂和九弟李如楠，猶如《忠烈楊家將》中的「七狼八虎」，個個身手不凡。

這裡單表李如松的五弟李如梅。

李如梅，字子清，臂力過人，弓馬嫻熟，有一手百步穿楊的絕技，百步之外開弓射敵，百發百中。

第八章　忠臣與奸佞的浮沉

　　憑這一手絕技，李如梅在壬辰抗倭援朝戰爭屢建奇功。惜乎映照於父兄的光環之下，功績不大為世人所注意。

　　在整場壬辰抗倭援朝戰爭中，李如梅最出彩的表現，莫過於在碧蹄館之戰連射倭軍立花宗茂的家臣十時惟道、安東常久。

　　當時，明軍主帥李如松殺敵太猛，領數二千騎兵一頭紮入三萬六千倭軍的包圍之中，左衝右突，苦不得出。

　　一金甲倭將率倭眾圍死李如松。李如松單拳難敵眾手，岌岌可危。

　　在此千鈞一髮之際，李如梅單騎衝入陣中，彎弓搭箭，一箭將金甲倭將射殺。

　　此金甲倭將一死，其身後倭眾頓散，李如松之困遂解。

　　李如梅所殺金甲將並非泛泛無名之輩，乃是日本有名悍將小野成幸。

　　小野成幸，通稱喜八郎，是日本戰國時代後期、安土桃山時代武將，立花家臣，在日本名氣大得驚人，卻悄無聲息地死在李如梅的箭下，出人意料。

　　不過，小野成幸死得也不冤，至少，他是死在將門虎子李如梅之手，而且，黃泉路上，他走得也並不寂寞，同屬日本戰國時代、安土桃山時代名將，同屬立花家臣，而且名氣比他大得多的安東常久和十時連久也緊隨其後，死在李如梅的箭下。

　　安東常久，通稱善右衛門，在碧蹄館之戰中，表現得非常囂張，身披重甲，手提倭刀，騎烈馬，縱橫馳突，斬殺明軍極多，鮮血透甲，凶悍異常。李如梅在戰陣中覷得真切，再展神射絕技，一箭射穿安東常久咽喉，當場取其性命！

　　十時惟道，通稱傳右衛門，又擁有異名「生摩利支天」，威風八面，

280

霸氣十足。李如梅射他，被他閃得快，只射中左胸，但箭矢勁道迅速，洞穿甲冑，戳中心臟。

十時惟道慘呼一聲，捂著傷口撤退逃命，僥倖未死在戰場。但回到本部，失血過多，一命歸西。臨死只有「下一任家老兼武者奉行請主公交給內田統續……」數句遺言。

李如梅神射之技，不亞於漢飛將軍李廣，奈何過早謝世，病歿於萬曆四十年，未能參加後面的薩爾滸大戰，致使威名不揚，李氏將門家風墜落，惜哉。

熊廷弼：文武雙全的解元奇才

中國科舉制度創始於隋朝。唐承隋制，不但將文舉制度發揚光大，又於武則天長安二年推出了武舉考試。

自此以後，文舉和武舉考試為大多數封建王朝所承襲，成為封建國家網羅儲備人才的重要制度。

不過，宋、明兩朝重文輕武，文舉和武舉考試並不能並重。

特別是明朝，雖說在明王朝建立前一年，即吳元年（西元1367年），明太祖朱元璋就頒布了文、武兩科取士的詔令，但武舉考試正式發表，卻是在這之後的九十七年，即天順八年（西元1464年），明憲宗剛剛即位的那一年。

明憲宗深以父親英宗在「土木堡之變」被俘為恥辱，銳意重武，於該年十月推出了明朝第一部《明武舉法》，正式開科取士。

遺憾的是，竟無一人應試。

第八章　忠臣與奸佞的浮沉

此是社會上「右文左武」的風氣所致,世人皆以文舉為榮,不屑於武學和參加武舉科考。

這種情況到了武宗、世宗兩朝才得以改變。

不過,武舉制度也只發展成鄉試、會試兩級考試制度,沒有殿試。

萬曆年間的天才熊廷弼是一位世間罕有的文武通才,其人身長七尺,有膽知兵,善左右射。早年參與了湖廣武鄉試,獲第一名,即人們所說的武解元。因得不到應有的重視,憤然棄武就文,中萬曆丁酉(二十五年,西元 1597 年)湖廣鄉試第一名,是為文解元。次年參加文科會試,登進士。

身兼文、武兩科解元,歷史上絕無僅有。

人們因此稱譽其為:「三元天下有,兩解世間無。」

熊廷弼出身貧寒,自小放牛讀書,躋身仕途,一意為國。

萬曆二十六年(西元 1598 年),新科進士熊廷弼得授保定推官,一上任,就盡釋被稅監王虎冤繫獄者多人,並上《撤礦疏》,以才能被拔擢為監察御史。

萬曆三十六年(西元 1608 年),熊廷弼巡按遼東。面對後金勢力的興起,他提出實行軍屯以保衛遼東的方略,三年內屯積糧穀三十萬石,修建七百餘里的邊牆,軍心大振。

正是由於有這樣的成績,萬曆四十七年(西元 1619 年)薩爾滸之戰後,熊廷弼升兵部右侍郎兼右僉都御史,代替打了敗仗的遼東經略楊鎬。

熊廷弼虎膽雄心,單騎巡瀋陽、撫順,很快就安定了人心。

此後,他督造軍器,修繕城堡,以守為主,穩紮穩打,步步推進,使遼東局勢起死回生,迫使後金軍一年多內不敢輕進。

明光宗泰昌元年(西元 1620 年)八月,明神宗駕崩,明光宗即位。

努爾哈赤趁明政府忙於政權交接，率大軍猛攻瀋陽。熊廷弼毫無懼色，親自督陣，一番較量下來，把努爾哈赤打得七葷八素，倉皇逃遁。

可以說，只要有熊廷弼在，努爾哈赤就無計可施，成不了氣候。

可是，明朝很快就做出了自毀長城的事來。

明光宗即位不過才一個月，就得病暴斃。

於是，熹宗上臺，東林黨得勢。

楊鎬的叔父楊淵恨熊廷弼不肯保奏楊鎬，聯合了一夥同僚，不斷彈劾熊廷弼，致使熊廷弼遭到革職。

接替熊廷弼的是按察使袁應泰。

袁應泰是純文人出身，不懂軍事，在天啟元年（西元 1621 年）不到一年的時間裡，遼東重鎮瀋陽、遼東首府遼陽相繼失陷，袁應泰本人畏罪自殺。

無奈，明熹宗只好再度起用熊廷弼。

遼河以東全部淪為後金所有，實行軍屯以保衛遼東的方略已經不可能再實施，熊廷弼於是又設計出了一個規模宏大的三方布置策略，在廣寧（今遼寧北鎮）厚集步騎以牽制後金主力；在天津與登、萊（今山東蓬萊、掖縣）各設巡撫，置舟師，乘機入遼南；在東面聯合朝鮮從後方打擊後金；在山海關設經略，節制三方。

如果這三方布陣的構思能實現，就依然可以阻擋努爾哈赤，順利收復整個遼東半島。可是，明朝黨爭漸熾，東林黨首領葉向高的弟子王化貞為巡撫，分守廣寧。

經略與巡撫都是遼東事務的大員，經略的官銜略高，但巡撫卻是中央派出官員，不受經略轄制。而且，王化貞背後有強大的東林黨撐腰，擁重兵於廣寧，根本不聽熊廷弼排程，使熊廷弼徒擁經略虛名。

第八章　忠臣與奸佞的浮沉

「經撫不合」的惡果是相當嚴重的。

天啟二年（西元 1622 年）正月，努爾哈赤親率五萬人馬，渡過遼河，攻西平堡，陷廣寧。

守土有責的熊廷弼和王化貞由此同時被下獄。

明眼人都看得出，導致戰局糜爛的人是王化貞，熊廷弼純屬受牽連。

下獄後的熊廷弼起初也只是飽受牢獄之苦，並沒有死。

可是，魏忠賢的閹黨興起，正欲搞垮死對頭東林黨。

熊廷弼雖然不是東林黨人，但千不該萬不該，他不該為脫離牢獄之災而託東林黨人汪文言去走關係，不清不楚地和東林黨扯上了關係。

魏忠賢以之為搞臭搞倒東林黨的突破口，興起「汪文言獄」，斬殺了熊廷弼。

史稱「六君子」的東林黨人楊漣、左光斗、魏大中、周朝瑞、袁化中、顧大章也都死於這場冤獄中。

熊廷弼的頭顱竟被傳首九邊，示眾三年不得歸葬，因負有「貪汙軍餉」的罪名，長子被「追贓」逼迫自殺。

清乾隆帝極度敬佩熊廷弼，稱讚熊廷弼「曉暢軍事，為明代巨擘」，說熊廷弼之冤「觀至此為之動心欲淚」，下詔起用熊廷弼的子孫，在江夏修賢鄉建享堂，於紙坊廣坊嶺修祠墓。

《明史》也稱熊廷弼有「蓋世之才」，評價說：「假使廷弼效死邊城，義不反顧，豈不毅然節烈丈夫哉！」

汪喬年的慘死：五牛分屍的忠義悲歌

俗話說，亂世出英雄。

承平時節，眾生優遊嬉戲，和氣一團，良莠難辨。一旦天下有變，龍蛇驚擾，高低立判。明末清初，風起雲湧，英雄豪傑之輩層出不窮。先不說李自成、張獻忠之類的草莽豪雄，也不提皇太極、吳三桂之類的野心家。

單說大明王朝繽紛呈現出的忠臣良將、救世英豪，如袁崇煥、楊嗣昌、盧象昇、孫傳庭等等，足讓人嘆為觀止。

這其中，有一個雖然不是那麼耀眼，卻也在明末夜空用自己的鮮血抹下絢麗一筆的人物，頗讓人肅然起敬。

此人，就是浙江遂安人十四都汪家橋人（今浙江淳安縣汾口鎮汪家橋村）汪喬年！

汪喬年出身官宦子弟，父親汪時和為明熹宗朝刑部司郎中。但汪喬年截然不同於那些充當「啃老族」的官二代、富二代。他自幼飽讀詩書，舉天啟二年（西元1622年）壬戌科殿試進士，名列第六，天資聰穎。

崇禎初年，西北大旱，民變頻起，清軍又屢屢叩關侵擾，汪喬年預感到國難將至，在為官任上，「習弓刀擊刺，寢處風露中」，磨礪自己，希冀可以為朝廷捐軀效命。

崇禎十四年（西元1641年），陝西總督傅宗龍奉命向河南進兵，於項城被義軍圍殺。時任右僉都御史、巡撫陝西的汪喬年火線上任，接替傅宗龍之職，提升為陝西總督。

汪喬年為文士出身，豪雄氣概卻遠勝逞凶鬥勇的武夫，明知李自成翼羽已成，勢大難擋，仍作出了一個驚世駭俗的舉動：命人挖掘李自成祖父

第八章　忠臣與奸佞的浮沉

李海和父親李守忠的墳墓，並將骨骸「聚火燒化」。

這時李自成的軍力空前膨脹，已飆升到幾十萬人，克洛陽，屠福王，迫使「督師輔臣」楊嗣昌自殺，緊接著圍困汴梁，大敗左良玉，威勢赫赫。

相較之下，明廷的各種部署不過一個空殼子而已。

汪喬年選擇在這個時候毀李自成祖墳，實是有潑天之勇！

中國人最講究的是死後入土為安，汪喬年此舉，不但背負著諸如天打雷劈之類的詛咒，還將面臨著被李自成千刀萬剮的瘋狂報復。但汪喬年為了給軍隊打氣，示自己不成功便成仁的必死之心，以「毀其龍脈、破其王氣」為名，毅然為此下作之舉。

明朝軍隊鬥志因此大為提升。

該年十一月，李自成二圍開封。

崇禎令汪喬年火速出關與左良玉部夾剿民軍。

汪喬年明知敵我實力懸殊，出戰無異於以肉飼虎，但明知山有虎，偏向虎山行！

崇禎十五年二月，汪喬年率賀人龍、鄭嘉棟、牛成虎等三萬餘人進抵洛陽。

左良玉先於汪喬年一步入援開封，攻陷了已被李自成占據的臨潁，屠殺了守城闖軍。

李自成按捺不住，捨開封而掉頭猛攻左良玉，將左良玉部包圍在郾城。

從情理上說，左良玉以引火燒身之險來解開封之圍，開封守軍在解圍後，應該出兵從後面解救左良玉。但開封方面並沒有這樣做，則左良玉形如危卵，命懸一線。

汪喬年來得還算及時，但兵弱將寡，不敢強挑，遂採取了圍魏救趙之

術,率軍突襲了李自成老營襄城。

李自成早對汪喬年恨之入骨,又聽說其率軍攻襄城,馬上放棄鄖城,親率主力找汪喬年拚命。

汪喬年以為鄖城之圍既解,自己就可以和左良玉前後夾擊李自成了。

但左良玉還氣惱於開封不救之恨,根本不肯出兵。

這樣,汪喬年岌岌可危矣。

即使這樣,汪喬年還是凜然不懼,自己據守襄城,遣賀人龍、鄭嘉棟、牛成虎分三路禦敵。

可是,汪喬年不懼,賀人龍、鄭嘉棟、牛成虎三人卻很懼怕,看到來敵氣勢洶洶,便爭相逃遁,一鬨而散。

汪喬年因此被圍死在襄城,孤立無援。

汪喬年抱必死之心,召集散亡士卒二千,據城拒守。二十餘萬闖軍圍住襄城,猛烈攻城。汪喬年親自在城上督戰,火炮擊倒了汪喬年的帥旗,部下跪求汪喬年迴避。

汪喬年用腳踹部下的頭,怒罵道:「汝畏死,我不畏死也!」

崇禎十五年(西元1642年)二月十七日,城破,汪喬年持刀進行巷戰,手刃數「賊」,看到闖軍不斷湧入,知大勢已去,疾聲大呼:「臣力竭矣。不能殺賊而反為賊所賊,死固吾分也。」舉刀自刎,刀入頸脖,鮮血噴濺,人卻未斷氣,被闖軍俘獲。

被俘後汪喬年堅貞不屈,見李自成拒絕下跪,破口大罵。

李自成命人挖其膝蓋骨,割其舌頭。

汪喬年猶以血噴之,罵不絕口。

第八章　忠臣與奸佞的浮沉

最後，李自成命人將之押至襄城西五牛分屍。

之所以是五牛分屍而不是五馬分屍，汪喬年家譜上載：「李自成怒其挖祖墳，云其不配五馬分屍。」

曹化淳：國運拯救者的遺憾

作家金庸著《碧血劍》替大明督師袁崇煥抱冤叫枉，痛斥崇禎朝廷的黑暗與無恥。

在金庸先生的筆下，崇禎帝實在是一個可憎、可恨、可惡、可斥、可悲復可憐的反面角色。

說崇禎帝可憎、可恨、可惡、可斥，是因為他貪婪成性，敲骨吸髓，狠加賦稅，盤剝百姓，導致天下大亂，清軍叩關，民軍遍起。

即使在這種情況下，崇禎帝還是長舞於將傾之廈，清歌於漏水之舟，自毀長城，殘殺可挽狂瀾的大英雄袁崇煥。

說崇禎帝可悲復可憐，是他最後眾叛親離，只好孤零零地在煤山歪脖子樹上終結了罪惡的一生。

金庸先生還用皮裡陽秋之手法寫了一個細節：「崇禎帝最寵最愛太監曹化淳，結果，李自成兵臨北京，曹化淳首開城門，迅速迎接李自成入城。」極大地挪揄了崇禎帝的顢頇和昏聵。讀者讀起來非常解恨、非常過癮。

說起來，「曹化淳打開城門迎闖王」的情節並非金庸先生虛構。歷史學家蔡東藩寫的《明史通俗演義》中也是這麼寫的。這麼寫，到底有無史料依據呢？

有的。明末史學家計六奇的《明季北略》就記：「賊攻西直門，不克，

曹化淳：國運拯救者的遺憾

攻彰義門，申刻門忽啟，蓋太監曹化淳所開。得勝、平子二門亦隨破。」

不過，《明季北略》乃是私家著史，屬於野史，所記之事不一定正確。而《明史》對此事無載，曹化淳其人甚至未入《明史》「宦官列傳」中，此事比較可疑。

北京城陷時的大明宮中侍衛王世德於明亡後著《崇禎遺錄》，書中則說：「（北京）外城西南隅，地名煙閣，皆回回所居。（崇禎十七年三月）十八日，賊攻廣寧門（彰儀門）急，群回倡亂開門，外城遂陷。

次日，賊自東直門角樓緣城而上，大城遂陷。野史云，閹官獻城，非也。」

完全否定了宦官開門獻城之說。

實際上，曹化淳早就在崇禎十二年上疏告假回鄉了。崇禎十七年甲申之變，曹化淳已經在武清故鄉退休五年之久，根本就不可能「開門獻城」！

《武清縣誌》明確記有曹化淳的生平：

曹化淳，祖籍江蘇省徐州宿遷縣，明永樂二年遷居順天府武清縣王慶坨。曹化淳十二歲淨身入宮，陪侍當時還是信王的崇禎帝朱由檢。崇禎帝即位後，曹化淳曾任司禮監大司禮，負責平反魏忠賢時期冤案，共處理了兩千餘件。還曾代皇帝兼管過北京地區的軍事防守。崇禎十一年，曹化淳任司禮秉筆太監、東廠提督，到了人生的巔峰。但崇禎十二年，曹化淳上疏告假回鄉。現在，王慶坨曹氏宗祠還保存有崇禎帝親筆御賜「公清直亮」匾額一方。

真正給李自成開門獻城的，乃是兵部尚書張縉彥。李自成兵迫北京城下之日，張縉彥自忖大明朝已不可保，為了改換門庭，投靠新主子，命人打開正陽門，迎接劉宗敏部入城。對曹化淳來說，大明王朝雖亡，但一直

第八章　忠臣與奸佞的浮沉

不忘故主。清兵入關，定鼎中原後，曹化淳還赴都向順治帝請求妥善處理崇禎帝後陵寢。

清廷恩准，專門委內官監冉肇總理其事。

但是，有關「曹化淳開門」的流言已經四處散布，並廣為文人士大夫口傳筆錄。到了今天，「曹化淳開門」的謠言仍被當成事實廣泛收錄在《流寇傳》、《國榷》、《痛史本崇禎長編》、《崇禎實錄》、《明史紀事本末》等各種古籍中。

曹化淳有口難辯，跳進黃河洗不清，臨終之前作〈感懷詩〉感慨其事：

報國愚忠罔顧身，無端造誣自何人？

家居六載還遭謗，並信從前史不真。

曹化淳自稱「報國愚忠罔顧身」，的確，在報效大明朝諸工作中，他都是兢兢業業，全力以赴。

這裡，特別說說他代皇帝兼管北京地區軍事防守的一件事。原本，大明朝的軍制中有一支直屬於皇帝、由內廷負責指揮的禁軍，稱騰驤四衛，選拔的士兵全都是虎背熊腰、身強力壯之輩。嘉靖年間，騰驤四衛被改編為勇士營和四衛營，由御馬監管理。

曹化淳為司禮監掌印太監時，兼御馬監印務總督勇衛營。他看到這兩支軍隊戰鬥力已經下降嚴重，便大力整頓，精心網羅忠誠勇敢之士入伍，日日進行高強度訓練。

數年時間下來，勇衛營中湧現出了諸如孫應元、黃得功、周遇吉等傑出人才，勇衛營也成了一支虎狼之師。

崇禎九年清軍入塞寇邊，勇衛營脫穎而出，首戰建功。

崇禎十年，起義軍進入河南，聲勢浩大。勇衛營請戰出征，連戰連

捷,成為「剿寇」戰場上戰績最佳的軍隊。

崇禎十一年,清軍再次入塞。勇衛營北上抗清,在各部明軍紛紛避戰之時,一枝獨秀,與清軍大戰於吳橋。

清軍入寇,起義軍復起。崇禎十二年,張獻忠重新起義,明軍在戰場上屢戰屢敗,連秦良玉的白桿兵也全軍覆沒。但勇衛營卻在豐邑坪大破羅汝才,成就了荊湖戰場上的第一功。

不過,明軍在整體的失敗使勇衛營的處境也越來越艱難。

崇禎十五年,勇衛營大將孫應元與起義軍激戰於羅山,孤援無助,力戰而死。

崇禎十七年,李自成率大順軍東渡,沿途明將降者如雲,唯有周遇吉堅決守武關不去,與李自成所率領的大順軍反覆較量,硬是以四千人阻止李自成聲稱的「百萬大軍」十數日,最終彈盡糧絕,壯烈犧牲。

即使北京已經陷落,大明王朝已經滅亡,勇衛軍的另一大將黃得功仍不遺餘力地為南明小朝廷效死力,在銅陵大破左良玉叛軍,並在荻港迎戰清軍中含恨捐軀。

勇衛營的輝煌屬於每一個勇衛營的將士,但也不應該忘記曹化淳的功勞。

吳三桂與清朝:「獻關功」的真相

中國歷史的發展影響著世界歷史的發展。所以,外國學者從來都沒放棄過對中國歷史的研究。美國人費正清和英國人崔瑞德共任全書主編的《劍橋中國史》是外國人研究中國歷史得出的最為全面、最為系統的著述。

《劍橋中國史》第九卷〈劍橋中國清代前中期史(上)〉在論述明朝滅

第八章　忠臣與奸佞的浮沉

亡的原因時，說了這麼一句話：「明亡是歷史的偶然，滿清只不過剛好抓住了這一次機會。」

這個機會是什麼呢？

書中提到了吳三桂。說吳三桂引清兵入關並與清兵合作，這才使清兵擊敗李自成，從而定都北京，統治了全中國。

明史研究專家顧誠在其代表作《南明史》中論述山海關戰役勝敗原因時，也說：「介於順、清之間的吳三桂部具有舉足輕重之勢：降順則李自成的兵力約為來犯之清兵一倍，而且山海關要隘不致拱手讓敵，即便在同清軍作戰中區域性失利，大順政權可徵調的增援兵力較清方要大得多；吳三桂叛投清方，雙方兵力對比和態勢就顛倒過來，清、吳聯軍在數量上也占了優勢。」

事實真如此嗎？

我們先不必著急下結論，先看看自努爾哈赤起兵叛明以來，明清雙方之間都經歷過些什麼。

西元1616年，努爾哈赤自上尊號，正式建立後金。西元1618年四月，以「七大恨」誓師伐明，率兩萬步騎出征撫順，不到一個時辰便結束戰鬥，攻陷撫順，迫降明游擊李永芳，掠人畜三十萬。同年七月，發動清河之戰，屠殺明守軍萬餘。

作為反擊，西元1619年三月，明集結起十二萬明軍，號稱四十萬，揭開薩爾滸大戰的序幕。

此戰，明軍分兵四路，其中三路全軍覆沒，唯剩一路逃遁，文武將吏死三百餘人，軍士死四萬五千八百餘人。

西元1619年六月，努爾哈赤挾薩爾滸大勝之威，率四萬兵馬進擊東

北重鎮開原,明總兵馬林及守城將士全部戰死。

七月,努爾哈赤進擊鐵嶺衛,盡屠城中軍民,劫掠到的人畜財物運了三日猶未盡。

西元1621年三月,努爾哈赤取瀋陽,明總兵賀世賢、尤世功戰死,明軍喪生七萬人。隨後,由川中秦良玉訓練而成的石柱白桿兵和江浙戚家軍組成的援遼大軍與後金軍在渾河南岸展開激戰,萬餘將士全部被殲。

瀋陽一失,遼陽便暴露在後金的兵鋒之下。

五天後,後金一鼓作氣,將之攻克,盡殲明兵數萬,明經略袁應泰自焚死。

遼河以東大小七十餘城隨即聞風降服。

明清交戰的戰場也由此轉移到遼西。

西元1622年正月,努爾哈赤領兵五萬直取雄峙遼河西岸的廣寧城(遼寧北鎮)。沿途血洗哨所西平堡,三千明軍全部陣亡。又在沙嶺殲滅了趕來救援的明軍三萬餘人。

明朝守軍主要集中在廣寧,廣寧潰散,寧遠、錦州等地無兵可守,整個遼西盡落後金手中。

僥倖的是,王化貞培養出一名悍將——毛文龍。毛文龍領一百九十七名勇士,橫跨海峽,深入敵後,夜襲鎮江(即今遼寧省丹東市)成功,爾後退兵皮島,開設東江鎮,從敵後牽制後金。

努爾哈赤一則糧餉難繼,二則擔心老巢有失,鑒於後金的八旗兵力不足(也就五六萬人),也不敢分兵駐守廣寧,匆匆東歸。也就是說,努爾哈赤興兵遼西,雖然劫掠了大量牛馬人口及財物,卻未能消化和經營這廣袤的遼西大地。接任遼東經略一職的孫承宗得以與遼東巡撫袁崇煥一唱一

第八章　忠臣與奸佞的浮沉

和，幾乎傾盡大明國力打造了一條把寧遠、錦州與山海關聯結成一體的關寧防線。

西元 1626 年正月，努爾哈赤統兵五六萬進攻寧遠，終因天氣太過寒冷，堅冰將城牆死死凍住，後金兵無法破壞城體，且毛文龍在後方屢屢騷亂出擊而收兵。

此前，努爾哈赤對於明軍是予取予求，攻無不克、戰無不勝，唯在寧遠這一次沒有得手。故此，明廷把此戰定性為寧遠大捷，以振作士氣。

事實上，明軍方面的捷報僅僅是：「寧遠捷功奴夷首級二百六十九顆，活夷一名，降夷十七名。」

清方也承認此戰明軍「傷我游擊二人、備禦官二人，兵五百人。」

即這場「大捷」是被誇大了的「大捷」。

努爾哈赤在撤離寧遠後，盡擄右屯儲糧三十萬石，戮盡覺華島上三萬餘軍民，又將河東堡、筆架山、龍宮寺、覺華島的糧食付之一炬。

八個月後，努爾哈赤病逝。繼位的皇太極發起「丁卯之戰」，打服朝鮮，重創毛文龍。隨後揮師西進。

皇太極兵尚未至廣寧，大凌河和小凌河的明軍軍心大潰，棄城遁走。

皇太極追殺至錦州城下，四面合圍，實施「圍城打援」，盡克來援明軍。

其中，尤世祿、祖大壽率領的四千援軍全軍覆沒。

不過，毛文龍雖在「丁卯之戰」中遭受重創，餘勇猶在，盡出精銳襲擊昌城、遼陽，錦州之圍遂解。

這是後金方面第二次沒有達到預期目的的戰鬥，明方又將這次戰鬥定性為「寧錦大捷」。

從此也不難看出，毛文龍實是後金的腹背之患。

不過，西元1629年六月初五，袁崇煥蹈海島斬殺了毛文龍，致使皇太極再無後顧之憂，振旅西征。

皇太極取道內蒙古，繞開大明朝砸鍋賣鐵打造出來的關寧防線，自北向南，直奔北京，縱略良鄉、固安等，連下遷安、灤州、永平及遵化四城，大敗明軍，搶掠人畜財物無數。

熟門熟路的後金騎兵其後又發動了多次大規模的奔襲戰，分別是：

西元1634年的入口之戰。皇太極親率九萬餘眾，繞道內蒙古，從長城北部諸口入邊，突襲宣府、大同地區，蹂躪逾五旬，「殺掠無算」。

西元1636年的京畿襲擾戰。阿濟格率師八萬餘，從獨石口入邊，襲擊延慶、昌平、良鄉、安州、雄縣、密雲、平谷等地，「遍蹂畿內」，掠人畜十八萬，從建昌冷口出邊。

西元1638年的冀魯襲擾戰。多爾袞、豪格分兩路進關，自北而南，深入河北南部，轉入山東，轉掠二千里，攻下七十餘州縣，掠人畜四十六萬餘，金銀百餘萬兩。

西元1642年的山東騷擾戰。阿巴泰率師十萬餘入關，經北京地區，直入山東，連克三府、十八州、六十七縣。掠人口三十六萬餘、牲畜五十五萬頭。

其間，皇太極兵圍大凌河，明將祖大壽率軍民三萬餘人堅守三月後被迫投降。

西元1640年，皇太極又圍錦州，再次祭起「圍城打援」戰術，要在野戰中把來援明軍消滅淨盡。

這次，皇太極成功了，他盡殲來援十三萬明軍，俘獲明統帥洪承疇，破松山城，克錦州城。

第八章　忠臣與奸佞的浮沉

西元 1643 年十月，清軍攻下寧遠，擋在前面的障礙僅餘一座山海關。

西元 1644 年三月十九日，李自成陷北京城，崇禎帝殉國。

也就在這個時候，擁重兵坐守山海關的吳三桂成了歷史的焦點。

很多人都認為，這時的吳三桂就跟楚漢相爭時的韓信差不多。劉邦和項羽爭鬥趨白熱化之際，韓信幫劉邦，則劉邦勝；韓信幫項羽，則項羽贏。

事實是不是這樣呢？

貌似是。

吳三桂「衝冠一怒為紅顏」，投入了清朝的懷抱，與清軍聯手，大敗李自成的大順軍，「凡殺數萬人，暴骨盈野」。

西元 1645 年，清軍西擊西安。李自成倉皇奔走於湖北通山縣九宮山，亡命於牛跡嶺。曾經煊赫不可一世的大順政權由此煙消雲散。

清軍兵鋒南指，過泗州（今江蘇泗洪縣），克揚州，明內閣大學士、兵部尚書督師史可法殉難。

揚州既得，清軍越長江天險，占領南京，南明弘光朝覆亡。

其後，清軍攻江陰，殺明軍民十六萬餘人；屠嘉定，下杭州，取紹興及溫州、臺州等地。

西元 1646 年，清軍取延平、福州，南明隆武帝汀州死難。

該年十二月，清軍入廣州，收肇慶、梧州。

不過，必須要說明的是，清軍自滅了李自成大順政權、攻下南京後，八旗精銳主要經營北方，負責在南方追剿南明殘餘力量的，主要是由明、順降兵降將構成的「新清軍」。

這些「新清軍」，以金聲桓、李成棟為例，他們在為清廷效勞時，追

殺南明軍異常厲害，怎麼打就怎麼勝，可是，一旦反正歸明，就變成了豆腐軍，被清軍踩躪得沒半點脾氣。

真正能跟清軍打上幾場真正勢均力敵的仗的是李定國。

李定國兩蹶名王，復全州，拔桂林，迫死清靖南王孔有德，又在衡州擊殺清敬謹親王尼堪。

但不管怎麼樣，女真人滿打滿算還是不足一百萬人，他們定鼎北京後，主要還是依靠投降過來的明朝降兵來完成統一中國的大任。

有人做過統計，整個明清戰爭中，滿人在戰場中損失的，不超過十萬，而漢人卻以千百萬計。

一個很殘酷的真相突顯出來：滿洲八旗的戰鬥力實在太恐怖了。

東北地區「林木障天，明晝如晦」，女真人以漁獵為生，個個體魄強健、弓馬嫻熟、機警勇猛、堅忍頑強。

相較之下，以農業為生的漢民族，他們面朝黃土背朝天地重複著枯燥乏味的勞作，安天樂命，對於任何遷移和變動都會發出本能的懷疑與恐懼。

不難想像，這兩大民族發生衝突時，哪一方的氣勢更盛。

另外，史書記載：「奴酋練兵，始則試人於跳澗，號曰水練，繼則習之以越坑，號曰火練。能者受上賞，不用命者輒殺之。故人莫敢退縮。」

努爾哈赤還結合了漁獵生涯中的特點，貫徹了打虎親兄弟、上陣父子兵的原則，以血緣親族為紐帶發展成各種基層戰術單位，建構起八旗軍事組織，讓士兵在戰鬥中相互支援，同生共死。

由此，我們完全可以懷疑，站在命運十字路口的吳三桂，即使選擇了跟李自成站在一起，能否真的抵擋得住清八旗軍的進攻。

第八章　忠臣與奸佞的浮沉

讓我們把視線移回到那個特殊的歷史關口：

崇禎帝縊死煤山的消息傳到瀋陽，多爾袞便召開了王公大臣會議，商議出兵與李自成爭奪天下。

多爾袞從未與李自成交過手，不知李自成底細，向明朝降將洪承疇諮詢。

洪承疇曾長期與李自成、張獻忠等起義軍作戰，對起義軍的特點再熟悉不過，他曾有好幾次將李自成等人殺盡斬絕的機會，但都因皇太極入關搗亂而功敗垂成。在他看來，李自成軍其實不過是一群得勢輒聚、勢去輒散的烏合之眾。遙想當日，他和曹文詔、盧象昇等人打起起義軍時是何等的得心應手、何等的威風八面，但一旦與清軍對陣，就只有受碾壓的份。曹文詔、盧象昇在剿殺流民軍時，甚至帶領十幾名騎兵就把成千上萬的流民軍追砍得屁滾尿流，但他們遇上了清軍，瞬間陣亡。

現實就是：清八旗軍戰鬥力至剛至強、明政府正規軍中規中矩、李自成的起義軍其實不堪一擊。李自成從西安殺向北京，一路虛張聲勢，號稱百萬，聲勢很大，弄得沿途明朝州縣官員紛紛開城投降。李自成上京之路遭遇到的唯一抵抗者就是寧武關總兵周遇吉。周遇吉領四千寧武軍與李自成展開激戰，李自成的「百萬大軍」損失慘重。

不過，仗著人多勢眾，李自成終於還是把周遇吉耗死了。

不管怎麼樣，李自成軍的戰鬥力和清軍比，差得很遠。

聽了洪承疇的分析，多爾袞再無顧忌，率滿洲、蒙古八旗大部和漢軍八旗的全部，及明降將孔有德、尚可喜、耿仲明三王的兵馬鳴炮出征。

最初選擇的進關路線是繞開山海關，西經薊州、密雲等地直撲北京。

不過，陰錯陽差，途中遇上了吳三桂派來的乞降使者，多爾袞改變了主意，改道向山海關出發，隨後在山海關發生了數百年來人們談論不休的

山海關大戰。

這場大戰,李自成是吃了敗仗,但他且走且戰,尚可從容返還北京,並在北京稱帝,過了一把皇帝癮。

其實,假設吳三桂真的選擇和李自成合作,老老實實鎮守在山海關,那麼清軍按原計畫從山海關西面破長城而入,出李自成不意,且截斷李自成返還陝西的歸路,則李自成只能被活活困死在北京,死亡更快,大順軍的傷亡更大。

說吳三桂是決定歷史走向的人,嚴重誇大其詞。

袁崇煥與皇太極:反間計的真假

關於袁崇煥的忠奸之辯,數百年來一直都沒有停息過。本文不想再參與辯駁,畢竟,此前寫過辯駁的東西太多了。只想在此指出,以乾隆四年(西元1739年)《明史》定稿刊刻為分水嶺,《明史》誕生前,世人對袁崇煥貶多於褒;《明史》誕生後,世人對袁崇煥譽多於毀。

下面舉幾個例子:

先說《明史》誕生前的明朝遺臣的作品。

明朱舜水《朱舜水集》如此痛斥袁崇煥:「賊臣楊鎬、袁崇煥前後賣國,繼喪遼陽、廣寧,滋蔓難圖。」

清初李天根《爝火錄》則將袁崇煥與南明大奸臣馬士英相提並論,說:「此二人者(指袁崇煥與馬士英),誕生一處,同為誤國之臣。」

明末談遷《國榷》對袁崇煥的評價也是相當不屑:「袁氏便宜從事,天下聞之,詫為奇舉,居亡何而郊原暴骨者如莽。」

第八章　忠臣與奸佞的浮沉

明末計六奇《明季北略》甚至把袁崇煥比成臭名昭彰的奸臣秦檜，說：「崇煥捏十二罪，矯制殺文龍，與秦檜以十二金牌矯詔殺武穆古今一轍。」

明末張岱《石匱書後集》認為袁崇煥比秦檜更加不堪，稱：「崇煥以齷齪庸才，焉可上比秦檜！」

接下來，我們看看《明史·袁崇煥傳》對袁崇煥的評價，云：「我大清舉兵，所向無不摧破，諸將罔敢議戰守。議戰守，自崇煥始。」、「自崇煥死，邊事益無人，明亡徵決矣。」

再看《明史》誕生後——主要是近代人的評價。

清末梁啟超在《袁督師傳》中盛讚：「若夫以一身之言動、進退、生死，關係國家之安危、民族之隆替者，於古未始有之。有之，則袁督師其人也。」

史學家閻崇年《袁崇煥傳》稱：「袁崇煥是中國歷史上一位大仁、大智、大勇、大廉者。袁崇煥的仁與智，令人讚頌；勇與廉，令人敬佩。這種愛國精神，同他的浩然正氣密切相連。袁崇煥留給後人熠熠永輝的思想、薪火永傳的精髓，是『正氣』，就是『浩然正氣』……通俗地說，『浩然正氣』就是正大剛直、合乎道義、充滿天地、超越時空之氣。」

作家金庸《袁崇煥評傳》則讚：「袁崇煥真像是一個古希臘的悲劇英雄，他有巨大的勇氣，和敵人作戰的勇氣，道德上的勇氣。他沖天的幹勁，執拗的蠻勁，剛烈的狠勁，在當時猥瑣萎靡的明末朝廷中，加倍地顯得突出。」

……

看看，愛袁崇煥者，將之捧上天；恨袁崇煥者，則將之踩入地。

這些年來，隨著越來越多的人對袁崇煥的深入研究，袁崇煥的形象又

有所下降 —— 有人說這是翻案,其實是還原 —— 袁崇煥的歷史地位先低後高,現在又開始降低,這是還原,不是翻案。

袁崇煥的身後名聲、歷史地位之所以升降、沉浮,其實和《明史·袁崇煥傳》裡提到的一個情節有密切關係。

這個情節就是:「會我大清設間,謂崇煥密有成約,令所獲宦官知之,陰縱使去。其人奔告於帝,帝信之不疑。」

即後來世人津津樂道的「皇太極巧施反間計殺袁崇煥」的故事。

關於這個故事的描述與評論,柏楊在《中國人史綱》裡頗為生動傳神,其文曰:「最重要的一次入塞是第一次,由皇太極親自率領,直抵北京城下,給驕傲自大的明朝政府帶來最大的震恐。袁崇煥這時已擢升為遼東軍區總司令(遼東督師),他得到消息,立刻統率五千騎兵向北京馳援,日夜不停地奔馳四百公里,到達北京時,人與馬都疲憊不堪,但仍在廣渠門(北京城門之一)外,擊退後金兵團的攻勢。可是北京那些勇於內鬥的官員們並不感謝他,反而認為他應負不能阻擋敵人攻破長城的責任。而被攻陷的喜峰口(河北遷西北),卻是屬於另一個軍區 —— 薊州軍區。皇太極對這個屢次阻撓後金軍事行動兼殺父之仇的袁崇煥,尤其恨入骨髓。將一個小說上虛構的反間故事,移上真實的政治舞臺。熟讀《三國演義》的皇太極,運用『周瑜計賺蔣幹』的方法,實施他的陰謀。這個陰謀中扮演蔣幹角色的是兩個被俘虜的明王朝宦官,他們在睡夢中隱約聽到看守他們的後金衛士如下的耳語對話。一個問:『今天怎麼忽然停戰?』一個答:『我看見可汗騎馬走向敵人陣地,有兩個人迎上來相見,密談了很久。大概袁崇煥有什麼祕密消息,事情很快就會解決。』兩個宦官不久就自以為很幸運地逃出牢籠,回到北京,向第十七任皇帝朱由檢告發。不但朱由檢大大的震怒,幾乎所有的官員都額手稱慶叛徒的奸謀敗露,使北京得免

第八章　忠臣與奸佞的浮沉

陷落。袁崇煥被捕,在輿論沸騰中,受到磔刑處死。過了十六年,後金汗國(那時已改稱清帝國)攻占北京,公布這場公案的內幕,用以炫耀自己的聰明,嘲笑明王朝官員愚蠢如豬。」

柏楊因此下結論,朱由檢死亡前一直哀嘆自己沒有岳飛式的救世英雄,其實他有,就是袁崇煥,可惜被愚蠢和無知的他給殺害了。

可見,「皇太極巧施反間計殺袁崇煥」故事的真假,對袁崇煥身後名聲至關重要。

那麼,「皇太極巧施反間計殺袁崇煥」的故事最先出自哪裡呢?

應該是《滿文老檔》。其上記載為:「二十九日,遣楊太監往見崇禎帝。楊太監以高鴻中、鮑承先之言,詳告明崇禎帝。遂執袁都堂,磔之。」

此外,《清太宗實錄》也記:「先是,獲明太監二人。令副將高鴻中、參將鮑承先、寧完我、巴克什達海監守之。至是還兵。高鴻中、鮑承先遵上所授密計。坐近二太監。故作耳語云;『今日撤兵。乃上計也。頃見上單騎向敵。敵有二人來見上,語良久乃去。意袁巡撫有密約。此事可立就矣。』時楊太監者,伴臥竊聽,悉記其言。庚戌,縱楊太監歸。後聞楊太監將高鴻中、鮑承先之言詳奏明主。明主遂執袁崇煥入城,磔之。」

這兩段記載,乍看之下,好像沒什麼問題。

但是,仔細一想,不對啊。

如果真是史實記錄,那作為後金一方,只能記其施行反間計的過程,對於楊太監(或二太監)回去後,能不能見到皇帝、有沒有向崇禎皇帝報告,只能是推測,不能全知全覺地寫太監怎麼向崇禎彙報,然後崇禎如何相信,再然後把袁崇煥「磔之」。

再者說了,後金方面實施反間計是在崇禎二年十二月,「磔」袁崇煥

卻是在崇禎三年八月，這輕描淡寫的一句「詳告明崇禎帝。遂執袁都堂，磔之」，就把長達八個月的時間跨度抹殺了，可見不是實時記錄，而是事後諸葛亮式的推測。

也就是說，《滿文老檔》對這件事的記載時間不會早於崇禎三年九月。而後金實施反間計與袁崇煥被「磔」二者間是否有因果關係，就很難確認了。

比如說，你憎惡某人，於是晚上點了炷香，向天禱告，讓老天趕緊收了他。結果，某人第二天真的出車禍死了，那是否可以說，某人就是死在你的詛咒之下呢？

關於「反間計」的影子，清汪楫《崇禎長編》也有記：「提督大壩馬房太監楊春、王成德為大清兵所獲，口稱『我是萬歲爺養馬的官，城中並無兵將亦無糧餉，昨日選了一千匹馬去了，還有一二百廢馬。』次日，大清兵挑選百餘匹用。大清兵將春等帶至德勝門鮑姓等人看守，聞大清兵與滿總兵戰，得了馬二百匹，生擒士將一員。次日各給書二封，一令春向德勝門投遞，一令王成德向安定門投遞，內言南朝萬曆時節屢次著王喇嘛講和，總置不理，前些年袁崇煥殺了我們些人，我們惱恨得緊，又問毛文龍擒了臺土兵，我們所以提兵到此，今要講和要以黃河為界。」

可見真有一個叫楊春、一個叫王成德的馬房太監被後金擒獲，並代為送信，但沒有提到反間計，更沒有向崇禎彙報、告密什麼的。

那麼，有一種可能，是後金實施了反間計，但被縱歸的太監並沒有見到崇禎，即這只是一條「爛尾反間計」──後金方面以為自己妙計成功了，實際上明朝方面根本就沒出現這一筆。

也許，皇太極們根本就搞不清明朝內宮有多少太監，太監有多少個工作部門，哪些工作部門的太監才有資格面見皇帝。在他們的頭腦裡，大明皇宮就是個村子，崇禎是村長，太監是村民，村民回到村裡，就一定會見

第八章　忠臣與奸佞的浮沉

到村長，想得忒簡單了。

還有，他們哪裡會料到，崇禎上臺，雷厲風行地剷除了以魏忠賢為首的閹黨，最恨閹人染指軍政大事，豈會輕信兩個替「萬歲爺養馬的官」的「弼馬溫」的話？！

如果崇禎真的中了反間計，那麼，在判定袁崇煥罪行時，肯定少不了「通敵叛國」這一條——支持反間計取得漂亮結果的《明史·袁崇煥傳》的確有記「法司坐崇煥謀叛」——但《崇禎長編》裡關於袁崇煥的罪名，只有「付託不效，專恃欺隱，以市米則資盜，以謀款則斬帥，縱敵長驅，頓兵不戰，援兵四集，盡行遣散，及兵薄城下，又潛攜喇嘛，堅請入城」等種種罪惡，並沒有「通敵叛國」這一條。所以，後金實施反間計之事就算真有實施過，也是只有開頭，沒有結尾，不了了之。

再補充一下，李霨為范文程寫的《內祕書院大學士范文肅公墓誌銘》還特別為范文程表功，說向皇太極進獻反間計的，就是范文程。其文為：「是時，明寧遠總制某將重兵居前，公進祕謀，縱反間，總制獲罪去。」

但是，《滿文老檔》清清楚楚有記：「令參將影俄爾岱、游擊李思忠、文館范文程統備禦八員、兵八百人，留守遵化。」

《清太宗實錄》也記：「令參將影俄爾岱、游擊李思忠、文館范文程統備禦八員、兵八百人，留守遵化。」

《內祕書院大學士范文肅公墓誌銘》自己也記：「太宗自將臨永平，留公守遵化。」

即後金入寇，攻陷了遵化，范文程和影俄爾岱、李思忠等人一同留守遵化，並沒能跟到北京城下，那麼說范文程在北京城下向皇太極獻反間計是不可能的。

然而，比范文程墓誌銘晚出二十多年，由史學家黃宗羲為錢龍錫寫的《大學士機山錢公神道碑銘》，還是以訛傳訛，不但寫了獻計之人是范文程，還詳細寫了獻計過程：「己巳之冬，大安口失守，兵鋒直指關下，崇煥提援師至。先是，崇煥守寧遠，大兵屢攻不得志，太祖患之。

範相國文程時為京章，謂太祖曰：『昔漢王用陳平之計，間楚君臣，使項羽卒疑范增而去楚，今獨不可蹈其故智乎？』太祖善之，使人掠得小閹數人，置之帳後，佯欲殺之。範相乃曰：『袁督師既許獻城，則此輩皆吾臣子，不必殺也。』

陰縱之去，閹人得是語密聞於上，上頷之，而舉朝不知也。崇煥戰東便門，頗得利，然兵已疲甚，約束諸將不妄戰，且請入城少憩，上大疑焉，復召對，縋城以入，下之詔獄。」

黃宗羲這段記載的錯誤和漏洞之多，讓人不忍卒讀。

其中一個最大的漏洞就是，范文程獻計的對象竟然是「太祖」——努爾哈赤！

難以置信，真的是令人啞口無語了。

還有，裡面提到：「閹人得是語密聞於上，上頷之，而舉朝不知也。」既然是「舉朝不知」，那您黃宗羲又怎麼得知了？這簡直就是寫演義小說的筆法，如何能教人信服？！

上面《滿文老檔》、《清太宗實錄》提到，范文程留守遵化時的身分是「文館」——這文館是皇太極當政後，於崇禎二年（天聰三年，西元1629年）四月所設；而按《清史稿·職官四》所記，「章京」是天聰八年才出現的稱呼，職銜高則為總兵，低則為備禦，中間有副將、參將、游擊，高下差別很大。

第八章　忠臣與奸佞的浮沉

　　所以,「範相國時為章京」的敘述也是錯誤的。

　　由此可見,黃宗羲的《大學士機山錢公神道碑銘》所記,根本就是隨心所欲的信筆亂記,缺乏作為史料證據的資格。而從其所記反間計一事來看,也可知世事以訛傳訛、三人成虎的可怕。

第九章
奇人奇事錄

第九章　奇人奇事錄

滿倉兒案：兩朝皇帝親自過問的奇案

　　話說，明朝弘治年間，有一個名叫吳能的武官，膝下有一兒一女。這裡單表他的女兒，這個女兒不但聰穎過人，詩書琴畫兼熟，而且姿容出眾，算得上是個漂亮的才女。

　　吳能的官職是千戶，屬於五品官員，品級是不低了。但他在彭城衛所任職，並非朝廷親軍，不隸屬都督府，地位比較低下。

　　最主要的是，吳能年紀大了，已經退役，家境非常貧寒。

　　於是，吳能和妻子聶氏都把改變家庭狀況的希望寄託在女兒身上，給她取名「滿倉兒」，意思是希望她能給家裡換來滿倉滿倉的糧食，怎麼吃也吃不完。

　　可惜的是，吳家有女初長成，養在深閨人未識。

　　吳能家貧親疏，縱然滿倉兒華容絕代，卻無人得知，也因此無人上門提親。

　　時間一年年過去，吳能夫婦一年年蒼老，滿倉兒一年年成熟──再不成親，就會成為剩女，身價即將貶值。

　　吳能夫婦看在眼裡，急在心裡。

　　在古代中國，基本上每一個地方，都會有一個能說會道的媒婆。

　　吳能所居住的街道，就有一個專門替人作媒的媒婆張媼。

　　「不如，就讓張媼替滿倉兒物色一個合適人家？」吳能和妻子聶氏商議。

　　也只能這麼辦了。

　　生活中，有些人熱衷於為青年男女牽線搭橋，這些人並不指望得到什

麼回報，完全是一副熱心腸，屬於行善積德，我們會尊稱他們（她們）為月老或紅娘。

但也有些人，會把作媒當成一項事業來做，從中牟利，收取種種好處，這類人，視作媒為職業，眼裡只有錢，未婚男女往往會成為他們擺布的對象。

媒婆張媼屬於後一種。

她欺負吳能一家社會地位低下，屬於弱勢群體，做了一件傷天害理的事；把滿倉兒介紹給與自己同姓的樂戶張氏，並隱瞞了真相，騙吳能夫婦，說對方是皇親國戚的周彧家人。

《水滸傳》裡著名的媒婆王婆把潘金蓮說給了西門慶，成了千夫唾罵的對象。

這個媒婆張媼為了錢，把好人家的女兒說給樂戶，心眼比王婆壞多了。

要知道，明朝的樂戶是一種半妓半伶（表演）的低賤職業，政府規定他們只能戴綠色的頭巾，一旦進入樂籍，便世代相傳，不得除籍。

樂戶不能享受正常人的權利，不能做官，不能參加科舉，不得與非樂籍的良人通婚，不能進入祠堂，名字不得入族譜……除了「綠頭巾」這個稱呼，樂戶還被冠以「王八」、「龜家」、「行道」、「吹鼓手」等蔑稱。

媒婆張媼把滿倉兒說給樂戶家，那是把滿倉兒往火坑裡推了。

吳能夫婦被蒙在鼓裡，完全不知情，領了「彩禮錢」，就把女兒交付給了媒婆張媼。

媒婆張媼，不，「人販子」張媼就這樣明目張膽地將滿倉兒賣給了樂戶張氏。

一開始，滿倉兒哭哭啼啼，每日尋死覓活，張氏生怕她死了自己落個

第九章　奇人奇事錄

人財兩空，就轉手賣給了樂工焦義。

焦義面臨與張氏同樣的處境，同樣沒轍，再次轉手將滿倉兒賣給了樂工袁璘。

到了袁璘這一站，滿倉兒已經對自己的人生認命了，不再哭啼了，聽從袁璘的安排，出入歡場賣笑，漸漸適應了新的生活。

前面說了，滿倉兒聰穎過人，詩書琴畫兼熟，而且姿容出眾，替袁璘賺了不少銀子。

吳能「嫁女」後不久，就患病辭世了。

吳能妻聶氏和兒子吳政相依為命。

大概過了兩年時間，聶氏一直不見女兒回家探親，好生奇怪，就到周皇親周彧家尋女。

一來二去，打聽出了女兒被人倒賣成了歌妓，不由得氣恨交加。改日，聶氏和兒子吳政到袁璘處找到了女兒，要接女兒回家。滿倉兒以為是父母串通人販子將自己賣了的，對母親心存怨恨，拒絕回去。

聶氏母子就強行把滿倉兒押回了家。滿倉兒是袁璘花錢買來的，就這樣回家了，袁璘當然不同意，前來與聶氏交涉，表示願出十兩銀子贖回滿倉兒。聶氏第一次受騙賣女，已經懊悔得腸子都青了，如果要了袁璘這十兩銀子，就屬於第二次賣女了，良心哪裡過得去？寧死不要！袁璘是個法盲，認為滿倉兒是自己花錢從焦義那買來的，自己理所當然擁有滿倉兒的所有權，法律會支持自己，因此，無所畏懼地將聶氏告至刑部。

負責審理此案的是刑部郎中丁哲。

丁哲和員外郎王爵會同審理此案，弄清了滿倉兒被賣的真相，判滿倉兒回家。

其實,《大明律》有明文規定,如果以收養過房為名,買良家子女轉賣者,處杖刑一百,流放三千里。但丁哲覺得袁璘也不是什麼大奸大惡之徒,就沒有對之定罪,只要求其不得再向吳家索要贖金。袁璘卻不服,強詞奪理,大鬧公堂。丁哲於是對袁璘處以笞刑。袁璘不經打,回家後不久,竟因傷勢過重死去。

御史陳玉、刑部主事孔琦上袁家驗過屍體,確認是笞刑致死,也沒有多說什麼,讓袁家盡快安葬。話說,滿倉兒在袁璘家做歌妓時,經常陪宿東廠太監楊鵬的姪兒楊彪。

楊彪私下與丁哲有嫌隙,認為這是整倒丁哲的大好時機,唆使袁璘的妻子向東廠上告。

楊彪還親自出馬,找到媒婆張媼,要她咬定滿倉兒是她親妹妹,並已經賣給周皇親。

並另派賈校尉,找到滿倉兒串通供詞,還攛掇她離家出走,到外面躲藏起來。

案件經楊鵬上奏,發交錦衣衛鎮撫司審理。袁瞞妻指控說,聶氏母子從自己家強行帶走的歌妓並不是聶氏的女兒,而是張媼的親妹妹,聶氏的女兒已經賣給了皇親周氏。丁哲故意殺害無辜,必須償命。

鎮撫司受楊鵬叔姪操控,對丁哲和王爵兩人嚴加鞠問,最後擬罪,奏覆皇帝。

明孝宗並沒有糊塗透頂,他覺得案情如果真如鎮撫司所報,那是簡單明瞭,不至於牽扯到刑部官員,命都院、大理寺、刑部三法司,會同錦衣衛聯合審理,必究其實。

會審官員透過交換意見,一致認為,吳能的女兒是本案的關鍵人物,

第九章　奇人奇事錄

必須傳訊到場。既然張媼和袁璘妻都說，吳能的女兒賣到了周皇親家，不妨到周皇親家將之帶來。

周家從頭到尾都不知道這件事，矢口否認家裡有「吳能的女兒」。

「三法司」和錦衣衛官員找不到「吳能的女兒」，就難以結案，案子就久久拖著，懸而未決。

這樣一樁小案，竟然拖延、推諉了三個多月。

明孝宗大為不滿，傳旨交由部院大臣和諫官們組織「廷訊」，再由都察院擬具處置辦法，報批執行。

這一次，會審官員不敢馬虎，大力偵查，終於找出了滿倉兒，經過一審再審，張媼和袁璘妻也吐露了實情，真相宣告大白。

但左都御史閔珪畏懼東廠權勢，不敢秉公處理，更不敢將楊鵬叔姪繩之以法，他維持錦衣衛原判，再一次擬定，刑部郎中丁哲「因公杖人死」，處徒刑；會同審理丁哲首審此案的員外郎王爵、為袁璘驗屍的刑部主事孔琦、監察御史陳玉，以及聶氏、吳政、滿倉兒一家，均處杖刑。

楊鵬叔姪和媒婆張媼、樂戶張氏、焦義和袁璘卻判定無罪。

這樣的處理結果明顯有失公平。

不過，迫於東廠權勢，舉朝雖不平其事，而莫敢言。最後，是刑部小典吏徐皀站了出來，獨上疏直之。徐皀指出：

一、袁璘咆哮公堂，理應處以杖刑，丁哲的處斷清楚公正。

二、楊鵬在背後指使鎮撫司拷訊聶氏，鎮撫司與東廠相互勾結，欺君罔上。三法司與錦衣衛同樣懼怕東廠，不敢明言，有串供事實。

三、滿倉兒誣陷自己的親生母親，按罪當誅，丁哲等無罪反判其刑，可謂輕重倒置。

四、東廠和錦衣衛鎮撫司這些年來，挾私誣陷、收受賄賂、徇私舞弊，種種惡行，傷天害理，善惡必報。

五、請革去東廠，限制宦官的權力，廢除弊政。處死楊鵬叔姪、賈校尉，謫戍錦衣衛鎮撫司官員到邊疆。對於刑部郎中丁哲、刑部員外郎王爵、御史陳玉、主事孔琦等人，應各晉升一級。明孝宗讀了徐皀的奏疏，認為這個案子事關重大，再交都察院審理。都御史閔珪等人卻堅持說這是徐皀誣陷會審官員，其所奏與事實嚴重不符。

最後，徐皀背上「奏事不實」的罪名，被發回原籍為民。

不過，丁哲等人也得以從輕發落。

丁哲補償袁家安葬費，罷官為民；刑部員外郎王爵、御史陳玉、主事孔琦處杖刑，贖刑後官復原職。

滿倉兒處杖刑後發交浣衣局執役。

媒婆張媼、樂戶被判無罪，逍遙法外。

更讓人憤慨的是，楊鵬叔姪、賈校尉一根寒毛也未傷到，依然坐在原來位置上，繼續作惡。為此，在刑部觀政的進士孫磐又上疏，就徐皀上書揭發東廠遭到罷官一事展開討論。御史胡獻的上疏尤其尖銳，他說：「東廠校尉，本來的職責是懲辦奸惡之人，現在卻成了宮中太監和外戚發洩私憤的工具。」彈劾楊鵬等宦官借小事製造冤案，打擊異己，請求罷除東廠。

一年後，清寧宮發生火災，刑部主事陳鳳梧藉機為徐皀鳴冤，希望能夠給他官復原職，或者授予他其他官職以安慰他。明孝宗經過再三考慮，同意下令授予徐皀正八品職銜，任浙江桐鄉縣丞。

又過了一年，為了平息官憤、民憤，楊鵬被削職為民。

第九章　奇人奇事錄

弘治十八年（西元 1505 年），明孝宗病逝。其子朱厚照繼位，帝號武宗，改元為正德。

明武宗於正德二年（西元 1507 年）查辦宦官劉瑾，聽人說起徐皀於弘治九年呈交有「革去東廠，限制宦官的權力」的奏章，便找出翻閱，為徐皀的諫言所動，下令撤銷東西兩廠、限權宦官，明令宦官不准干預朝政。

也在這一年，丁哲所受的冤屈才得以平反。

山寨皇后王滿堂：一代異數

說起明武宗朱厚照，人們對他的第一印象就是，荒淫無恥。這也不能怪別人，要怪就怪他自己。他不但是明朝皇帝中的另類，還可以稱得上中國歷朝歷代皇帝中的另類。

他特立獨行，喜動不喜靜，京城裡坐不住，三天兩頭愛往外頭跑。

民間因此出現了關於他四處亂竄的演義小說，如《正德下江南》、《正德巡國記》等。

當然，單單愛往外頭跑，還不能和「荒淫無恥」四個字掛靠起來。

明武宗最能勾起人們的偷窺欲及讓人過耳不聞的事蹟就是興建「豹房」。

這「豹房」裡面有什麼奇觀，直到今天，專家學者還說不出個所以然。

但絕大多數人一口咬定，這是大規模的金屋藏嬌，裡面必定養了不少絕色美女。

以此猜想為發端，明王文祿在《庭聞述略》中徜徉在想像的海洋，說：「武宗初年嘗宿豹房，劉瑾等以蚺蛇油萎其陽。」

另外又有更博眼球的說法，指稱明武宗和江彬等一幫男人在豹房「同臥起」，有女人，又有一幫男人，畫面著實令人不敢恭維。

明武宗在大內建有豹房，還喜歡外出逛蕩，這裡面大有文章可寫。

於是，清吳熾昌在《客窗閒話》中寫道：「宣化女子李鳳姐當爐賣酒，明武宗微行私訪，為鳳姐美色所迷，突起抱鳳姐入室。鳳姐則『夢身變明珠，為蒼龍攫取』，任帝闔戶解襦狎之。此後，正德皇帝將鳳姐歸豹房，爵其父三品卿，賜黃金千兩。」後世的京劇《游龍戲鳳》、《梅龍鎮》則改編自這則故事。

另有《明武宗外記》又寫明武宗出巡太原，每天夜裡出行，看見高大房屋就跑進去，或者索取飲食，或者搜索婦女。

……以上故事，多是私人筆記或民間演義傳說，不足以為據。

下面，說一個出自《大明武宗毅皇帝實錄》的真人真事，令人震驚不已。

話說，河北霸州小民王智，生有一女，名叫王滿堂，明豔美麗。

王智認為，這麼漂亮的女兒，必須皇帝才配得起。

王智的想法有意無意地影響到王滿堂本人。王滿堂也堅定地認為：「小女子我天生麗質，非天子皇帝不能娶。」

因此，當明武宗發詔令在天下選妃時，王智躊躇滿志地把女兒送到了京師。

夢想是美好的，現實卻很殘酷。

不知具體是什麼原因，以美豔著稱的王滿堂卻在大選中落選了。

父女好不沮喪，心理落差巨大。

父親王智稍微理智一點，很快想開了：「選不上就選不上，這是命，認命吧，找好人家嫁了算了。」

第九章　奇人奇事錄

女兒王滿堂卻還停留在夢裡：怎麼會選不上？我這麼完美的女孩子，除了天子誰還能娶？！

既然這麼想著，就死不肯嫁人。

既然這麼想著，腦筋就出了問題，就容易白日作夢，作皇后夢。

在夢中，只見一神人對王滿堂說：「你這輩子是要當皇后的，你聽著，無論誰下聘禮娶你都不可答應，除了一個叫趙萬興的。」

王滿堂夢醒，把「神人」說的話彙報給老爹。

王智聽女兒說得有鼻子有眼，而且，還明確點出「趙萬興」的名字，選擇了相信，覺得前途一片光明。

神奇的是，這之後不久，有客人前來王家投宿，名字就叫趙萬興！

這真是意外加驚喜！

《大明武宗毅皇帝實錄》是這樣寫的：「智家歡呼羅拜之，即妻以滿堂。」

王智一家上上下下無不歡呼鼓舞，把這個名叫趙萬興的客人擁上高座，叩頭羅拜，並不由分說，許配王滿堂給他為妻。趙萬興喜得嬌妻之後，也處處表現出其不同常人之處，其屢次在人前人後展示識書，無限神祕地說自己是受命於天的真龍天子。

王滿堂父女深信不疑，歡喜不盡。

非但王滿堂父女相信趙萬興的話，村裡的許多人也都相信趙萬興的話，而且，隨著時間推移，周圍十里八鄉的許多人也都相信趙萬興的話。

考慮到在霸州行事不便，趙萬興攜帶王滿堂一家及願意追隨他的民眾遷徙到山東嶧縣，在牛蘭、神仙兩座山上興建山寨，招兵買馬。

趙萬興的大旗扯起，又有山東儒生潘依道、孫爵等人策杖相從，稱以「臣主」。

趙萬興覺得時機已經成熟，就宣布立國，改元大順，登位稱帝，立王滿堂為後。

還別說，王滿堂的「皇后夢」成真啦！

但是，趙萬興的「山寨」只是一個山寨帝國，兵不過數百，控制範圍僅局限於兩座大山！

而當他們驚動了地方官府，官兵前來征剿，山寨人眾立刻潰散，各自逃生。

經過官府審問，趙萬興現出原形。

原來，趙萬興並不姓「趙」，也不叫「萬興」，而叫「鈄」，是個道士。

鈄道士有個和尚朋友，交情很好。

這個和尚朋友原先出入王滿堂家，無意中聽說了王滿堂的「皇后夢」。某日見到鈄道士，就把這個「皇后夢」當成了笑話來說。

「皇后夢」在和尚嘴裡是個笑話，在道士耳裡不但是樁美好姻緣，還是稱孤道寡的大好契機。

道士於是改名為「趙萬興」，風風火火地導演出了納美、稱帝一系列令人哭笑不得的情節。

道士鈄，儒生潘依道、孫爵等人被斬於市，王滿堂被發到宮中浣衣局為奴，後又被安排入豹房服侍明武宗。

明武宗崩逝後，明世宗繼位。明世宗派人清理豹房，又把王滿堂送回了浣衣局為奴。王滿堂，是一個因想做「皇后」而走火入魔的人。

第九章　奇人奇事錄

高官子弟的生死決鬥

　　明朝王世貞和嚴世蕃都是官二代，彼此瞧不上。王世貞的父親王忬是兵部右侍郎。

　　王忬的部下、兵部武選司楊繼盛是個眼裡容不下沙子的硬漢子，看不慣嚴世蕃的父親、嚴閣老嚴嵩的種種作為，毅然上疏彈劾。

　　楊繼盛在《請誅賊臣疏》中列舉了嚴嵩的十大罪、五大奸，觸怒了嘉靖皇帝。嘉靖皇帝命人打斷了楊繼盛的雙腿，並把他丟入了詔獄大牢。

　　嚴嵩和嚴世蕃恨楊繼盛，禁止任何人到獄中探望楊繼盛。這樣，楊繼盛在獄中無人理睬，生不如死。

　　王忬是個正直的人，他冒著被嚴氏父子打擊報復的危險，到監獄看望了楊繼盛。

　　回頭又向嘉靖皇帝上了一道奏摺，對楊繼盛的獄中待遇做了些爭取。

　　這還不夠，王忬還囑咐自己的兒子王世貞，要他多到獄中探望楊繼盛。

　　王世貞得到了父親的指示，頻頻到監獄裡看望楊繼盛。

　　這麼一來，嚴、王兩家算是結上了梁子了。

　　嘉靖三十三年，蒙古鐵騎騷擾邊關，燒殺搶掠。

　　王忬以兵部侍郎之職，兼任薊、遼總督，前往邊關禦敵。

　　卻說，父親請纓御邊，王世貞這邊也沒閒著，在家搗鼓出了一本千古奇書──《金瓶梅》。搗鼓這本書的目的，就是要害死嚴世蕃，即利用嚴世蕃愛看淫書、且有蘸唾沫翻書頁的習慣，他在書頁上塗滿了毒藥，讓人設法送入嚴府，企圖毒死嚴世蕃。

當然，這事只是坊間傳聞。

事實上，到了今天，誰也弄不清楚《金瓶梅》究竟是出於何人之手。

嘉靖三十六年冬，王忬用兵失誤，遵化、遷安、薊州、玉田四城失陷。

由此，彈劾王忬的奏章雪片一樣飛到了嘉靖帝的龍案上。

王忬被押解回京，下了大獄。

王世貞大急，到處找關係救人。

有人給他指了條路：這種形勢下，只有嚴氏父子出面求情，才能峰迴路轉、柳暗花明。

王世貞如夢初醒，趕緊帶著弟弟王世懋跌跌撞撞地趕到相府向嚴嵩求救。

嚴嵩年事已高，倦於政事，且王的失職之罪是明擺著的，拒絕了王世貞的請求。

王世貞和王世懋兄弟又找嚴世蕃求救。

嚴世蕃卻餘恨未息，閉門不見。

王世貞和王世懋兄弟只好跪倒在嚴世蕃府門，連跪了兩天兩夜，最後昏厥倒地。

嚴世蕃卻鐵石心腸，熟視無睹。

王忬被判發配充軍的重罪，嚴世蕃認為不夠，指認王忬是通敵賣國。

最終，王忬就死在了通敵賣國的罪名上，被押赴刑場處斬。

王世貞痛哭流涕，扶父親靈柩回鄉，發誓不報此仇，誓不為人。

王世貞是怎麼報仇的呢？

第九章　奇人奇事錄

他和他的門生創作了一部揭露嚴嵩父子專權納賄、禍國殃民的大型戲劇《鳴鳳記》。

此劇一出，嚴嵩父子聲名狼藉，從此永遠被釘在了醜惡的「十字架」上。

徐文長：才情蓋世的瘋狂人生

他本不該來到這個人世的。

因為他的父親是一位很不負責的人。他的生命，是他父親利用社會地位逼迫一位卑賤的婢女孕育的。最主要的是，他父親在做這一不道德行為時，已經是一個年過花甲的老翁，可謂為老不尊。以至於他自呱呱墜地那天算起，不足一百日，他的父親已經因為年老病故。

儘管他的父親也留有一定的房產、田產，但已經注定了他這一生的顛沛流離、窮困潦倒。

理由說出來也不奇怪。

他的父親早在四十多年前就已娶妻生子，在他前面，已經有了兩位已經成家立業的哥哥。

而他的母親，只是一個身分低微的小婢女。

他的父親在辭世前，也匆匆把他母親的婢女身分改成妾，但並沒給他們母子帶來實質性的東西。

甚至，他的母親早早就被家裡的嫡母掃地出門了。

這也使得他小小年紀就養成了憂鬱、執拗和偏激的性格。

不過，自古以來的老少配，似乎生下的孩子就特別聰明。

徐文長：才情蓋世的瘋狂人生

他也一樣，聰穎過人，文思敏捷，六歲讀書，九歲便能作文，十多歲時仿西漢揚雄的〈解嘲〉作〈釋毀〉，時人驚詫，將之與東漢的楊修、唐朝的劉晏相提並論。

他也因此在世態炎涼、鬱鬱寡歡之中，孤傲自賞，目空四海。

二十一歲那年，他入贅紹興富戶潘氏，並隨任典史的岳父遊宦陽江（今屬廣東），協助辦理公文，開闊了視野。

他還與山陰文士沈煉、蕭勉、陳鶴、柳文等結為文社，被時人稱為「越中十子」。

沈煉對他的才情讚嘆不已，誇獎他說：「關起城門，只有這一個。」

但是蒼天作弄，命運多舛。

縱然他才華蓋世，卻在科舉道路上屢遭挫折。

而最要命的是，他的愛妻潘氏又得病溘然去世了。

這一年，他才二十六歲。也就是說，他生命中最美好的時光只有短短五年。人亡家破，功名不就。為了謀生，他不得不招收學童，教私塾以餬口。

嘉靖三十三年（西元1554年），倭寇進犯浙閩沿海，他的家鄉紹興府成為烽火之地。

吟詩作對、繪畫作文、編排戲曲，都是他特有的天賦。

其實，軍事也是。

他奮然投筆，投入浙閩總督胡宗憲的幕府，充當幕僚，為胡宗憲出謀定策，一舉擒獲倭寇首領徐海、海盜汪直。

這是他人生輝煌成就之一。

但是，宦海浮沉，翻雲覆雨。

第九章　奇人奇事錄

嘉靖四十一年（西元 1562 年），徐階出任內閣首輔，將胡宗憲列入嚴嵩黨，不斷參劾，並於次年鎖拿胡至京。

三年之後，即嘉靖四十四年（西元 1565 年），胡宗憲死於獄中。

胡宗憲幕僚中的眾人早作鳥獸散。

他也早已抽身，但胡宗憲的死訊傳來，他還是如同萬箭穿心，同時也憂懼自己會受到牽連，於是對人生徹底失望，以至發狂。

其間，他寫了一篇文辭憤激的《自為墓誌銘》，而後拔下壁柱上的鐵釘擊入耳竅，流血如迸，醫治數月才痊癒。

後又用椎擊腎囊，也未死。

如此反覆發作，自殺之數達到了九次之多。

嘉靖四十五年（西元 1566 年）的一次狂症發作中，他揮動大斧，將繼妻張氏砍死，被逮捕歸案，關入監牢。

禮部侍郎諸大綬、翰林編修張元忭都是狀元出身，卻對他的才華傾慕不已，都對他施以援手，大力援救。

實際上，後人認為，有明一代，堪與他相提並論的只有解縉和楊慎，世稱「明代三才子」。

他也因之留得了一條殘命，戴罪獄中。

七年之後，即萬曆元年（西元 1573 年），明神宗朱翊鈞登大寶，大赦天下。他躬逢其盛，終於脫離了牢獄。

萬曆三年（西元 1575 年），他還參加了張元忭主持的《會稽縣誌》編修工作。

萬曆五年（西元 1577 年），受擔負北部邊防重任的舊友吳兌相邀，他翩然北上，赴宣化府充任文書。

其後，又得曾經在抗倭戰場上並肩作戰的戚繼光推薦，轉往遼東投奔李成梁。

也是在這段時間，他將自己胸中的百萬兵甲和韜略，悉數傳授給了李成梁之子李如松。

這也有了後來李如松在抗倭援朝戰爭中吊打倭兵倭將的奇蹟。

戰國名將孫臏、龐涓互相鬥法，讓人大開眼界，從而對他們的老師鬼谷子頂禮膜拜。

那麼，無雙名將李如松可以隨心所欲地碾壓倭寇，對於他的老師，我們是否同樣多出許多敬意呢？

關外風霜寒苦，已經年近六旬、百病纏身的他難於久留。

經北京回到家鄉紹興時，他受張元忭之招在北京停留過一段時光。

但兩人的相處並不愉快。

原因是他的個性張揚放縱，不能受傳統禮法的束縛。

偏偏張元忭是個性格嚴峻、恪守禮教的人，常常以封建禮教相約制。

他一氣之下，大吼道：「我殺人當死，也不過是頸上一刀，你現在竟要把我剁成肉糜！」

由此，他拂袖而去，回到了家鄉山陰，自號為山陰布衣，或青藤道士、青藤老人、天池生、天池山人、天池漁隱、金壘、金回山人、白鷴山人、鵝鼻山儂、田丹水、田水月等等。

張元忭去世時，他也曾往張家弔唁，撫棺慟哭，卻不告姓名而歸。

他的晚年很慘，貧病交加，所蓄書籍數千卷變賣殆盡，常至斷炊。

他的精神病也日益嚴重，時常自持利斧，毀面破頭，汙血橫流。

第九章　奇人奇事錄

萬曆二十一年（西元1593年），他在窮困潦倒中去世，終年七十三歲。

去世時，身邊唯有一條老狗相伴，床上除了些許凌亂的稻草，竟連一張裹身的草蓆都沒有。

一百多年後，揚州八怪之一的鄭板橋卻羨慕這條老狗，曾刻一印，自稱「青藤門下走狗」。

再過三百年，畫壇巨匠齊白石老人又說：「青藤、雪個、大滌子之畫，能橫塗縱抹，余心極服之，恨不生前三百年，為諸君磨墨理紙。諸君不納，余於門之外，餓而不去，亦快事耳。」

另一畫壇聖手黃賓虹則說：「紹興徐青藤，用筆之健，用墨之佳，三百年來，沒有人能趕上他。」

是的，徐青藤就是明代奇人徐渭徐文長。

徐渭平生有四負：「書法第一，詩第二，文第三，畫第四。」

齊白石對於列在第四的畫已是如此服絕，則其書、詩、文的造詣可想而知。

對他的書法，陶望齡「稱為奇絕，謂有明一人」。

袁宏道則稱：「予不能書，而謬謂文長書絕在王雅宜、文徵仲之上，不論書法而論書神，先生者誠八法之散聖，字林之俠客矣！」

徐渭的畫，潑墨寫意，自成一家。

翁方綱觀賞他畫的梧桐圖，見其僅以潑墨筆法繪其一小部分，卻使人馬上聯想到挺拔正直的參天梧桐，不由得擊節大讚：「紙才一尺樹百尺，何以著此青林廬。恐是磊落千丈氣，夜半被酒歌噓唏。」

甚至，徐渭將書法技巧和筆法融於畫中，畫中有書，書中有畫。

好友張元忭之子張岱嘆為觀止，說：「今見青藤諸畫，離奇超脫，蒼

勁中姿媚躍出，與其書法奇絕略同。昔人謂摩詰之詩，詩中有畫，摩詰之畫，畫中有詩；余謂青藤之書，書中有畫，青藤之畫，畫中有書。」

徐渭的文采主要體現在詩歌和戲曲創作上，創作有雜劇集《四聲猿》。

袁宏道尊他的詩為「明代第一」，湯顯祖極力推崇他的戲劇。

黃宗羲作《青藤歌》讚嘆徐渭的文采，說：「豈知文章有定價，未及百年見真偽。光芒夜半驚鬼神，即無中郎豈肯墜？」

一代奇才，身世坎坷，惜哉惜哉。

義僕王環：一場感天動地的忠義

清評論家毛宗崗父子評《三國演義》，說此書有「三絕」，即諸葛亮智絕、曹操奸絕、關羽義絕。

諸葛亮智絕和曹操奸絕的確讓人嘆為觀止，關羽和劉皇叔桃園結義，身在曹營心在漢，在華容道私縱曹操又一酬當日賜印賞金之恩，稱得上是義薄雲天，是義士中的義士，但僅僅這樣便冠以義絕之名，似乎有些誇大。

這裡，要說一個比關羽更義氣深重的明朝義士的故事。

事實上，作為中國古代歷史上最後一個由漢人統治的封建王朝，明朝統治階層既重視儒家教育，又推崇春秋大義，因此，有節氣、有傲骨的文臣武將包括下層士子文人、販夫走卒一抓一大把。

隨便舉兩個例子。

明末文臣袁崇煥和武將毛文龍是一對生死冤家，關於這兩人的忠奸對

第九章　奇人奇事錄

錯到現在為止還沒辨明，本文也不準備對此進行深析。單說圍繞著他們的生死而湧現出的那些義士，真讓人肅然起敬，恨平生未能與之結交。

當初毛文龍孤懸海外，在東江設鎮，以一己之力牽制著後金，袁崇煥等人卻彈劾毛文龍不服朝廷節制、尾大不掉、殺良冒功、貪汙軍餉、勾結後金、圖謀造反。

屯田主事徐爾一敬才惜才，以三子一孫的性命向朝廷力保毛文龍無反叛之心。

但是，袁崇煥膽大包天，未經請示，竟然私斬了毛文龍。

徐爾一痛心疾首，上疏力訴毛文龍之冤。

袁崇煥手掌遼東重兵，關係著大明王朝偌大一片江山的存亡，朝廷不敢輕議此事。

徐爾一一怒之下，掛冠而去。

想想看，功名乃是十年寒窗苦讀得來的，僅為一個「義」字，就棄官而去，徐爾一當真稱得上好漢子。原先有毛文龍牽制，後金方面在攻打寧遠、攻打錦州等行動中，都施展不開拳腳，根本就不可能有傾巢出動、勞師遠征的大動作。

而毛文龍死後四個月，皇太極即振旅西征，掀開了風雲激盪的「己巳之變」序幕！

袁崇煥也因「己巳之變」鋃鐺入獄，背上了與後金相通、倚敵議和、脅迫朝廷簽訂城下之盟等罪行。

兵科給事中錢家修為袁崇煥抱冤叫枉，毅然上《白冤疏》力證其清白。

有名叫何之璧者，更率全家四十餘口人為袁崇煥鳴冤，揚言願替袁崇煥坐牢。

義僕王環：一場感天動地的忠義

當然，震住天下人的，是一個名叫程本直的北京百姓，此人不但寫有《漩聲記》為袁崇煥鳴冤，還提出願隨袁崇煥而死。他說：「臣於崇煥，門生也。生平意氣豪傑相許。崇煥冤死，義不獨生。伏乞皇上駢收臣於獄，俾與崇煥駢斬於市。崇煥為封疆社稷臣，不失忠。臣為義氣綱常士，不失義。臣與崇煥雖蒙冤地下，含笑有餘榮矣。」

袁崇煥被磔之日，程本直果然踐行了自己的諾言，自盡相隨。

毫無疑問，程本直比前面提到的徐爾一、錢家修、何之璧等人更加義薄雲天，如果給程本直冠以義絕之名，應該沒什麼人會反對。

但本文要介紹的主角還不是程本直，而是生活在嘉靖朝一個叫王環的人。

王環，滄州人，長得虯髯鐵面，天生神力，善騎射。大明三邊總制曾銑久聞王環之名，將之招至幕下，授騎射教練之職。

曾銑其人善於領兵打仗，但卻好大喜功，多次要求收復河套。

以當時的形勢來說，東南倭亂洶洶，國家財政緊缺，明軍根本就不可能進取河套，就算能進取甚至收復河套，也根本守不住。

曾銑所議，完全沒有結合實際，曾銑因此遭到了彈劾，又因和首輔夏言走得太近，在夏言倒臺後受到牽連，被指以謀反之罪腰斬於市，妻兒則流放邊關。

曾銑被逮之日，拉著王環的手，流著眼淚說：「現在天庭震怒，我必死無疑。我死是分內事，可憐我妻子兒女從此沒了著落。」

這顯然是在向王環託孤了。王環眉頭皺都不皺，慨然回答說：「曾公不必過慮，我一定會保護他們母子周全。」

有了王環的保證，曾銑再無牽掛，從容走上刑場。

第九章　奇人奇事錄

王環為了履行自己的一言之諾，在曾銑妻兒被流放邊關之時，「乃以小車載夫人與其二子從間道去。環日則具湯粥。夜則露宿邸舍外。間關數千里。不懈。」

曾銑在嘉靖二十七年（西元1548年）遇害，曾銑案的昭雪是在隆慶元年（西元1567年），時間跨度長達二十年。

在這二十年時間裡，王環一直忠心耿耿地服侍和照顧曾銑夫人和兩個兒子。

冤案昭雪後，王環又和曾銑妻兒帶曾銑的棺木返回曾銑的故鄉揚州安葬。

曾家獲朝廷追贈冊封，酬王環金帛。王環淡然一笑，不受而去。

萬曆朝禮部尚書兼東閣大學士朱國禎在《湧幢小品》一書中記其事，由衷讚道：「曾銑可為識士，託付得人」。

徐霞客的足跡：窮遊半個中國的探險家

徐霞客是一個好玩、貪玩的怪人。他愛遠足、愛遊山、愛玩水、愛探幽、愛訪勝、愛冒險，萬事喜歡查索出究竟。

最難得的，是他還特別愛玩文字，把自己的見聞、感想用文字記錄下來。

他用30年時間走遍大致相當於現在21個不同的地域或縣市，他寫了60萬字的《徐霞客遊記》，他被人們稱為「千古奇人」。

現在，學術界給他冠以地理學家、旅行家和文學家的稱號。

而且，徐霞客的影響力並不局限於國內，《徐霞客遊記》已被然是國

內最有影響力的 20 部著作之一，美國、日本、新加坡等國都建立了「徐霞客研究會」。

因為徐霞客與 13 世紀西方大旅行家馬可‧波羅有著許多相似之處，他們分別被推尊為「東方遊聖」和「西方遊聖」。

在人們一廂情願的想像裡，徐霞客應該是風雨一肩挑，靠一雙腳，挑著一箱簡單的行李，豪邁地走完他的遊歷生活的。

畢竟，徐霞客在出發前曾抒發過「大丈夫當朝碧海而暮蒼梧」的壯志——這是何等豪邁、何等灑脫的志氣呢？

菩提祖師要傳授「筋斗雲」給孫悟空，說：「自古道，神仙朝遊北海暮蒼梧。」孫悟空問：「怎麼為『朝遊北海暮蒼梧』？」祖師道：「凡騰雲之輩，早辰起自北海，遊過東海、西海、南海，復轉蒼梧。蒼梧者，卻是北海零陵之語話也。將四海之外，一日都遊遍，方算得騰雲。」

徐霞客抒此壯志，就是向世人宣布，自己要靠一己之力，如神仙一樣，遍遊四方。

另外，還有不少人受清人彭端淑所作《為學》中「蜀之鄙有二僧」的故事所影響，更加肯定了徐霞客芒鞋破缽、衣衫襤褸、風餐露宿的苦行僧形象。

事實並非如此。

徐霞客晚年，曾不無自豪地說：「張騫鑿空，未睹崑崙；唐玄奘、元耶律楚材銜人主之命，乃得西遊。吾以老布衣，孤筇雙屨，窮河沙，上崑崙，歷西域，題名絕國，與三人而為四，死不恨矣。」

徐霞客此語，不光是對自己堅韌之志的肯定，也包含有對自己投入財力的誇耀。

第九章　奇人奇事錄

不是嗎？

張騫、玄奘、耶律楚材這些人，雖然也曾遊歷天下，但都是接受皇命而前，有政府財力和物力的支持，我呢，我不過是一個布衣老百姓，卻窮絕河沙，登臨崑崙，遊歷西域，題名絕國！所以，儘管徐霞客的旅遊經歷過無數意想不到的磨難，但也不是單純的「窮遊」。

徐霞客是家裡的獨子，大半生時間都花費在旅遊上，家裡卻從沒為生計操過心。

徐霞客第一次遠足是在22歲那年，這一年他新婚，娶了富家女許氏，後來又續絃江陰富家之女羅氏，還納有妾室周氏……總之，徐家是個大家庭，但並不需要他賺錢養家。相反，家裡的財富任由徐霞客浪蕩遊歷，盡情揮霍。

明人蔣一葵筆記《堯山堂外紀》對徐家家境的評價是「富甲江南」；另一明人李詡筆記《戒庵老人漫筆》寫得更具體，徐霞客祖上為江陰首富，家裡田產南到北可以走五十里遠。

正是有這強大的財力作為後盾，才可以支撐徐霞客數十年的壯遊生活。

那麼，徐霞客的出遊就不可能是孑然一身了。

每次出遊，徐霞客必有童僕跟隨，負責飲食起居。另有長隨挑夫，負責粗重活計。

遇上挑夫體力不支，中途退出，徐霞客則另僱當地人接替。

洋洋大觀的《徐霞客遊記》寫盡山水姿態、風光旖旎，但偶爾也寫遊歷途中「趣聞」。

下面，我們透過〈粵西遊日記三十〉中的「趣聞」，可以窺知徐霞客旅遊式的「灑脫」，應該跟我們許多人想像中的不一樣。

明朝有驛站制度，每一地都設驛站，為出行官員提供人力、馬轎和食宿。徐霞客不是官，無權享受該項待遇，但他是個土豪，憑藉著家族的影響力，得到了地方官贈送的馬牌，於是沿路支使村民為他和僕人抬轎趕路。主僕加上行李、差用的伕役得有七八個。村裡人手不夠時，就讓婦女頂上。此外還要供他吃喝，有魚有肉。

〈粵西遊日記三十〉記載，崇禎十年十一月二十四日，徐霞客在眾伕役的抬轎上「從塢東南行二裡，越一南來小水，又北越一西北來小水，得一村倚東山下」，正悠然自得之間，眾役夫不堪其苦，突然罷工，鬨然散去。

徐霞客大怒，趕緊下轎，指揮家奴，前阻後追，左右包抄，終於抓住了一個，「繫用繩捆綁之」，牽著進了村。

村中男子得知徐霞客進村，已嚇得四下逃遁，躲進深山裡去了。

最後，是一個老人出來接待，解釋說：「這裡驛站的鋪司姓廖，外出公幹了，我應該代替他為您尋找役夫，今天天色暗了，明日再啟程吧。」

老人說完，侍候徐霞客「上架餐飯」。

徐霞客當晚記：「余不得已，從之。檢行李，失二雞，乃鎮遠所送者。」

即徐霞客隨身行李中，不但有穿的用的，還有吃的，其中還有兩隻活雞，在役夫罷工的騷亂中跳籠飛了。

第二天最有意思。

第二天下午，老人為徐霞客徵到了役夫、轎伕，「覆上行嶺畔者三里，又稍下。其處深茅沒頂，輿人又妄指前山徑中多賊陣，余輩遙望不見也」。

第九章　奇人奇事錄

　　轎伕們抬著徐霞客主僕數人在山間深草處行走，那些深草，幾可沒頂。轎伕嚇唬徐霞客說，前面山徑經常有盜賊出沒。

　　說話間，往東南山下走了半里，到一山麓，相同的劇情上演了：「輿夫遂闃然遁去。」

　　「時日已薄暮，行李俱棄草莽中。」沒奈何，徐霞客只好招呼家僕背了重要的盤纏下山，重回到村裡找那個負責驛傳事務的老人。

　　天色已經昏黑，各家遁入山谷的男子都還沒有回來。

　　徐霞客擔心丟在山間的行李被人挑走，領著僕人挨家挨戶搜人，拉壯丁。

　　搜來搜去，搜出了兩個婦女。

　　徐霞客命令她們去搬行李，讓老人負責做飯。

　　徐霞客得意地寫「老人懼余鞭其子若孫」（老人擔心我會鞭責他的子孫），不得不聽從。

　　吃過晚餐，徐霞客「叱令速覓夫，遂臥」（喝令老人趕緊給我找抬轎子扛行李的伕役，然後躺下就寢了）。

　　……以上所記，是徐霞客漫長壯遊生涯中的一個小片段、小插曲，卻讓我們揭開迷霧，更加接近這個大旅遊家的真實生活。

明軍與英艦的意外交鋒

　　眾所周知，發生在西元 1840 年的第一次鴉片戰爭中，英國恃仗堅船利炮，闖開中國國門，逼迫清朝政府簽訂了近代中國的第一個不平等條約

《南京條約》，除賠款外，還割讓香港島，並使英國得到領事裁判權。整個戰爭過程中，英國出動兵員總共 19,000 人，傷亡 523 人。這 523 人中，真正陣亡的只有 69 人。而清朝動用軍隊近 20 萬人，陣亡共 22,790 人。雙方對比懸殊。

其中的虎門大戰最引人注目。

虎門的防禦工事是晚清名臣林則徐和一代名將關天培親力親為打造出來的，自認為固若金湯。

但是，當英艦從海上開來，一頓炮火劈頭蓋臉的轟炸，鎮守在上橫檔島上的清軍便作鳥獸散。英艦從容進攻和占據亞娘鞋山（武山），然後以偏舷排炮對準威遠炮臺、靖遠炮臺轟擊。

威遠炮臺、靖遠炮臺的清軍火炮射程遠遜於英艦炮火，而且炮架固定，不能轉向，即使在這樣短距離的對攻中仍然不能對英軍構成威脅。

在雙方交火中，清軍的砲彈全都落入海中，激起水花連續不斷，對英軍毫無殺傷；而英軍的砲彈落到清軍的炮臺之上，清軍非死即傷，損失慘重。

面對如此不對等的戰鬥，大批大批的士兵選擇了逃跑。

在威遠炮臺上指揮作戰的廣東總督關天培不逃。

為了激勵士氣，他變賣了所有的家產，抬著白銀上戰場，現場懸賞。

面對英軍地毯式的轟炸，他明知炮臺必失，也堅不退卻。

他用自己的血肉之軀來向侵略者展示自己寧死也要抵禦外侮的決心。在持續四個小時的狂轟濫炸後，炮臺失守，關天培戰死於靖遠炮臺，武山一側的炮臺除了關天培和二十多名兵丁的屍體外，空無一人。

虎門防禦體系門戶宣告被攻破。

第九章　奇人奇事錄

此後，清軍棄守大虎炮臺，主動撤退。

於是，號稱中國最強的海門防線，竟然就這樣被毀，英國無人陣亡，付出的代價僅僅是，五人輕傷。

自此，英軍闖入珠江內河，如入無人之境，長驅直入省城廣州……

這是中國近代最怵目驚心的一場戰爭，也是中華民族身上一道永不能磨滅的疤痕。

但是，很多人不知道的是，中國只是在晚清統治下才會遭受英國人予取予求的欺凌。其實，在晚明時期，英國人是被我們教訓過的，用槍炮，狠狠地教訓過的。

17世紀初，葡萄牙人在遠東的商業霸權漸漸衰落，代之而起的是被稱為「海上馬車伕」的荷蘭。

此外，大英皇家艦隊崛起之勢也非常迅速。

葡萄牙人的商船在遠東屢次遭到荷蘭艦隊的劫掠，他們渴望利用英國人的力量來牽制荷蘭人。

西元1635年，果阿的葡萄牙總督和英國東印度公司達成協議，同意英商自由出入澳門從事貿易。

這年十二月十二日，英王查理一世頒布訓令，任命威德爾上尉為指揮官，率領6艘船艦前來中國。

威德爾船隊於西元1636年四月十四日從倫敦起航，六月二十七日，船隊到達澳門以南的十字門外停泊。

本來葡萄牙人只想藉助英國人來打破荷蘭艦隊的封鎖，但英國人直接抵達澳門，即意味著英國人由澳門開闢中國市場，將會打破葡萄牙人對中國外貿的壟斷，這是葡萄牙人所不希望看到的。

明軍與英艦的意外交鋒

於是,澳門葡萄牙人拒絕執行果阿總督的指示,不允許英國人分享澳門的貿易特權。葡萄牙人惡人先告狀,嚮明朝官員詆毀英國人,說他們是荷蘭海盜,請中國軍隊出兵驅逐。葡萄牙人還從澳門派出巡邏艇包圍了英船,阻止英國人向中國進行貿易活動。

威德爾不甘心就此回國,於七月底啟碇前往廣州,想強行闖開中國國門,以武力來開闢中國市場。

八月八日,英船到達虎門亞娘鞋山(武山),虎門炮臺明軍鳴炮示警。

威德爾肆意妄為,下令降下聖佐治貿易旗,升起英國國王的軍旗,擺出一副開戰的架勢,並真的指揮船隊炮轟虎門炮臺。

中國軍隊猝不及防,炮臺失陷。

威德爾趾高氣揚地扯下中國軍旗,掛上英王旗幟,並拆下35門大砲,作為戰利品搬到船上。

中國廣州當局派人前往交涉,威德爾歸還了大砲,卻繼續指揮英船深入廣州內河。

忍無可忍,無須再忍!

九月十日,廣東海防當局派出3艘戰船衝向英國船隊,發射火炮和火箭。

闖入廣州內河的英艦共有6艘,以6對3!與3艘中國戰船展開激烈對攻。雙方你來我往,炮火紛飛,響聲不絕。大約半個時辰過後,6艘英艦不支,倉皇遁走。

在逃亡路上,威德爾在虎門地區縱火焚燒,毀壞好幾艘中國民船。

實際上,威德爾已無路可去,船隊最終還是駛回了澳門。

為了出手此次遠航物資,威德爾不得不請求葡萄牙人出面轉圜。

第九章　奇人奇事錄

十一月三十日，威德爾答應廣州當局的要求，同意賠償白銀 2800 兩，並向中國官員提交了一份保證書，對虎門事件表示歉意，並保證完成貿易後即行離去。據此，廣州官員決定對其不予追究，令其貿易後盡快離境。

十二月二十九日，威德爾船隊離開澳門，灰溜溜地啟程回國。

英國著名漢學家李約瑟博士因此說：「明代海軍在歷史上可能比任何亞洲國家都出色，甚至同時代的任何歐洲國家，以至所有歐洲國家聯合起來，可以說都無法與明代海軍匹敵。」

與袁崇煥共死的義士：最終的結局

作家金庸特別欣賞袁崇煥的。

他早年特別寫了《碧血劍》是為傳唱袁崇煥的頌歌。

很多人以為，袁承志是《碧血劍》的第一男主角。

其實不是的。

金庸坦承，《碧血劍》的第一男主角是袁崇煥，第二男主角是夏雪宜，袁承志只在書中有一點穿針引線的作用，性格不鮮明，人物刻劃模糊。

寫完《碧血劍》，金庸意猶未酣，覺得對袁崇煥的歌頌還不夠徹底，又寫了《袁崇煥評傳》，盡情謳歌說：「袁崇煥真像是一個古希臘的悲劇英雄，他有巨大的勇氣，和敵人作戰的勇氣，道德上的勇氣。他沖天的幹勁，執拗的蠻勁，剛烈的狠勁，在當時猥瑣萎靡的明末朝廷中，加倍地顯得突出。」

無論《碧血劍》還是《袁崇煥評傳》，裡面都提到了一個人物：程本直。

其中《碧血劍》裡的側面描寫尤其讓人過目難忘。

《碧血劍》是透過程本直的「弟弟」程青竹來襯托程本直義薄雲天的義士形象的。

　　《碧血劍》中的程青竹不忿兄長程本直被害，設法投身皇宮，當了個侍衛，想俟機行刺崇禎皇帝，為其兄和袁崇煥報仇。不料，行刺不成，反為御前侍衛所擒，幸得有人相救，逃出皇宮，流亡江湖，成立青竹幫。

　　程青竹與袁承志初相識，便滔滔不絕地說起程本直的事蹟來。

　　他說：「先兄與令尊本來素不相識。他是個布衣百姓，曾三次求見，都因令尊事忙，未曾見到。先兄心終不死，便投入督師部下，出力辦事，終於得蒙督師見重，收為門生。令尊蒙冤下獄，又遭凌遲毒刑。先兄向朝廷上書，為令尊鳴冤，只因言辭切直，昏君大為惱怒，竟把先兄也處死了。」

　　袁承志「啊喲」一聲，怒道：「這昏君！」程青竹道：「先兄遺言道，為袁公而死，死也不枉，只願日後能葬於袁公墓旁，碑上題字『一對痴心人，兩條潑膽漢』，那麼他死也瞑目了。」

　　按照《碧血劍》所寫，程本直應該是和袁崇煥一同被處決了。

　　的確，袁崇煥戴罪下獄，程本直為之鳴冤，寫《磯聲記》稱：「唯是臣，於崇煥門生也，生平意氣，豪傑相許。崇煥冤死，義不獨生。伏乞皇上駢收臣於獄，俾與崇煥駢斬於市。崇煥為封疆社稷臣，不失忠；臣為義氣綱常士，不失義。臣與崇煥雖蒙冤地下，含笑有餘榮矣！」

　　程本直為袁崇煥門生，門生為座主鳴冤，口口聲聲以性命相許，如果他不陪袁崇煥同死，都不好意思再活在世上了。

　　所以，非但金庸認為程本直是陪同袁崇煥同赴刑場，許許多多人也這麼認為。

　　包括清史研究專家閻崇年。

第九章　奇人奇事錄

在他的代表作《明亡清興六十年》裡寫：

那位袁崇煥的門人程本直，寫了一篇〈㴲聲記〉為袁崇煥辨冤，並且四次詣闕抗疏無效，憤而請與袁俱死：「掀翻兩直隸，踏遍一十三省，求其渾身擔荷、徹裡承當如袁公者，正恐不可再得也。此所以袁公值得程本直一死也。」「予非為私情死，不過為公義死爾。願死之後，有好事者瘞其骨於袁公墓側，題其上曰『一對痴心人，兩條潑膽漢』，則目瞑九泉矣。」崇禎成全了他，順手把他也殺了。程本直，史料記載他的身分為布衣。他自稱跟從袁崇煥在隊伍裡，親身參加了保衛京師的戰鬥。有人推斷他是袁崇煥的幕僚或侍從。後來，崇禎帝下令將他處死。還有一說，他是在袁督師蒙難後自殺的。《東莞縣誌》記載張次溪寫過《程本直墓記》：今京師袁督師墓右有一塋，無碑碣，相傳為從督師死者，姓名不傳，此當為程本直墓。

閻崇年先是說「崇禎成全了他，順手把他也殺了」，但覺得此說並無史料依據，貿然說出，未免孟浪，於是後面又補了一句：「還有一說，他是在袁督師蒙難後自殺的。」

到底是被崇禎殺的還是自殺的，沒給出明確答案。不過，閻崇年還是抖漏出一個不是證據的「證據」：「《東莞縣誌》記載張次溪寫過《程本直墓記》：今京師袁督師墓右有一塋，無碑碣，相傳為從督師死者，姓名不傳，此當為程本直墓。」

這裡說說張次溪其人。張次溪是張伯楨長子，名仲銳，次溪是他的號。此人秉承父訓，一生留意收集整理袁崇煥舊物遺作，曾於西元1943年出任汪偽政府於淮海省教育廳長等職，名節有汙。

張次溪的父親張伯楨也是特別欣賞袁崇煥，其欣賞之情比金庸還高得多。

張伯楨為東莞人，號滄海，青年從學於萬木草堂，為南海康有為之忠實弟子。

西元1915年，袁世凱政府開禮制館，重議民國敬祀先哲名單。張伯楨要求在增祀武廟名單中列入袁崇煥，並起草《袁督師應配祀關、岳意見書》，聯繫當時十八省之將軍、督、撫及北京各部、院長官，以至在京粵籍官員、名流、廣東地方紳耆共二百人，崇祀袁崇煥於武廟，「以闡幽光」、「壯士氣而勵忠貞」。併力促對袁崇煥的崇祀升格為國家級，好與「武神」關羽、岳飛並列。

不過袁大頭開禮制館本意不過是在為帝制張目，對此事並不上心。張伯楨為追尊袁崇煥，極力贊成老袁稱帝，成功「考證」出老袁是袁崇煥後裔，要袁大頭把袁崇煥追諡為「肇祖原皇帝」，並申請為他修建「原廟」。

張伯楨還煞有介事地說，袁崇煥被害後，世間還流傳著一句讖語：「殺袁者清，亡清者袁。」

袁世凱為了彰顯自己順天應人，就派人修建「原廟」。張伯楨於是又請出老師康有為，讓老師為「原廟」寫廟額、廟聯、廟詩、廟記。

不過，袁大頭於西元1915年12月稱皇帝，僅僅八十三天之後，迫於各方面壓力，不得不宣布取消帝制，其本人也於西元1916年6月6日因病去世。

袁世凱稱帝失敗，「原廟」是建不成了。

有人寫詩諷刺張伯楨，詩云：

華冑遙遙不可蹤，督師威望溯遼東。

糊塗最是張滄海，亂替人家認祖宗。

張伯楨並不受詩的影響，尊崇袁崇煥之心不改，捐資於北京左安門內

第九章　奇人奇事錄

東火橋廣東新義園中之高阜（其地在今北京龍潭湖公園內），興建袁督師廟。門額「袁督師廟」四字為康有為書，廟內正中嵌袁崇煥遺像刻石，像附袁崇煥臨終前「手跡」：「心術不可得罪於天地，言行要留好樣與兒孫。」

這裡重點說說這個「手跡」。

張伯楨輯有《袁大將軍督師遺集》，書中也載有這個「手跡」的照片，後面有落款，為「壬申夏月，袁崇煥」。

其實，袁崇煥生於明萬曆十二年（甲申年），死於崇禎三年（庚午年），一生中並沒經歷過壬申年。離他在世最近的兩個壬申年是在其出生前十二年的隆慶六年（西元1572年），及其死後兩年的崇禎五年（西元1632年）。

那麼，這個落款為「壬申夏月」的作品絕不是袁崇煥親筆，而是後人冒名偽作。

作偽者為什麼認為袁崇煥臨終前的時間是「壬申夏月」呢，估計是受程本直《漩聲記》的影響。

這裡再說一說清史研究專家閻崇年，他很可能沒研究過程本直其人，也沒認真讀過程本直的《磯聲記》和《漩聲記》。

程本直最初為袁崇煥鳴冤的是《磯聲記》，作於崇禎二年袁崇煥初下獄時，其中有文字是哀求崇禎帝把袁崇煥從獄中釋放，以戴罪立功的，他說：「臣故不避斧鉞，灑血泣陳。萬懇皇上，天威一垂，群疑自解。俾崇煥出而收集諸遼兵將。如侯世祿、張鴻功之例，戴罪立功。」

而《漩聲記》是作於「壬申年」，即崇禎五年（西元1632年）的，這時候袁崇煥已經死去兩年了。文中因而記：「而崇煥今日乃何如也？身凌遲也；家籍沒也；後嗣絕也；妻孥兄弟以及七旬之母、數齡之女，方遊魂於

浙水之上也,復齎魂於黔山之間也!而今或死或生於八閩之外,而莫可問也!」

關於《磯聲記》與《漩聲記》的區別,程本直在《漩聲記》開頭也作了解釋:「大江之涯,其石橫出,鬥水使怒,曰『磯』。為磯之處,其下有迴流焉,曰『漩』。舟楫弗戒,匪觸於磯,即汩於漩。與其汩於漩也,寧觸於磯,猶可拯也;汩於漩,不可拔也!」

閻崇年所引「掀翻兩直隸,踏遍一十三省,求其渾身擔荷、徹裡承當如袁公者,正恐不可再得也。此所以袁公值得程本直一死也」一語,的確是出自《漩聲記》,但此語前面寫得清清楚楚:「壬申之秋,將赴西市,蘭輯諸稿而自為之序,詹詹數言,意為頗悉。」

古代處決犯人是在入秋以後,而明代北京的刑場設定在西四路口,所以「壬申之秋,將赴西市」即是指入秋以後將赴刑場。

所以,程本直並非人們想像的是陪同袁崇煥一起上刑場,更不是自殺,而是在袁崇煥死後兩年,才被押赴刑場就死。

不管怎麼樣,今日讀《磯聲記》與《漩聲記》,儘管裡面的某些見識讓人無語,但程本直其人之俠肝義膽,躍然紙上,不失為世間罕見的錚錚奇男子。

第九章　奇人奇事錄

第十章
末世英雄與忠義長歌

第十章　末世英雄與忠義長歌

渾河血戰：戚家軍的最後餘響

天啟元年（西元 1621 年）三月，努爾哈赤大舉進攻瀋陽。瀋陽是遼東重鎮，遼陽的藩蔽，防禦十分完備堅固：瀋陽城外層層疊疊地挖了十多道深溝，溝壑縱橫交叉，深一人許，塹底插尖木，鼠獸難行。

就算清除了這些尖木，而深溝內一箭之地，又有一道深壕，壕內側有一二十人才能抬得動的大木圍連成柵。柵內又挖掘有大壕二層，寬五丈，深二丈，壕底同樣密密麻麻地遍布著尖樁，溝內側還築有攔馬牆，排列著炮車，每車安放大砲二門、小砲四門，兩車之間又安置大砲五門。

什麼叫固若金湯？

這就叫固若金湯！

就憑著這個堅不可摧的防守體系，遼陽明軍守將賀世賢有理由讓努爾哈赤連城牆都摸不到就退兵而回。

可是賀世賢貪功，中了努爾哈赤的誘兵之計，放棄了乘城作戰的優勢，將軍隊拉出城外與後金騎兵對練。

後果是災難性的。

學術界至今還流傳著這樣一種觀點，說後金的八旗兵為同期世界上最為強大的騎兵部隊。

當然，對於這個說法，很多人會不服氣。

可只要你透過客觀的分析和全面的對比，你將不得不承認，這個說法是比較可靠的。

下面就後金軍隊和明朝軍隊的對比簡略說幾點，讓你對後金騎兵的作戰力有深層一點的認知。

渾河血戰：戚家軍的最後餘響

首先，女真是漁獵民族，世代生活在東北苦寒之地，以畜牧漁獵為生，沒有農業，沒有紡織業，他們穿著獸皮，拎著武器，在深山老林裡轉，與狼蟲虎豹打交道。就是這樣的一群人，如果體魄不夠健壯，身體條件不夠彪悍，缺乏過人的求生能力，沒有與獅子老虎搏技的本領，他們早就活不下去了。

在生存的原始動力下，在漁獵活動中，他們一個個力大無窮，精於騎射，堪稱叢林的殺手、天生的鬥士。打仗對他們來說，就跟平時的一場場大型的圍獵沒有區別，您見過哪個獵戶在出獵之前是戰戰兢兢，憂心忡忡的？而一旦把這些恐怖的獵手訓練成軍隊，其所迸發出的爆發力，其所展示出來的戰鬥力將是驚心動魄的！

可以說，對後金騎兵而言，戰爭就是一種樂趣，戰爭意味著宣洩，意味著釋放，意味著獵取，意味著獲得。

事實也是如此，後金騎兵所到之處，無不是殺戮、搶掠，同時，空中還會充滿了肆意的嚎叫。

相對而言，大明軍隊的士兵大都是來自農耕文明的農家子弟，慣用鍬犁的手和侍弄莊稼的勞動方式使他們樂於安享現狀，原始人應有的暴戾之氣已退化得一乾二淨，你要他們二話不說操起刀子就和後金騎兵拚命而毫無心理障礙，是不是太強人所難了？

雖然明朝軍隊整體人數占優勢，在武器裝備上有壓倒性的優勢，砲兵部隊的大將軍炮、虎蹲炮、佛郎機炮射程遠、威力大，騎兵部隊又配有火銃，步營則擁有大量鳥銃和多管火槍，並且在冷兵器，如長刀、矛、槊、弓箭等打造上，鋒利和抗擊打強度、耐度和韌度上均遠勝後金，防護器具中的鐵甲、皮甲在數量上也遠超後金，但決定戰爭勝利走向的絕對不僅僅是這些，還有一樣東西。

第十章　末世英雄與忠義長歌

　　這樣東西看不見，摸不到，卻又無處不在，它的名字叫做「氣」——戰鬥的勇氣、戰鬥的士氣、戰鬥的殺氣！

　　明朝軍隊裡是有很多地痞流氓的，這些兵油子並不是懷揣著保家衛國的崇高理想來參軍的，對他們來說，當兵只是一份職業，一份可以養家餬口的職業，到軍隊中來，就是為了領那每個月五錢銀子的生活費，犯不著一上陣就玩命。

　　但毋庸置疑的是，明朝軍隊中也不乏那種素經訓練，上陣有進無退的悍兵，如這次全部陣亡的九邊邊兵、川兵、浙兵等。

　　但就整體實力而言，其戰鬥力比後金軍隊就差得多了。努爾哈赤在統一女真各部戰爭中形成了兵民合一的八旗體制，以旗統兵，八旗旗主對旗內兵民擁有絕對的權威，生殺予奪。因而八旗組織就具有極強的凝聚力、收斂力，使得努爾哈赤指揮起軍隊來得心應手，如臂使指，「雖將百萬，可使合為一人也」。

　　這樣的隊伍，在戰場上衝殺起來當真縱橫馳騁、毫無畏懼，其結果將是無往而不利！

　　所以說，後金八旗軍就是一支充滿了戰鬥的勇氣、戰鬥的士氣和戰鬥的殺氣的勁旅。

　　此外，他們還擁有著一樣明朝軍隊難以比擬的東西 —— 騎兵。

　　因為馬匹數量充足，士兵騎術精湛，他們在戰鬥中倏來倏去，來如雷，去如電，電閃雷擊，以極快的速度予對手以殺傷。他們雖然沒有明軍的槍炮、火銃，但他們的攻擊太快了，往往在明軍換彈換藥之際就「刃已加頸」。

　　就是這樣一支既精於騎射，又長於搏殺，還凶悍無情，而且數量還相當龐大的軍隊，你說你有什麼必勝的把握去跟他們爭鋒？！

在強大的後金騎兵面前，賀世賢失敗了。他渾身鮮血，身中十四矢，被射得如同一個刺蝟，悲壯極了。

固若金湯的瀋陽堅城，就這樣落入了努爾哈赤手中。

明朝損失的總兵、副將、參將、游擊等中高級將領達三十餘人，下級官兵更是不計其數，城中百姓慘遭屠殺，那些老弱病殘孕均無處可逃，乾脆就從城上往下跳，死傷遍地，哀號於城下，令人不忍目睹。

不過，這僅僅只是序幕。

一場異乎尋常的慘烈惡戰隨即開始了。

遼東經略袁應泰得知後金大軍進逼瀋陽，便命總兵陳策、童仲揆等率領川、浙兩軍由遼陽北上增援，又遣總兵李秉誠、朱萬良等率師從奉集堡北上支援。川軍和浙軍號稱明朝的兩大勁旅，出征薩爾滸前，名將劉綎曾經放話：「若得兩三萬川軍，俺可以獨擋奴酋！」

而浙兵更是一代名將戚繼光嚴格訓練出來的一支鐵軍，這支鐵軍，代代相傳，無論是在東南抗倭還是在薊北鎮守邊地，均屢建奇功。萬曆三大征中，每當敵我雙方的局勢僵持不下，或者明軍已現敗相，只要浙兵出現，戰場形勢立刻改觀。

可惜，當日，川浙軍團趕到薩爾滸時，大戰已經結束。

從此，這支部隊被作為機動部隊駐紮在遼陽城外。

川兵帶隊的指揮官是年近七旬的總兵陳策，川兵中最強悍的石柱白桿兵由女英雄秦良玉的哥哥秦邦屏、弟弟秦民屏率領，浙兵的帶隊指揮官是副將戚金。

游擊周敦吉大呼道：「事急矣，請直抵瀋陽，與城中兵夾擊，可以成功。」

第十章　末世英雄與忠義長歌

　　川浙軍團雖然都是步兵，但其嚴整的軍紀和求戰求勝之心，使他們僅用一天的時間便趕到了瀋陽城不遠的渾河邊。

　　但還是來晚了。

　　他們誰也沒有料到瀋陽城的失陷竟會如此之快。

　　當瀋陽失陷的消息傳來，他們都驚呆了。

　　救援行動轉瞬成了泡影，部隊在渾河南岸停了下來。軍中高層將領集中在一起，召開臨時軍事會議。周敦吉、秦民屏等人神情激憤，高聲大叫：「我輩不能救沈，在此三年何為！」

　　上下將領，個個強烈請戰。

　　儘管敵強我弱，陳策、童仲揆兩位總兵看見將士們士氣高昂，求戰心切，最終還是做出了主動進攻的部署。

　　實際上，他們除了繼續進攻，已經別無選擇了。

　　因為後金軍輕取瀋陽，不會做太大的休整，馬上就會出兵攻擊遼陽。

　　要知道，後金騎兵機動靈活，來去如電，一旦發現了前面有明軍撤退，定會窮追不捨，緊咬不放。到時，明軍主動的撤退難免會演變成一場被動的大潰敗，等待他們的，只有慘遭全殲的命運。

　　所以，他們只能堂堂正正地和敵人打上一仗。

　　同時，陳策他們知道，在他們之後還有奉集堡總兵李秉誠、虎皮驛總兵朱萬良等人率領三萬明軍援沈，堅持到他們到來，或者堅持到天黑，在夜色的掩護下向朱萬良等人靠攏才有生的希望。

　　好吧，那就打吧。

　　可是，怎麼打呢？

如果只是被動地停留在渾河南岸結陣，那麼明軍，尤其是以火器見長的浙兵設定防禦陣地尚需時間，而前面的渾河卻又不是能阻擋敵人的天塹，如果敵人的騎兵在自己設定防線的時候驀然殺來，失敗同樣不可避免。

要為主力布置車陣和構築工事爭取時間，就必須派出一支人馬主動出擊。

於是，這支數千人的隊伍被一分為二，周敦吉、秦民屏率領三千餘人從渾河浮橋過河，到瀋陽城下迎戰，部隊主力在南岸結陣駐紮。

一場血戰即將打響，川浙軍團表現的機會來了！

手持白桿長槍的川兵從浮橋上魚貫向北，留守南岸的戚金則指揮士兵布下明軍著名的車陣。順利拿下了瀋陽的努爾哈赤的確沒打算在瀋陽做過多的停留，他對手下諸將說，「瀋陽一戰，明朝軍隊士氣全無，此刻我們乘勢前進，遼陽指日可下。」

努爾哈赤完全沒有料到周敦吉、秦民屏率領三千白桿兵已經殺到了瀋陽城下。

聽說明軍只來了三千人，努爾哈赤並沒有掉以輕心，俗話說，來者不善，善者不來，他派出了素以敢戰而聞名的正白旗部迎戰。

努爾哈赤雖然沒有大意，正白旗軍卻明顯輕敵了。

在他們眼裡，面前這支明軍步兵跟以往被殲的明軍沒有什麼區別，他們認定，只要他們發起攻擊，這支明軍就會哭爹叫娘，四散潰逃。

然而，兩軍一接觸，後金的騎兵就被白桿川兵的長槍戳得「紛紛墜馬」。

打頭陣的精銳紅巴甲喇軍不信邪，再來，後軍騎兵策動鐵騎，勢如千鈞雷霆，瘋狂殺嚮明軍。

然而，這些明軍殊不畏死，不退反進，揮動長槍，以步制騎。

其結果是又有一批後金騎兵在慘叫聲中被挑落馬下。

第十章　末世英雄與忠義長歌

正白旗驍騎數次衝鋒都被明軍打退。

努爾哈赤明顯懵了，趕緊，又派出了自己親自掌管的正黃旗。

正黃旗的遭遇與正白旗相同，不，應該說是更慘，被「擊斬落馬者二三千人」。

戰事發展到這裡，八旗軍上下全部震驚了。

努爾哈赤本人也驚出了一身冷汗。

就在這緊要關口，逆天的一幕出現了：投降後金的原明朝撫順降將李永芳利用瀋陽城中的大墩臺以千金急招明軍敗兵當炮手，居高臨下向城下正在血戰的川兵發炮，炮聲隆隆，「無不立碎者。」

已經把五倍於己的八旗精銳打得鬼哭狼嚎的川軍萬萬沒有想到，一向被明軍掌握的大砲火器，居然出現在敵人的陣地上，陣勢很快就亂了。

努爾哈赤大喜，調援兵後續攻上，輔以鐵騎從兩翼圍殺，白桿兵統帥秦邦屏和明將周敦吉、吳文傑、守備雷安民皆戰死，剩下的殘部只得退回渾河南岸。

當然，戰鬥還沒結束，一場更為血腥的戰鬥緊接著展開。努爾哈赤揮動八旗軍渡河強攻，把南岸的明軍包圍數重。而南岸明軍的車陣已經構築完成。車陣是戚繼光、俞大猷等人與蒙古韃靼作戰時總結出的一套以步制騎的戰法，戰車在行軍時可以裝載糧食輜重，駐紮時可以當營寨的外圍防護欄，防禦時則可以圍成環形防禦陣地，士兵以車為掩體，將火炮架在車上，向外發炮。

現在負責構築車陣的是戚繼光的姪子戚金。

戚金長年跟隨伯父轉戰各地，得到伯父的指點和栽培，練兵頗有伯父之風，稱得上是戚繼光軍事學的傳人，後來在薊北戍邊擔任浙軍的作訓主

官,又曾隨浙軍入朝與日軍作戰。在收復平壤一戰中,他薄城先登,積戰功做到了副總兵。

現在,看見強敵驟至,戚金不慌不忙,指揮明軍擺開車陣,沉著應戰。

努爾哈赤先以四旗的兵力從左翼發起進攻,最先迎接他們的,是明軍浙兵的大口徑佛郎機火炮,其次是車陣內弓弩,此外還有各種火銃、火箭、小口徑虎蹲炮以及其他各式各樣的火器。

這些火器巧妙地運用了火銃三疊陣,保證射擊的連續性,後金騎兵被打得人仰馬翻。

努爾哈赤急眼了,一咬牙,捨棄了騎兵的機動性,將攻城用的楯車推了出來。

這是一種用長白山松木做成的木頭車,車上寬厚堅固的大木能阻隔明軍的輕火器射擊,後金騎兵紛紛下馬躲在車後面努力推車向前。

針對後金這種不要臉的戰法,明軍亮出了戚家軍特種兵器——鐵狼筅,從戰陣中閃出,逐一將躲在車後的後金士兵鉤倒刺死。

幾輪廝殺下來,後金傷亡者達三千多人。

勝利之神看似是站在明軍這邊。

其實不然,明軍人數不足一萬,而且連日趕路,在瀋陽城下又敗了一場,目前身陷重圍,而敵人有數萬之眾,背後有堅城瀋陽為依託,兵馬糧草均有保證,後續部隊正源源不斷地投入補充,明軍雖然占據了戰鬥的上風,但只是暫時的,時間一久,如果沒有後援部隊的接應,終不免全軍覆滅。

所以,他們把生存的希望寄託在後面趕來的朱萬良、李秉誠兩部的身上。

而朱李兩部已經開進到離瀋陽十幾里的白塔鋪一帶,並且成功地擊退了後金的二百名斥候騎兵。

第十章　末世英雄與忠義長歌

不過，他們了解到渾河南岸戰鬥的慘烈性，害怕了，停下來觀望戰局，「既不能解瀋陽之圍，又不能救南兵之覆」。

努爾哈赤抓住這一有利時機，派出皇太極向朱李兩部發起主動攻擊。朱李兩部明軍「俱執丈五長槍及銛鋒大刀，身著盔甲，外披棉被，頭戴棉盔，其厚如許，刀槍不入」，裝備精良，然而稍經交手便即行潰退，皇太極軍僅有數千人，居然將三萬明軍打退數十里，沿途追殺了三千多人。

這樣，後金軍再無後顧之憂，放手一搏，準備全力絞殺渾河南岸這支失去後援和退路的明軍浙兵。

八旗軍輪番上陣，攻擊波一波緊接一波，連綿不絕，從中午一直打到黃昏。

明軍在後金車輪戰術的攻擊下，彈盡矢絕，車陣終於被破。面對如狼似虎洶湧而至的後金軍，他們仍然毫無懼色，狼筅手、藤牌手、刀手各按方位站好，結成鴛鴦陣，與敵人展開慘烈的肉搏。

饒是後金騎兵以凶悍著名，看到這些明軍視死如歸的氣概，無不心中慄慄，所倚仗者不過人多勢眾耳。

後金騎兵大聲呼喝，既是為自己壯膽，也是為了恫嚇對方，重重疊疊，將明軍圍了個水洩不通。

殘陽如血，戰事越來越慘烈。

明軍的人數越來越少，將領袁見龍、鄧起龍、張名世、張大鬥，甚至年已七旬的總兵陳策紛紛倒在血泊中。

而後金的損失也不小，其戰將雅巴海、布哈、孫扎欽、巴彥、雅木布里、西爾泰、郎格、敦布達哈、木布、祿汪格等均在混戰中喪生。明軍總兵童仲揆為南京人，武舉出身，掌四川都司，有萬夫不當之勇，本來可以

殺出一條血路逃生的，但戚金的一句「大丈夫報國就在今日」讓他改變了主意，抱定了必死之心重新殺入戰場。

暮色四起，明軍在戚金、童仲揆的帶領下，僅存幾十名浙兵，但他們的鴛鴦陣依然不亂。後金每進一步都必定要付出血的代價。

一向殘暴凶殘的後金騎兵終於怯戰了⋯⋯他們沒有勇氣和這僅存的明軍繼續肉搏，而選擇了撤出戰陣，四面環集，採取了最無恥的方式來結束戰鬥——萬箭齊發。

「是役，明以萬餘人當我數萬眾，雖力屈而覆，為遼左用兵以來第一血戰。」（語見魏源《聖武記》）近於萬人的川浙軍團全軍覆沒，而八旗兵死傷人數也與之相當。

《明熹宗實錄》上也稱：「自奴酋發難，我兵率望風先逃，未聞有嬰其鋒者。獨此戰，以萬餘人當虜數萬，殺數千人，雖力屈而死，至今凜凜有生氣。」

鄭成功：天下將亡時的孤勇之劍

提起國姓爺鄭成功，很多人都知道他是生活在明末清初的民族大英雄。

鄭成功的得意之作，就是一舉收復了孤懸海外長達三十八年之久的寶島臺灣。

但大多數人對鄭成功的了解，就僅僅停留在這件事上面，對於鄭成功更多可歌可泣的英雄事蹟知之不多。

收復臺灣，無疑是一件壯舉。收復臺灣的英雄，無疑是不世的大英雄。但鄭成功的最偉大之處，若以顧炎武的「天下興亡」觀點論，是以一己之

第十章　末世英雄與忠義長歌

力與大清王朝叫板，以一己之力保留住了大明最後的衣冠，以一己之力譜寫了大漢英雄讚歌，踐行了不可思議的「匹夫之責」！

明末清初，是一個梟雄幻滅的時代。

曾幾何時，那個氣吞山河、矢志一統河山的闖王李自成死在清軍追殺之中；那個殺戮四方，建立大西政權的大西王張獻忠死在清軍的箭矢之下；那個曾被視為南明中流砥柱的史可法在清軍的屠刀前壯烈喋血；那個曾虎踞西南、勢力如日中天的孫可望在清軍的馬蹄下變節俯首；那個曾雄視東亞、縱橫海洋的海上梟雄鄭芝龍也束手投入了清軍陣營；那個曾「兩厥名王」、號稱明末第一名將的李定國在憂憤之中溘然身逝……南明的皇帝弘光、隆武、永曆也都先後殉葬了屬於他們朱家的大明王朝。

一時間，清軍的刀鋒掠遍了中國大地，馬蹄所到之處，無人可擋。

顧炎武疾呼說：「有亡國，有亡天下。亡國與亡天下奚辨？曰：易姓改號，謂之亡國。仁義充塞，而至於率獸食人，人將相食，謂之亡天下！」

值此天下將亡之際，原為一介書生的鄭成功拔劍而起，不撓不屈地與清軍苦苦周旋、苦苦支撐、苦苦搏殺，並一度差點翻盤，改寫歷史。

鄭成功，本名森，在南京國子監讀書期間，「豐采掩映，奕奕耀人」，名儒錢謙益一見之下，大為激賞，讚嘆說：「少年得此，誠天才也。」

錢謙益也因此將之「執贄為弟子」，並贈字「大木」。

與錢謙益相似，隆武帝第一次見到鄭森，奇其貌，嘆賞說：「素聞鄭家有匹千里駒，果然名不虛傳。」

其後，殿前問答，鄭森對答如流。

隆武帝撫其背，慨嘆說：「恨無一女配卿。卿當盡忠吾家，毋相忘也。」當日，賜他姓名為朱成功，封御營中軍都督，儀同駙馬。從此中外都

稱鄭森為「國姓爺」，或稱國姓成功、賜姓成功、朱成功。

鄭成功的父親鄭芝龍在清軍進逼之時，領兵降清，並多次派人招引鄭成功同行。

鄭成功覆書道：「從來父教子以忠，未聞教子以貳。今吾父不聽兒言，後倘有不測，兒只有縞素而已。」

不久，鄭成功驚悉隆武帝遇難，悲憤莫名，將自己過去穿戴的儒服儒冠攜至文廟跪哭焚化，散家財犒師。

這就是歷史上著名的「焚衣起兵」！

清朝的勢力，已據有中國三分之二以上的地盤，擁百萬大軍。

鄭成功散盡家資招募起來的，不過寥寥數百人，並無一穩固根據地，屬於白手起家。

可是，就憑著一顆忠義之心、一腔浩然正氣，鄭成功擔任起興復重任，充當起「孽子孤臣」的角色，打出了「殺父報國」的旗號，憑恃著幾座毫不起眼的小島，與擁有數百萬平方公里、擁有數千萬人力資源的大清王朝殊死血戰。

英國大使馬加爾尼曾根據自己訪華的見聞感受寫道：「明末的反清並不是民族抗爭，不是什麼捍衛明朝一姓私利的抗爭，而是文明與野蠻的抗爭，進步與落後的抗爭，是關係到中國後來幾百年命運的一場抗爭。」

「在這場抗爭中那些堅定反抗滿清侵略，為此流盡最後一滴鮮血的英雄，他們每個人的名字永遠值得我們銘記在心，他們不僅是中國的英雄，同樣也是世界的英雄。」

鄭成功在南至粵東、北至江浙數千里的海岸線機動靈活地發起進攻，剽掠如風，神出鬼沒，讓清軍防不勝防。

第十章　末世英雄與忠義長歌

　　鄭成功甚至於永曆十二年（西元 1658 年，清順治十五年）大舉北伐，氣焰張天。

　　可惜，天不佑大明，大軍進入長江之前，於羊山海域遭遇颶風，損失慘重，只得退兵廈門。

　　次年，鄭成功再次率大軍北伐，順利進入長江，勢如破竹，接連攻克鎮江、瓜洲，接連取得定海關戰役、瓜洲戰役、鎮江戰役的勝利，包圍了南京。

　　清廷大為震駭，清順治帝甚至打算退出關外。

　　如若收復了南京，則人心可待，恢復大明江山便不再是夢想。

　　可惜，鄭成功鈍兵於堅城之下，錯失良機，最終功虧一簣。

　　饒是如此，鄭成功還是愈挫愈勇，以強人之姿態振翅翱翔，與清軍分庭抗禮。

　　清軍無可奈何，最後採取下三濫的手段，傾盡全國之力，封鎖由北而南數千公里長之海疆，企圖把鄭成功困死在區區幾個小島之上。

　　為此，鄭成功把目光投向海峽對岸的臺灣寶島，奮起武士之心，驅逐荷夷，光復臺灣，成就了萬古不朽之偉業。

　　收臺之後，鄭成功網羅了日本人、柬埔寨人、歐洲人與非洲黑人等充作兵員，相當於擁有了一個國際縱隊，成為東亞海洋上的無冕之王，以鐵之手腕維繫東亞之秩序。

　　義大利學者白蒂說：「鄭成功在海上貿易中有不容置疑的權威地位，他所擁有的強大的武裝力量，使得他成為一個健全完善的政治組織的領袖，一個沒有邊界的海上王國的主宰。就此而言，鄭成功的雄心壯志是驚人的，是不可戰勝的。與此同時，鄭成功也受到遠東諸國的敬畏。」

可以說，鄭成功是豪傑中的豪傑，是梟雄中的梟雄，是巨人中的巨人。

康熙皇帝曾說「朱成功明室遺臣，非吾亂臣賊子」，並寫了一副楹聯：「四鎮多二心，兩島屯師，敢向東南爭半壁；諸王無寸土，一隅抗志，方知海外有孤忠。」

晚清名臣沈葆楨也寫有對聯一副讚頌鄭成功：「開萬古得未曾有之奇，洪荒留此山川，作遺民世界；極一生無可如何之遇，缺憾還諸天地，是創格完人。」

焦璉：以三百騎破萬清兵的奇功

至今仍有一些人在認知上存在一種失誤，認為入關取代了明朝的後金女真人是游牧民族。

前不久，還看到有文章辯解說關外的後金女真人本質上屬於農耕民族。

其實都不對。

生活在白山黑水之間的後金女真人，其實是過著一種採集與漁獵相結合的原始生活。

東北地區緯度高，氣候嚴寒，無霜期短，廣大區域內「林木障天，明晝如晦」，「整天不見天日」。《李朝實錄》有記載，即使進入明清時代，仍有眾多女真人不事農業生產，他們出沒在深山老林之間，春秋季捕魚、採集，冬季狩獵。採集人蔘、木耳、蘑菇、蜂蜜、松榛、東珠，捕獵虎、豹、熊等猛獸。這樣的生存形態，要求他們體魄強健、弓馬嫻熟、機警勇猛、堅忍頑強方能應付裕如。

女真每有男孩降生，家人便會懸掛弓箭於門前，表示這個家庭又增加了

第十章　末世英雄與忠義長歌

一位勇敢的獵手。年齡稍長，這些孩子便如長在馬背上一般，以弓馬嫻熟誇示於人。所有的女真男人都希望能成為巴圖魯——力能屠熊獵虎的勇士，這是他們崇高的夢想。只有這樣的英雄，才會得到那些最美麗姑娘的青睞。因此，他們豪邁奔放、彪悍凶猛、意志堅定，目標始終如一地指向獵取的對象。

相對而言，以農業為生的民族，特別是漢民族，他們的生產與生活高度簡單重複，他們面朝黃土背朝天，對神祕莫測的上天充滿敬畏，嚴格地按照節氣時歷安排自己的生活，無比愛惜腳下的土地，任何遷移和變動都會讓他們發出本能的懷疑與恐懼。平和、保守、堅忍、麻木成了他們心靈的代名詞，就像他們腳下的土地。

可想而知，當樂於與虎、豹、熊等猛獸搏殺的女真人與安身立命於侍弄莊稼的漢族人發生了戰爭，結果會是怎樣的一種情形。

薩爾滸大戰，後金以五萬之眾分頭擊破明軍好不容易集結起來的十幾萬大軍，劉綎、杜松等名將盡歿於此役。

努爾哈赤率領他的子弟攻瀋陽、遼陽，在渾河岸邊，全殲明朝最賴以為豪的戚家軍、四川白桿兵；取廣寧，衝潰王化貞數十萬大軍；皇太極時代，清兵先後四次闖入關內，縱貫中原腹地，如入無人之境，襲取數百城，掠走上百萬人口，劫走財物無數。

明朝的猛將、英豪，如熊廷弼、毛文龍、孫承宗、袁崇煥、曹文詔、祖大壽、盧象昇、洪承疇、吳三桂等，更是前赴後繼，或傷或亡或降，悉數敗在清朝騎兵的鐵蹄之下。

什麼關寧鐵騎，什麼天雄軍，什麼秦兵、洪兵，遇上了清兵全都白搭。就連李自成、張獻忠這些曾經掀起滔天巨浪的亂世梟雄，也都全化作清軍兵鋒下的亡魂。

焦璉：以三百騎破萬清兵的奇功

有人說，努爾哈赤建立的八旗軍，乃是世界上同期軍隊中殺傷力最為強悍者。

誠然，清廷定鼎北京後，清人馬鞭南指，席捲山河，氣吞萬里。

南明弘光、隆武兩朝相繼覆亡，南明將帥又在廣東肇慶擁戴萬曆皇帝之孫、桂王朱常瀛之子朱由榔即皇帝位，建立了永曆朝廷。

永曆朝廷成立於風雨飄搖之中，兵微將寡，無從抵擋清軍如潮攻勢，只好一逃再逃，從廣東逃到廣西，又從廣西遠遁貴州、雲南。

永曆元年（西元 1647 年）二月，永曆帝從桂林出逃，大學士瞿式耜堅決反對。

瞿式耜的意見是在桂林建立一個穩固的抗清基地，他懇勸永曆帝說：「廣西地處山川上游，敵人難以仰攻。我軍兵士大量屯駐在湖南、湖北，而且道路四通八達，可從南寧、太平出雲南；也可從柳州、慶遠往貴州。

另外，左、右江有四十五洞土狼標勇，他們久享國家恩德，三百年來忠心事明，已經足以據守。」

但永曆帝已被清軍的威勢嚇破了膽，不但要往西逃走，還拉走了幾乎全部軍隊。

瞿式耜潸然嘆息，說：「今移蹕者再四，每移一次，則人心渙散一次。人心渙而事尚可為乎？」他目送永曆帝遠去，自己招募民兵獨守孤城。

清軍來勢奇快，很快從平樂推進，順利占領柳州。

柳州離桂林不過兩百里，桂林城內外，一片風聲鶴唳。

三月十一日，數千清軍殺到桂林城下，沒費多少功夫，就破城而入，城中大亂。

危急之際，有明朝服裝的將官出現，猶如神兵天降，遇神殺神，遇佛

第十章　末世英雄與忠義長歌

滅佛，殺得清軍鬼哭狼嚎、叫苦不迭。

該明將姓焦，名璉，字瑞庭，陝西人。行伍出身，勇猛善戰，原平蠻將軍楊國威中軍官，負責護送永曆出逃，到了武岡，心念瞿式耜一介文士，只憑一腔熱血守城，向永曆帝請示，率三百騎兵回援。焦璉回到桂林時，清兵已殺入了文昌門。焦璉二話不說，一馬當先，立刻與清軍展開巷戰，自己單槍匹馬，「搏斬衝鋒者數十騎」。

手下三百騎士受此激奮，一齊奮起神威，終於把這股清軍擊退。

瞿式耜當時高據東城樓，矢集綸巾，得焦璉奮勇解困，大慰平生，當日，設宴招待焦璉，「拊其背而勞之，如家人父子」。

次日，清軍雲集。

瞿式耜有恃無恐，在城樓上叱罵：「狡虜乃敢爾！」連呼焦璉。

埋伏在城下的焦璉應聲而出，袒臂、控弦、提刀而出，挽弓射落一名清將，然後領三百騎挾馬衝殺。

清兵自渡江東，未有抗衡者；見焦璉如此不要命，無不驚奇錯愕。

焦璉引三百騎直貫敵陣，左右衝突，所向披靡。自寅至午，斬首數千級，反覆三次分割敵陣。清軍散而復聚，合兵圍擊。

焦璉殺得性起，嘴裡酣呼殺賊，戈刃所及，血雨肉飛，殺數千騎，清兵膽落。

瞿式耜在城上率士民擊金鼓從之，以助軍威。

焦璉愈加神勇，追殺數里，清以數十騎遁去。

此役，焦璉以三百騎破清兵數萬，桂林得全；南渡以來，武功第一。

加太子少師、左都督，封新興伯。

可惜的是，這樣一員不世出的猛將，不久之後，卻被大漢奸陳邦傅暗殺，頭顱被陳邦傅完好無損地獻到清軍帳下。

明末武進士的法場義舉：張獻忠的敗北

關於藏寶，千百年來，都是人們孜孜不倦、樂此不疲的話題。不說有無機會尋得藏寶，就只分析藏寶的來龍去脈、路線、地點，以及背後的故事，也樂趣無窮，魅力無限。在中國古代眾多藏寶事件中，被公認財富最巨的，乃是張獻忠藏寶。

有歷史著作評論說，大西皇帝張獻忠寶藏之巨，名列世界第三、亞洲第一。

有歷史學家粗略估算，張獻忠至少擁有白銀數千萬兩。按明末一兩白銀摺合現在的六百元人民幣（兩千六百多元新臺幣）計算，其在當時所擁有的財富，相當於現代數百億元人民幣！

那麼，問題來了，張獻忠寶藏是從何而來的呢？他憑什麼會有這天文數字級的寶藏呢？

張獻忠於明崇禎三年（西元1630年）起事，主要以流竄劫掠為目的，被時人斥為「流賊」。其每到一地，必以嚴酷刑法逼迫官宦富商乃至普通平民交銀，叫做「輸銀助餉」。

其中的崇禎十六年（西元1643年）五月底，張獻忠攻克武昌，按清趙吉士《寄園寄所寄》中的記載，張獻忠「盡取（楚王）宮中金、銀各百萬，輦載數百車不盡」。

張獻忠於甲申年（西元1644年）九月初九攻進成都，建大西國，稱「老

第十章　末世英雄與忠義長歌

萬歲」，把全川財富掠歸己有，劫掠對象包括普通百姓。明顧山貞《蜀記》明確指出：「（張獻忠）又傳令不許私藏金銀，如有私藏至一兩者，全家斬，有藏至十兩者，本犯剝皮，全家斬首！」劉景伯在《蜀龜鑑》中憤然慨嘆：「飭各州郡籍境內富民大賈，勒輸萬金，少亦數千金，事畢仍殺之。從古大盜貪酷未有如闖、獻之甚者也！」

這海量財富，張獻忠在敗亡前藏匿於何處呢？可謂眾說紛紜，說法多多。

有說藏於成都望江樓，有說藏於龍泉山百工堰，有說藏於彭山江口鎮，有說藏於青城山普照寺，有說藏於雅安州府（今雅安市）蘆山縣青衣鎮，有說藏於青城山「神仙洞」……

當然，呼聲最高的是藏於彭山江口鎮。

2015 年 12 月，中國專家基本確認了彭山「江口沉銀遺址」，並立項，進行搶救性發掘。

2016 年 1 月 5 日，人們在「江口沉銀遺址」中心區域發現刻有 29 個字的金封冊，經鑑定為國家一級文物。

2017 年 4 月 13 日，四川省眉山市彭山江口沉銀遺址水下考古工作第一階段考古發掘正式結束，出水各類文物 30,000 餘件，證實了「張獻忠江口沉銀」的歷史事實。

說起「張獻忠江口沉銀」這段歷史事實，就不能不提一個人──四川嘉定（今樂山）人楊展。

楊展，字玉梁，膀大腰圓，勇力絕倫，明崇禎十二年中武舉，次年成武進士，先後任游擊將軍和參將。崇禎十六年，為廣元守備。

甲申年（西元 1644 年）四月末，楊展跟隨川北總兵劉佳胤入衛成都。八月初五，張獻忠大軍攻城，楊展披掛出戰，陣斬二十餘敵。但是，城中

兵寡，張獻忠軍攻勢如潮，楊展一人改變不了戰局。八月初八成都城陷，楊展被俘，押赴刑場就斬。劊子手看楊展身上的甲冑明亮鮮妍，大為眼羨，說：「大漢，甲冑送我。」

楊展笑笑說：「黃泉路上，當為輕裝。甲冑送你，正合我意。只是可惜，這明亮鮮妍的甲冑，將被噴血濺汙。」

劊子手深以為然，動手解其縛、剝其甲。

一身重甲被解下，楊展舒展神力，奪過劊子手的刀，將之砍殺，大鬧法場，殺開一條血路，跳入江中，泅水逃匿。

死裡逃生的楊展經新津潛回嘉定，密招親友，順岷江而下，擬赴敘府（今宜賓）會其部屬。

船至犍為，遇上了假冒張獻忠胞弟、自稱「二千歲」的劫匪。

該匪幫連舸中流，封江設卡，殺人越貨。

楊展的船隻順江而下，無從躲避，迎頭撞上。

於是，考驗勇力、智力的時候到了。

楊展穩住心神，從容自若，發輕舟直前，一路喝斥道：「二千歲何在？領密詔。」

匪眾被他的派頭和氣勢所懾，領他登主艦見匪首。

見了匪首，楊展二話不說，揮刀就劈，白光起處，匪首腦袋搬家，匪眾們驚恐逃散。

楊展率眾奪其餉，順利到敘府會其軍。不日，楊展攻占敘府，驅逐了大西軍的都督張化龍，引軍至嘉定，招攬遺民潰卒，眾至數萬。

此後，又相繼收復了仁壽、簡陽、眉州、青神等地，一舉而成明末清初西南重要的割據勢力，接連被南明政權提升為總兵、華陽伯、錦江侯。

第十章　末世英雄與忠義長歌

　　楊展注重恢復農業生產，他一面派人赴黔楚購糧，一面放兵墾荒屯田，糧食豐足，自給有餘。

　　張獻忠帝蜀期間，禍亂全川，塗炭生靈。

　　唯獨楊展所據嘉定府一方平安，史書稱，城中百姓，飯飽酒足，個個悠然自在。

　　張獻忠以「殺」治蜀，到順治三年（西元1646年）五月後，已弄得川西平原田荒、民盡、糧絕……而清軍在收拾完李自成後，又呼嘯南下，直逼四川。張獻忠自忖成都已不能再守，打算「舉國」沿岷江向樂山轉移。

　　當時的四川盆地，處處都是滿目瘡痍，唯有楊展治下的嘉定、峨眉一帶糧足國樂。張獻忠的如意算盤是攻占楊展的地盤，坐享其成。

　　當年六月下旬，《蜀難紀實》中記：「（張獻忠）於是括府庫民兵之銀，載盈百艘，順流而東。」

　　清彭遵泗在《蜀碧》也說：「（張獻忠）率兵十數萬，裝金寶數千艘，順流東下，與（楊）展決戰；且欲乘勢走楚，變姓名作鉅商也。」

　　離成都約150里的彭山江口鎮，是出成都的唯一水路要衝，為兵家必爭之地。

　　楊展偵知張獻忠的行動，早早就在彭山江口埋下了伏兵。

　　大西軍擁眾十萬，戰船近千艘，滿載多年搶掠積蓄的金銀財寶，順江而下，威勢赫赫。

　　楊展人數雖少，卻占了天時地利人和。他兵分兩翼與大西軍對陣，遣小舟載火器從正面進攻。

　　戰鬥一打響，老天幫忙，狂風大作，敵船著火。

　　楊展之部前鋒驍勇無比，突入敵陣，勢如破竹。

張獻忠見勢不妙，急掉轉船頭逃竄，無奈戰場地處有「老虎灘」之稱的險惡地段，兩岸逼仄，前後數千艘船，首尾相銜，驟不能退，風烈火猛，勢若燎原。

《蜀碧》述當時戰況：「（楊）展急登岸促攻，槍銃弩矢，百道俱發，賊舟盡焚，士卒糜爛幾盡，所掠金玉珠寶及銀鞘數千百，悉沉水底。」

江口一戰，張獻忠全線潰敗，末路狂奔。楊展軍追到了漢州城附近，見到屍骸遍地，怵目驚心，命令部下挖土安葬。

原本，張獻忠在大順二年（西元1644年）曾在漢州城立聖諭碑揚威，該碑正面碑文楷書豎排陰刻「天有萬物與人，人無一物與天，鬼神明明，自思自量」。背面原為張獻忠的丞相閻錫命寫的聖諭六言注釋，楊展埋葬了漢州城附近屍骸後，改刻背面為萬人墳碑記。

碑文為：「崇禎十七年（西元1644年），逆賊張獻忠亂蜀將漢州人殺戮數十萬，於奉命平寇復省，提兵過此痛彼白骨，覆以黃壤，爰題曰萬人墳，是用立石。掛平寇將軍印左都督楊展題。隆武二年仲冬月吉。」此碑位現存於廣漢市房湖公園內。

狼狽不堪的張獻忠改由川北出川，計劃北上陝西，重回當年發跡之地。不過，在西充鳳凰山，不期然遭遇上了南下的清軍，張獻忠本人被一支突如其來的冷箭終結了罪惡的一生。

史料記載，楊展戰勝了張獻忠後，從逃脫出來的船伕口中得知江口沉船裡裝的是金銀財寶，便組織士兵進行打撈。針對木鞘裝銀的特點，他命令士兵用長槍「釘而出之」，收穫巨大。

由此，楊展「富強甲諸將」。

可惜的是，順治六年（西元1649年），楊展被奸人袁韜、武大定謀殺，時年四十五歲，川西南再度陷入軍閥混戰，直到十多年後才得以平息。

第十章　末世英雄與忠義長歌

閻應元慷慨赴死：乾隆的褒揚與追諡

俗話說，時勢造英雄。又有另一俗話說，滄海橫流，方顯英雄本色。

若是太平盛世，大家營營役役，都忙碌於養家餬口，圖個三餐一宿，則誰是英雄豪傑，誰是凡夫俗子，不大容易分得出。而一旦到了大廈將傾、山河破碎、神州陸沉、國破家亡的危急關頭，芸芸眾生嚎啕痛哭、爭相逃命之際，真英雄、真豪傑才會挺身而出，以一己之力扭轉乾坤，充當萬眾矚目的中流砥柱。

明末閻應元就是這樣的一個人。

閻應元原籍通州，到江陰任典史。

這個典史，相當於現在的正科級警察局長。

在任期間，閻應元最為人稱道的事蹟，就是捕殺過海寇顧三麻子的賊眾。

也因為捕殺海盜有功，朝廷本調他轉任廣東韶州英德縣主簿。

但古代交通不便，從江陰到英德千里迢迢，而閻應元的母親病倒了，故而一直沒能成行，全家閒居在江陰城外砂山腳下。

閻應元原本以為，等母親的病好了，自己還可以繼續到英德赴任。

但是，風雲突變，李自成攻陷北京城，崇禎皇帝殉國；滿清入關，定鼎中原，南明小朝廷崩塌，弘光帝就擒！

一連串的變故猶如電光石火，讓人目瞪口呆。

閻應元原來的上司，江陰縣縣令林之驥知事不可為，不願降清，解印去職。

清知縣方亨前來繼任，循例頒布剃髮令，其所張貼從常州府發來的剃

髮文書上,赫然有「留頭不留髮,留髮不留頭」的字眼。

江陰士民一片譁然,大呼:「頭可斷,髮絕不可剃!」

大家在諸生許用的帶領下,擒住方亨,斬殺清差,推舉當時的典史陳明遇為首,設太祖高皇帝像,且拜且哭,樹「大明中興」大旗,自稱江陰義民,正式反清。

陳明遇雖有一腔忠肝義膽,卻自感缺乏軍事組織才能,極力推薦賦閒在家的前典史閻應元出山,委派十六人連夜前往邀請閻應元。

閻應元二話不說,帶領江陰城祝塘少年六百人,執械入城,召集眾父老,說:「今日之事,非有所強於諸君者,諸君其無以生死計!」

眾人振臂應諾。

閻應元於是詳加調查全城的戶口,挑選年輕力壯的男子組成民兵,力求人盡其才,物盡其用,將各項工作安排得井然有序。由明入清的降將劉良佐統重兵包圍江陰城。劉良佐本人親到城下勸降,耀武揚威,喝道:「弘光已北,江南無主;諸君早降,可保富貴。」閻應元高踞城樓,瞋目怒喝道:「江陰士民,三百年來食毛踐土,深戴國恩,不忍望風降附。閻應元是大明典史,深知大義所在,絕不服事二君。將軍位為侯伯,掌握重兵,進不能恢復中原,退不能保障江左,反變身為敵前驅,有何面目見我江東忠義士民乎邪!」

劉良佐老羞成怒,揮軍強攻,一時火箭齊發,殺聲震天。但閻應元守城得法,指揮有方,劉良佐終是屢攻不下。清朝親王多鐸聞知江陰久攻不下,先派恭順王孔有德率所部兵協攻,又派貝勒博洛和貝勒尼堪帶領滿洲兵攜紅衣大砲前往攻城。貝勒博洛率二十萬大軍來到江陰城下,命人綁縛明降將黃蜚、吳之葵到城下勸降。

第十章　末世英雄與忠義長歌

閻應元在城樓俯視二降將，痛叱道：「敗軍之將，被擒不速死，奚喋喋為！」

吳之葵再拜泣下，黃蜚默默無語。

博洛見閻應元義不可動，發起總攻，以竹籠盛火炮，鼓吹前迎，炮手披紅掛綵，輪番攻城不息。

閻應元指揮防禦，浴血奮戰。

這場攻防戰歷時八十一天，可謂驚天地、泣鬼神。

閻應元以弱抗強，以寡敵眾，機變百出，計謀用盡，詐降、偷營、火攻、釘炮眼、草人借箭、登陴楚歌……擊殺清軍數萬人，重挫了清軍銳氣，箝制了清軍主力南下，推動了各地的抗清活動。

明末邵長蘅所寫《閻典史傳》記：「凡攻守八十一日，大軍圍城者二十四萬，死者六萬七千，巷戰死者又七千，凡損卒七萬五千有奇。」

而與清軍搏殺的江陰軍民，不過六萬餘人而已。

江陰城最終陷落於中秋節後的第七日。

明末計六奇於《明季南略》記，城陷前「城中益急，人人有必死之志。中秋，家家暢飲，如生祭然」。

城破之時，閻應元端坐於東城敵樓之上，看見事急，目眥盡裂，下城，向人索筆，在城門上題：「八十日帶髮效忠，表太祖十七朝人物，十萬人同心死義，留大明三百里江山。」題訖，帶著千人上馬與清兵展開巷戰，力盡被俘。

在清貝勒博洛等人跟前，閻應元拒絕下跪，脛骨被刺穿，「血湧沸而仆」，壯烈犧牲。清軍進行瘋狂屠城，百姓或力戰到底，或坦然就義，都以先死為幸，婦女多忠義貞烈，投河而死。七歲孩童皆毅然就義，無一人

順從。兩日後,清軍封刀,城內百姓僅剩「大小五十三人」而已。

近世有這樣一種聲音,說閻應元和陳明遇等人沒有辨清形勢、沒有順應歷史發展潮流,逆時而動,帶頭生事,負隅頑抗,從而招致了清軍的瘋狂大屠殺,連累了滿城無辜百姓。

江陰被屠後不久,被南明士紳擁戴起來的隆武帝知此事,淚如雨下,顧謂左右:「吾家子孫遇江陰人,雖三尺童子,亦當加敬也!」

閻應元江陰守城事可分見於《明史》、《清史稿》、《通鑑輯覽明季編年》、《小腆紀年》、《隨園詩話》、《明季南略》、《南天痕》、《聖安本紀》、《三藩紀事本末》、《續明紀事本末》、《畿輔通志》、《欽定勝朝殉節諸臣錄》、《清朝通志》、《鹿樵紀聞》、《明季三朝野史》、《明季遺聞》、《南疆繹史》、《江陰守城紀》、《江陰城守後紀》、《蕉軒隨錄》、《爝火錄》、《東山國語》、《清稗類鈔》、《江上遺聞》等書。

很長一段時間,整個江陰地區的人對清朝採取了不合作態度:不當清朝的官,不應清朝的舉。

一百三十年後,乾隆帝為了安撫江陰百姓,實施懷柔政策,替閻應元修祠,主動示好,對閻應元和陳明遇分別賜諡「忠烈」、「烈愍」。

江陰地區的怨氣才稍稍消減,局面才有了改觀。

《江陰城守後紀》記:「閻應元軀幹豐碩,雙眉卓豎,目細而長曲,面赤有須。每次巡城,身邊有一人執大刀跟隨左右,頗有雲長再生之感。清兵望見,以為天神。」

第十章　末世英雄與忠義長歌

郝搖旗：從無名到驚世的崛起

郝搖旗在作家姚雪垠的長篇小說《李自成》中是一個非常光彩奪目的人物。

打個不是很恰當的比喻，如果把李自成比喻為劉備，那麼劉宗敏就是關羽，則郝搖旗就是張飛。

當然，誠如上面提到的，這個比喻是不恰當的。因為姚雪垠在創作過程中，有意避開傳統演義小說的套路，更多地融入現代寫作手法，全面、立體地刻劃人物形象。

但不管如何，從這個比喻裡，我們可以知道，郝搖旗是李自成陣營裡一員很重要的戰將。「《李自成》迷」喜歡把他與劉宗敏、李過、田見秀、高一功並列為李自成座下五虎將。

按照小說上寫的，郝搖旗本名叫郝永忠，是老闖王高迎祥親手提拔起來的猛將，在一次戰鬥中，義軍在官兵的圍攻下死傷慘重，陣地動搖，郝搖旗一怒之下，虎目圓睜，奪過闖王身邊掌旗官的「闖」字大旗，搖旗吶喊，奮不顧身，衝入官兵陣中。這麼一來，義軍軍心迅速穩定，跟著他向前衝殺，一下子就扭轉了戰場局面，把官兵殺得落花流水。「郝搖旗」的綽號從此響徹全軍。

老闖王高迎祥犧牲後，義軍大權被他的女婿李自成接管。郝搖旗為人粗魯，又和張飛一樣好酒貪杯，屢屢誤事，李自成不敢委其大任。而當義軍被困潼關南原時，郝搖旗為了自己可以輕裝突圍，竟學楚霸王項羽，要殺愛妻張瑞蓮。郝搖旗此事做得不道地，被李自成夫人高桂英痛責，此後再也得不到重用。直到李自成戰死九宮山，郝搖旗這才重新崛起，和李

過、高一功撐起反清復明大旗奮戰在第一線，最後在攻打四川巫山時壯烈犧牲。

毫無疑問，小說把郝搖旗的勇猛形象塑造得非常成功，簡直是栩栩如生、呼之欲出。

但小說大多是虛構的。

首先，老闖王高迎祥和新闖王李自成並非從屬關係，兩人分屬不同系統的兩支義軍，在造反的道路上並無太多交集。李自成的第三任夫人姓高，只是巧合，與高迎祥沒半毛錢關係。而且，史書上只記李自成的第三任夫人姓高，至於叫什麼名，沒有交代。「高桂英」這個名字是姚雪垠化用《楊門女將》中著名的巾幗英雄穆桂英而來。

其次，郝搖旗本名叫什麼，史料也同樣無從考證，至於「郝永忠」之名，是李自成死後，郝搖旗投入南明督師何騰蛟帳下，為南明隆武帝所賜。當時，一同被隆武帝賜名的還有李過、高一功。李過被賜名「李赤心」，高一功被賜名「高必正」。高夫人被封為「一品貞義夫人」。郝搖旗能在青史上留名，也是從投身南明之後開始的。在早年大順軍中，他地位很低，只是偏裨之將，沒人知道他原來的名字就是這個原因，由於在軍中擔任大旗手，被稱為郝搖旗。

長篇小說《李自成》著重寫李自成的造反事業，因此，書中關於郝搖旗的英雄事蹟，全屬子虛烏有。

不過，研究南明史料，我們會發現，在南明抗清波瀾壯闊的活動中，郝搖旗也真稱得上一個時代的猛人。

話說郝搖旗自得隆武帝賜名永忠後，便成為何騰蛟手下最為得力的幹將，授援剿右部總兵官都督同知。

第十章　末世英雄與忠義長歌

　　西元 1647 年春，清孔有德等部入湘，何騰蛟手下十三鎮兵馬一潰千里，長沙、衡州、常德先後失守。

　　郝永忠受何騰蛟之命入閩迎接隆武帝入贛，但到達郴州時，隆武帝已然遇難。

　　當清軍席捲而來，郝永忠兵單勢孤，只好且走且戰，由郴州撤至桂陽州，由桂陽州撤至永州，又由永州撤至道州，最後從道州退入廣西。

　　這時候，南明皇帝已經換成了永曆帝，郝永忠也已被遙封為南安侯。

　　可是，留守桂林大學士瞿式耜和兩廣總督于元燁等人質疑郝永忠的身分，說他是「闖賊」的部將，賊性不改，懷疑他入廣西是居心叵測、

　　想要對廣西圖謀不軌。

　　聽說郝永忠的部隊來了，他們便四下調兵遣將，準備將郝永忠的部隊堵截在廣西境外。不過，倉促之間，廣西根本集結不起成型的隊伍，而郝永忠的部隊已穿過興安、靈川，往桂林而來。

　　于元燁下令關閉桂林城門，把郝永忠拒之門外，並繼續籌集隊伍，想將郝永忠的部隊剿殺在桂林城下。

　　不過，於元燁籌來籌去，只籌到督鎮標將馬之驥手下的數百兵員，無法與郝永忠的三四萬之眾相抗衡，仗最終沒打起來。

　　郝永忠的部隊到了桂林城下，看見桂林城門四閉，約略揣度到了城裡的歧視眼光，便派在南下途中收入營中的通山王朱蘊莊、東安王朱盛蒗、督餉僉都御史蕭琦（後改名蕭如韓）、司禮太監王坤等人進入桂林，請求開門。

　　于元燁固執己見，堅決拒絕郝部入城。

　　郝永忠被惹急了，率軍兵迫桂林城下，擺出攻打的架勢。

儘管瞿式耜和于元燁一樣反感郝永忠，但他畢竟是一個有大局觀的人，知道如若一味排斥，勢必會引發禍亂，決定出城。

瞿式耜甫一出城，遠遠便見郝營上下將士下馬避道，遍地羅拜，遂知問題可以解決了。

當日，郝永忠進城，在瞿式耜舉行的宴會上與于元燁一笑而敘契闊。

不過，瞿式耜等人對郝永忠的防範心理並沒有完全解除，仍不許郝永忠的軍隊入城，並故意扣發糧餉。

郝永忠為了不讓部下發生譁變，只好在桂林一帶打糧索餉，搞得民間怨聲四起。

瞿式耜等人又暗中指使桂林鄉村居民立團聚保，與郝兵對抗。

郝永忠明知是瞿式耜等人搞的鬼，但一心為國，沒有翻臉，勉力支撐局面。

十一月，清懷順王耿仲明、總督佟養和領兵大舉進攻廣西全州。

瞿式耜等人驚慌失措，不能自持。

滄海橫流，方顯英雄本色。

危難當前，一直活在桂林百姓唾罵聲中的郝永忠部發揮了中流砥柱的作用。

郝永忠親率大軍出灌恢道，一面發偏師扼守灌陽，一面親統主力星馳全州。

十一月十三日，郝永忠於全州城外二十餘里的腳山列開陣勢迎敵。

等清軍的注意力被吸引到腳山，郝永忠虎膽雄心，率精銳由小路包抄全州城北關。

第十章　末世英雄與忠義長歌

清軍的大營正紮在北門，郝永忠身先士卒，率標鎮馬騎直衝虜營。在這次戰鬥中，清軍組成主要是由遼東漢人組成的「漢八旗」，屬於清軍中的「第二精銳」，戰鬥力僅次於正宗的「滿八旗」。但郝永忠豪氣沖天，殊無懼色，一馬當先，酣呼「殺賊」，士兵受此激勵，無不奮勇爭先。幾個回合下來，清軍奔潰北走。

郝永忠揮軍追殺了三十里，殺虜千餘級，生擒兩名清將，奪大西馬三百餘匹，小馬無算，火炮、弓箭、衣甲、器械不計其數。

戰鬥結束，儘管對郝永忠抱有成見，瞿式耜也不得不在向永曆帝奏捷疏中心悅誠服地讚道：「南安侯郝永忠誠不愧標名麟閣。」

駐蹕於柳州的永曆帝覽此奏捷疏，將首功記在郝永忠名下，由衷稱讚「全陽奇捷，真中興戰功第一」。

郝永忠雖建奇功，但始終受到戴著有色眼鏡的瞿式耜等人的質疑。

而南明就在這樣無休止的內耗中一點點垮臺。

西元1648年，郝永忠不堪南明官員的排擠，退回荊、襄（今湖北省荊州市和襄樊市）山區，扼守房縣（今湖北省房縣，位鄂西北）、竹山（今房縣西北）一帶，轉戰於兩湖和四川之間。西元1663年，在進攻四川巫山（川東奉節縣東）中，被清軍俘獲，寧死不屈，壯烈犧牲，不負隆武帝所賜「永忠」之名。

李自成家族覆滅：明朝終局的諷刺結局

在傳統的說法裡，明朝的滅亡時間是西元1644年。這一年，是黃曆（黃帝紀年）4342年，也是大明崇禎十七年。如果以天干地支紀年的話，

屬於甲申年。

甲申年的正月初一，草莽大英雄李自成在西安草即位詔，宣布建國，國號大順，改元永昌。正月初八，大順軍自西安出發，東渡黃河，兵分兩路，直撲北京。

三月十八日，李自成揮師攻破北京城；三月十九日，大明崇禎皇帝自縊於內苑煤山。史學家因此宣布延續和發展了二百七十六年的大明王朝到此終結。這裡的史學家指的是由清朝組織編寫的《明史》的編修團隊成員。清廷是在西元1644年入關的，才一入關，就計劃編修《明史》；次年（西元1645年），正式開始編纂。

表現得這麼猴急，是因為清朝政府在中國立足未穩，編寫出《明史》，即可以向天下宣告，明朝已經滅亡，無知民眾就不要再白費力氣地做抵抗新朝的傻事了，盡快放下武器，投入新朝建設中來。另外，滅亡大明王朝的人是李自成，天下應該群起而攻之！

可見，定西元1644年為大明王朝的終結時間，是一場赤裸裸的陰謀。

崇禎皇帝殉國後，明朝其實還先後出現了弘光、隆武、永曆三帝。

所以，在「反傳統」的說法裡，有主張以永曆帝於西元1659年入緬作結束的，有主張以永曆帝被俘殺作為結束的，有主張以李定國病死、部卒降清作結束的。

當然，最權威的「反傳統」的說法，還是史學家顧誠提出的，以康熙三年（西元1664年）八月夔東抗清基地徹底覆滅作為明朝歷史結束的時間點。

顧誠先生認為，永曆帝雖然在西元1662年被俘殺，但以明朝為正朔的夔東抗清復明運動仍在繼續，他們有永曆朝廷委派的全權代表，有相當

第十章　末世英雄與忠義長歌

可觀的旗幟鮮明的軍隊，有永曆朝廷委派的總督、巡撫，關南道、大寧、興山等縣地方政權，他們在維護和行使著明朝的制度。

說到夔東地區的抗清活動，就不能不提一個人——永曆帝所封的臨國公李來亨。

李來亨可是李自成的姪孫！

且說，李自成攻陷北京後不久，大奸賊吳三桂引清兵入關，李自成在山海關一片石失利，一路敗退，丟掉了剛剛到手的北京，丟掉了大本營西安，最後在九宮山遇襲身亡。大順軍餘部在李來亨的養父李過的統領下，歸順了明朝，抵禦清朝。

隆武帝賜李過名為赤心，將部隊改編為「忠貞營」。

李赤心帶領「忠貞營」的兄弟在湖南、廣西一帶堅持抗清，並在圍攻荊州的戰役中給清廷造成了極大麻煩。為此，清朝多次派人對李赤心進行招降。李赤心意志堅定，毀書斬使，與清廷誓不兩立。李赤心病逝後，李來亨繼承了他的事業，依然高舉抗清大旗。可惜，永曆政府內部發生了矛盾，永曆朝第一權臣孫可望原是張獻忠養子，野心勃勃，大斥異己，攻打「忠貞營」。無奈，李來亨率軍隊輾轉來到湖北省興山縣的茅麓山地區，與其他抗清隊伍相融合，彙整合為「夔東十三家」。茅麓山遂成抗清的一大根據地。

西元1658年，清軍大舉進攻雲南、貴州。為了牽制清軍，李來亨兩次率領「夔東十三家」圍攻重慶地區，因有人叛變，最終功敗垂成。

西元1662年，永曆帝被大漢奸俘殺，南明的抗清運動已趨近尾聲，茅麓山地區成了大陸上最後一個抗清根據地。

李來亨仍然以大無畏的氣概抗擊清軍，與三省清軍和增援的滿洲八旗

兵共達十萬強敵周旋了一年多。

可以說，清政府為摧毀茅麓山這一彈丸之地付出了極其巨大的代價。

西元 1644 年 8 月，茅麓山寨內糧食已經全部吃完了。李來亨選擇了一種殘酷的方式來告別這個世界：他先把妻子殺死，放火燒毀房屋，然後自縊而死。李赤心、李來亨父子在抗擊外來強敵的行動和決心上，表現出了威武不能屈的勃勃鬥志。很多人也沒有想到，李自成反明、滅明，但明朝最終卻是以李自成家族的覆滅而畫上句號的。

大明興亡錄，梟雄、名將與帝王的時代：
群雄割據 × 風雲疑案 × 忠義長歌……透視人物群像，關於大明王朝的奇人奇事、興衰史詩！

作　　　者：覃仕勇	
責 任 編 輯：高惠娟	
發　行　人：黃振庭	
出　版　者：崧燁文化事業有限公司	
發　行　者：崧燁文化事業有限公司	
E - m a i l：sonbookservice@gmail.com	
粉 絲　頁：https://www.facebook.com/sonbookss/	
網　　　址：https://sonbook.net/	
地　　　址：台北市中正區重慶南路一段61號8樓	
8F., No.61, Sec. 1, Chongqing S. Rd., Zhongzheng Dist., Taipei City 100, Taiwan	
電　　　話：(02)2370-3310	
傳　　　真：(02)2388-1990	
印　　　刷：京峯數位服務有限公司	
律師顧問：廣華律師事務所 張珮琦律師	

-版權聲明-

本書版權為樂律文化所有授權崧燁文化事業有限公司獨家發行電子書及紙本書。若有其他相關權利及授權需求請與本公司聯繫。
未經書面許可，不得複製、發行。

定　　　價：499元
發 行 日 期：2025年01月第一版
◎本書以POD印製

國家圖書館出版品預行編目資料

大明興亡錄，梟雄、名將與帝王的時代：群雄割據 × 風雲疑案 × 忠義長歌……透視人物群像，關於大明王朝的奇人奇事、興衰史詩！/ 覃仕勇 著．-- 第一版．-- 臺北市：崧燁文化事業有限公司, 2025.01
面；　公分
POD版
ISBN 978-626-416-216-6(平裝)
1.CST: 明史 2.CST: 通俗史話
626　　113020274

電子書購買

爽讀APP　　　臉書